現代宗教論

歴史の曲がり角における
スピリチュアリティ

現代研究会
立教大学名誉教授
実松 克義 編

三恵社

まえがき

歴史の曲がり角には宗教が現れるという。激動の時代には価値観が激しく変化し、そこから新しいものが誕生する。このことは宗教の歴史に象徴的に示されている。キリスト教、イスラーム、そして仏教がそうであった。疑いもなく宗教は人間の文化と社会を形成してきた原動力である。現代もまた激動の時代である。世界は問題だらけであり、理想状態からはほど遠い。ではそこで宗教は重要な役割を果たしているのか。何か新しいものが生まれつつあるのか。いや、どうもそうではないようだ。反対に宗教を信じない人が激増している。現代という曲がり角においては、宗教は現れるどころかむしろ消えつつあるのである。何故なのか。何が起きているのか。我々が宗教と呼ぶものとは何なのか。本書『現代宗教論』は我々自身にそうした根源的な問いを投げかけるものである。

本書は五年にわたる現代研究会の研究活動の結晶である。この研究会では現代における多様な課題・問題を扱ってきたが、とりわけ宗教を最重要テーマとして取り上げ、発表と討論を行なってきた。本書には一二人の執筆者による合計一三の論考が収録されている。これらはそれぞれの研究領域、関心対象に従って様々なテーマを扱っているが、すべて我々が生きている現代という時点を起点にして対象にアプローチしている。そこにある問題意識は率直かつ本質的であり、斬新な分析と考察を生み出している。現代研究会は研究者と非研究者が協働するユニークな集合体である。研究会メンバーは何物にも縛られない自由な精神を以て研究し、また発表と討論を行ない、知的発見の喜びを共有してきた。本書に収められた論文・エッセーにおいてもその特質は存分に発揮されている。
本書が混迷の現代を照らす希望の光とならんことを。

本書の出版に際して多大なお世話になった三恵社の井澤将隆氏に感謝を申し上げたい。また本書の編集を担当した研究会編集委員及び校正者の方々に感謝を申し上げたい。

二〇二三年元旦

編者　実松克義

現代宗教論＊目次

第一章

宗教的なもの——個人的体験と私の宗教論

実松克義

一・はじめに――初期体験

筆者はけっして宗教的な人間ではない。これまで特定の宗教を信仰したこともなければ、特定の宗教団体に加入したこともない。その意味で平均的な日本人であるが、宗教とまったく無関係であったと言えばそれも嘘になる。よく考えてみると実際に関係がなかったのは信仰としての宗教であって、宗教的なものへの関心また関わりは絶えず存在した。それは、時期によって程度の差こそあれ、筆者の人生の重要な部分を占めていた。実際にしばらく前までは勤務先の大学で（わかったようなふりをして）宗教関係の科目を教えていた。何故そうなったのか。はじめにその経緯を述べたい。

筆者の実家は代々浄土真宗のお寺の檀家であった。しかし祖父は風変わりな人であったようで、鈴を鳴らす民間信仰の神を信奉したり、キリスト教を学んだり、共産主義に共鳴したりした。母は名前を「みのり」と言ったが、『聖書』からとられたものだという。幼少の頃の思い出にお寺での日曜学校がある。子供たちが集まって和尚さんの法話を聞き、お昼を食べるのだが、その時お箸を手に持って合掌し和讃を歌った。葬儀や法事の際の読経や法話は退屈な時間で、襲ってくる睡魔と足の痺れとの闘いであった。だがそれでも一つだけ忘れられぬことがある。父方の祖父が亡くなった時、生まれてはじめて死者に触れ、その冷たい無機質さに恐怖を覚えた。

どんな人間にも幸福な時期があると思うが、これを黄金時代と呼べるのであれば、筆者の黄金時代は小学校の時であった。一日中朝早くから日が暮れるまで野原を走り回って遊び、毎日が新しい発見であり、生きることは喜びであった。少し成長して自我が目覚めると持って生まれた資質が開花する。筆者は空想癖の強い子供で、原子力の本を読んでは感嘆し、天文図鑑を見ては宇宙の神秘に魅せられた。とりわけ地図を見ながら空想旅行をするのが好きで、見知らぬ土地の地図を描いては新しい世界の物語を作った。この性癖はやがて心の中に架空の場所を作り出すことになる。黄金の家に美しい人々が住むこの場所は筆者の実家の近くにあり、後年それがどこにあったのかを探すことになる。（もちろんどこにも見つかることはなかったが。）

しかし若年期特有の白昼夢的状態は永遠には続かない。中学後半から高校時代を通して筆者は精神の暗黒時代を経験した。現代風に言えば鬱病あるいはひきこもりの類いだろうか。無為怠惰と稚拙な作文以外にはまったく興味がなくなり、自分自身の世界に閉じこもった。何もやる気が起きず、勉強することもなく、例外を除けば頭の中の知識は無に近かった。その見事な空虚さに驚いたことがある。やがてこのままでは人間として終わることを悟り、努力をすることを学ぶのであるが。

あたかも空っぽの頭を埋めるがごとく、十代の終わりから二十代前半にかけて多くの本を読んだ。当時の親しい友人の影響でフランス文学、ロシア文学を読んだ。サルトルやカミュは当時最もよく読まれ、実存主義は時代のキーワードであった。だが最大の影響を受けたのはドストエフスキーである。自らの流刑体験に基づいて書かれた『死の家の記録』は忘れられない。一九六〇年代後半〜七〇年代初期は世界的な意識革命の時代であった。筆者もまたその坩堝の中にいた。若者の必読書であったマルクス、吉本隆明、埴谷雄高を紐解き、椎名麟三、武田泰淳等の戦後文学に馴染んだ。その後、筆者はアメリカ文学を読むようになり、ヘンリー・ミラーに魅せられた。やがて関心は心理学、心理療法に移り、さらにスピリチュアリティ、神秘思想、宗教へと傾斜していった。エーリッヒ・フロム、エリック・バーン、アラン・ワッツ、グルジエフ、上野霄里等の著作が記憶に残っている。また密教、禅、瞑想に関心を持ち、精神の安定を求めて自律訓練法を学んだ。この間、数年にわたってアフォリズム的な断片を書き続けたが、その無意味さを悟り、すべてを焼き捨てた。

そして二十代の前半に、筆者は、付き合っていたアメリカ人の友人を通して自分の人生を変える書物に出会うことになる。カルロス・カスタネダのドン・ファン三部作、『ドン・ファンの教え』（一九六八年）、『分離された現実』（一九七一年）、及び『イクストランへの旅』（一九七二年）である。カスタネダはペルー生まれのアメリカ人で、UCLA大学院在籍中に人類学のフィールドレポート『ドン・ファンの教え』を出版する。アメリカ・インディアン、ヤキ族（アリゾナ州、メキシコ、ソノラ州に住む）のシャーマン、ドン・ファン・マトゥスとの出会いとシャーマニズム体験を描いたものである。処女作はアメリカ中の若者を魅了し、カスタネダは瞬く間に有名作家となった。やがてドン・ファンはアメリカの社会現象となり、一九七三年三月にはタイム誌のカバーストーリーとなる。何がそれほどまでに人々の心を動かしたのか。当時のアメリカはベトナム戦争の泥沼にあり、社会には「出口なし」の閉塞感が漂っていた。その時に突然、異なる世界から叡智を語るシャーマンの言葉が聞こえてきたのだ。多くのアメリカ人がそこに希望の光を見たのは間違いない。

ドン・ファン三部作は筆者にもまた決定的な影響を与えた。この頃の筆者は職を転々とする社会の落伍者であったが、それでも希望を求めて暗闇の中を歩いていた。筆者は買い求めた本を文字通り貪るように読んだ。よほど心に響いたのであろう。頁という頁に下線が引かれ、最後には多くの頁を暗唱するまでになった。

「知者（シャーマン）は心ある道を選び、歩む。」彼には「名誉も、尊厳も、家族も、名前も、国家もない、ただ生きるための生があるだけだ。（注1）」

ドン・ファンの言葉はあたかも啓示のごとく響いた。筆者は真の宗教的体験がいかなるものかを知らない。しかしおそらくはそれに近いものであったに違いない。実際にドン・ファンのようなシャーマンに会って修行し、悟りを開きたいと思った。その結果、筆者はアメリカに留学し、人類学を学ぶことになる。ただ様々な経緯があり、実際に滞在中に出会ったのはシャーマンではなく普通の人々であった。その時の体験も（強烈ではあったが）宗教的要素は少ない。だがそれで十分であった。当時のアメリカはベトナム戦争に敗北した直後であり、外に向かって開かれた社会であった。異文化的なものの受容、非西欧的神秘思想への共感は無意識の次元で文化の中に浸透していたのである。

ドン・ファンとの運命的な出会い、またその後の留学体験の影響は永続的なものであった。筆者は帰国後企業や語学学校で英語を教えていたが、後年、縁があって大学に職を得る。そしてそれをきっかけに過去の関心が再燃し、今度はシャーマニズムの研究者として、マヤ地域、アンデス地域、あるいはアマゾン地域を訪れ、先住民族宗教文化のフィールドワークを行うことになる。

青春期に筆者の人生を破滅から救い、その意味を探究させることになった「宗教的なもの」とはいったい何なのか。それをこれから考えてみたい。

二・「宗教」の語源と定義

宗教的なものを考えるにあたってまず宗教の語源とその定義に触れておく。

日本語の「宗教」は西欧諸語の **religion**（英語）、**Religion**（ドイツ語）、**religión**（スペイン語）等の訳語である。これらはローマ帝国の公用語であったラテン語の **religiō**（畏怖、畏敬、宗教的感情ほか）に端を発すると言われる。その動詞形は **religō** で、「縛る、結び付ける」という意味である。しかし **relegō**「読み直す、選び直す」という説もあり、それによれば **religiō** は「熟考、瞑想、敬虔」等を意味する。しかし **religiō** はローマ帝国がキリスト教化するにしたがって特別な意味を持つようになる。すなわち「（唯一）神と人間とを（再び）結び付ける」ことであり、これが **religion** の語源となった。ただし **religiō** がキリスト教以外の伝統をも意味するようになったのは一九世紀以降のことである。何故ならそれ以前は、それらは異教徒の野蛮な風習に過ぎなかったからである。

一方、**religion** の日本語訳である「宗教」は明治初期に仏教、神道、キリスト教等を包含する用語として採用された。（「宗教」は漢語である「宗」と「教」の二語から成るが、「宗」とは「宗門、仏教の教え」、「教」は文字通り「教え」という意味である。）それ以前は日本ではそれに相当する語彙がなく、各宗教伝統は仏道、仏門、宗門（以上仏教）、神道、キリシタンなどと呼ばれていた。公の場における「宗教」の最初の使用は一八六九年のドイツ北部連邦との修好通商航海条約で、**Religionsübung** の訳語に充てられたと言われる。

このような歴史的経緯から一つ二つ重要なことが明らかになる。宗教という概念がかなり意図的に作られたものだということだ。またその成立が西欧、日本ともに比較的最近であることだ。世界史的視野で見ると「宗教」概念は世界の近代化、西欧化、いまで言うグローバリゼーションの結果成立した。

宗教はどう定義されるのか。

以上でわかるように宗教とはグローバリゼーションの結果成立した曖昧かつ多義的な概念である。キリスト教、イスラームあるいは仏教のような世界宗教もあるが、これらはむしろ例外で、世界各地には多くの異なった宗教伝統が存在する。当然のことながら、宗教の概念は多様にならざるを得ない。さらにはまたこうした用語そのものが存在しない文化もある。したがって宗教を一律に定義することは困難で、実際に宗教の定義は研究者の数だけあると言われる。また多くの研究者があえて定義を避けている。しかしこれでは先に進むことができないので、手持ちの資料から、以下に暫定的な定義を挙げておく。

「神または何らかの超越的絶対者、あるいは卑俗なものから分離され禁忌された神聖なものに関する信仰・行事・制度。また、それらの体系。」〔『広辞苑』(第七版)〕

「宗教は、人生の究極的な意味と価値に関わる抽象的な思想体系や壮大な宇宙・世界観、組織的にして精緻な象徴と儀礼、多様で大規模な集団から、憑き物おとしやまじないなど、人生にたえず生起する諸問題の具体的な解決を目ざすさまざまな行為までを含む、きわめて複雑な現象である。」〔『文化人類学事典』(縮刷版)〕

宗教の定義は種々雑多であるが、それが人間にとって本質的な現象であることに関しては一致している。「宗教的なもの」は人間文化に通底する要素であり、人間の歴史を通して絶えず存在した。何故ならそれは人間存在の根幹に関わるものであったからである。

三．宗教の起源と歴史

宗教的なものの起源とは何か。

この問いに答えることは先史時代を語ることであり、困難ではあるが、まったく想像できないことではない。一つの手がかりは古代人が残した遺物や絵画あるいは埋葬の形態である。ヨーロッパでいまから四万年以上も前の鳥の翼骨や象牙で作られた笛が発見されている。また世界各地で数万年前に遡る洞窟壁画、岩絵、ペトログリフなどが残されている。さらには様々な人骨の埋葬の形態が発見されている。現代に残る伝統から想像するに、笛は神々、精霊あるいは死者と交信する手段であったと考えられる。壁画には多くの動物が描かれているが、これは人間にとって動物が不可欠の存在であったことを意味する。埋葬の習慣は古代人が死者を弔う儀式を行ったこと、またその形態は彼らが死（と再生）、死後の世界（冥界）に関していかなる考えを持っていたのかを暗示する。これらは明らかに宗教の範疇に属する現象である。

それでは、あらためて、宗教的なものの起源とは何であったのか。

筆者の推定は次の通りである。この課題を考える四つの要素がある。（1）自然への恐怖、畏怖、

（2）人間として生きることの喜びと苦しみ、（3）生命の糸の発見、そして、（4）神秘の探求である。

（1）自然への恐怖、畏怖

自然は絶対的な力を持つ存在である。対照的に、人間とは無力な、小さな存在である。二〇一一年三月一一日に起きた東日本大震災は自然の力、恐怖をまざまざと見せつけた。本居宣長は「可畏《かしこ》き物（畏怖すべきもの）を迦微《かみ》（神）とは云なり」と述べたが、(注2)原初の人間にとって自然とは恐怖・畏怖以外の何物でもなかっただろう。この要素は現在でも自然の中で暮らす先住民族には伝統として残されている。ボリビア・アマゾンのシリオノ族には「決して自然に触れてはならない」という戒めがある。(注3)アマゾンという巨大で過酷な自然の中で生き延びるためには、ひっそりとその怒りに触れないよう生きるほかはないのである。これが最初の出発点であった。

（2）人間として生きることの喜びと苦しみ

古代マヤ神話によれば､神々は四度にわたって人間を創造する。三度目の木を材料とした「人間もどき」は繁栄したが、人間としての感情を持っていなかったために滅亡した。四度目の創造となるトウモロコシの人間になってはじめて真の人間が誕生する。これは感情の働きが人間文化の存続に不可欠であるというマヤ人の洞察に基づいている。人間とは喜怒哀楽に生きる存在である。人間は誕生から死までの間に様々な出来事に遭遇し、楽と苦、希望と絶望、豊穣と飢餓、成功と挫折を経験する。心とは蓄積された体験のすべてである。この点において人間の心は遠い昔からあまり変わってはいないであろう。あたかもインド思想、ウパニシャッドのブラフマンのごとく、唯識思想の阿頼耶識《あらやしき》のごとく、あるいはプラトンのエルの物語のごとく、こうした人間の喜び、苦しみは直接・間接体験の記憶として世代を超えて蓄積していったことであろう。

しかし宗教的なものの誕生にはさらなる飛躍が必要であったと考える。その一つが「生命の糸」(筆者の造語：死を超えた生命の継続を意味する)の発見ではないだろうか。生きている人間は年老いて死ぬ。しかしその一方で新しい生命が誕生する。死と誕生は無限に繰り返される生命のサイクルである。この循環において、個としての人間は死ぬ、しかし類としての人間は継続する。これにより獲得した知識、創り上げた文化と社会は親から子に、そして孫へと継承される。生命の糸を主体的に認識した時に人間の意識は進化し、集団的生存の基盤が確立された。生命の糸の類似概念は日本の民俗宗教では「シラ」あるいは「すじ」と呼ばれる。「シラ」は誕生の神であり、オシラサマにつながる。「すじ」とは「筋」のことであり、古代血縁社会の基盤である。また同時に「種子」とも書き、農業とも結び付いている。(注4)

(3) 生命の糸の発見

(4) 神秘の探求

最後は神秘の探求である。集団的生存がある程度保証されると人間の関心はより精神的なものに向かうようになった。人間は森羅万象の神秘、天体の神秘、生命の不可思議に魅せられ独自の想像力でその謎の解明を始める。その背後にあるもの、目に見えない力と世界が考えられ、神々やスピリットの超自然的存在が創造された。死後の世界あるいは冥界が考えられ、またそれに対比して生前の世界あるいは天界が考えられた。もちろんこれは無意識の創造で、古代人の現実においては神々が人間を製作し、その起源と歴史を創出したのである。素朴な民間伝承であった物語は次第に形を整えた神話となり、現在と接続して、ここに共同体の意味付けがなされることになる。しかしこれはずっと後のことである。

こうして宗教的なものの原型が出来上がった。その時期は限りなく遠い昔であろう。あるいは現生人類以前のことかもしれない。それは混然一体とした生きるための知恵の体系のようなものであったと想像する。言い換えれば、原初の宗教は人間の文化と未分化の状態であり、最も重要な部分であった。その意味で筆者は、「宗教的なもの」を「人類最初の文化」とみなす。すなわち言語、技術、医術、血縁組織、法、規範、掟、倫理、崇拝、呪術、儀式、葬送、教育、神話、伝承、音楽、工芸、芸術などを含む混合体であった。この体系は人間の文化的発展とともに複雑化して高度に組織化されたものになり、やがて次第に分化してゆくことになる。

以上は起源に関する私見だが、歴史を俯瞰するといまから五、〇〇〇年ほど前に（地域により大きな差があるかもしれないが）大きな社会的発展があったと思われる。その時、現在の既存宗教の祖先とも言える原宗教が誕生した。そしてその後の展開はよく知られている通りである。

四．宗教の多様性

「宗教」を論じる際に直面するのはその多様性である。現存する世界の伝統を概観してみよう。世界宗教と呼ばれるキリスト教、イスラーム、仏教から始める。

世界最大の宗教であるキリスト教はいまから二、〇〇〇年前に古代イスラエルにおいてイエス・キリストによって創始された。イエスはユダヤ人であったが、その教えの急進性故にユダヤ教の律法学者・長老の恨みを買い、最後には磔刑に処せられる。初期のキリスト教は小さな勢力であった。当時の地中海地域はローマの支配下にあり、また皇帝ネロがミトラ教に傾倒したことからキリスト教徒は迫害された。しかし四世紀はじめにコンスタンティヌス一世が即位するとキリスト教は公認され、やがてローマの国教となる。ローマ帝国衰退後も今度はヨーロッパを起点に世界中に広まってゆく。キリスト教の聖典は『聖書』であるが、『旧約聖書』『新約聖書』から成る。前者はユダヤ教と共通するが、後者はイエスの言行録である。キリスト教教理の最大の特色は三位一体、すなわち神、子（イエス・キリスト）、精霊が一心同体となって働くことである。

世界第二の宗教イスラームは西暦六一〇年、アラビアのメッカにおいてムハンマドによって創始された。四〇歳になった頃、ムハンマドはヒラー山の洞窟で天使ガブリエルにより唯一神アッラーの最初の啓示を受ける。この啓示は死ぬまで続くが、それをまとめたものが啓典『クルアーン』である。イスラームの教えは六信五行に要約されるが、最も重要な五行は信仰告白（シャハーダ）、礼拝（サラート）、喜捨（ザカート）、ラマダーン月の断食（サウム）、そしてメッカ巡礼（ハッジ）である。イスラームの拡大は政治的・軍事的行動を伴っていた。その版図はウマイヤ朝の時最大となり、ヨーロッパではスペイン北部にまで及んだ。

仏教は紀元前五世紀に北部インドにおいてガウタマ・シッダールタによって創始された宗教である。小国カピラヴァストゥの王子として生まれたシッダールタは、二九歳の時、城を出て六年間苦行林で修行するが、苦行が無益であることを知って去り、菩提樹の下で瞑想して悟りを開きブッダ（目覚めた者）となる。ブッダの教えの根本は四聖諦そして縁起であった。これらは人間の問題の根本原因が苦にあるという認識に基づいていて、ブッダはそこから解脱して涅槃に到達する方法を示した。その後ブッダの教えは批判的に発展し、やがて大衆を救うことを目的とした大乗仏教が生まれる。さらには後年、呪術的な密教が生まれる。これらの教えを述べた無数の経典が存在する。仏教は日本に伝来して日本仏教として独自の発展を遂げた。

次いで重要なのは世界各地の民族宗教である。

世界最大の民族宗教はインドのヒンドゥー教である。国民的宗教としてのヒンドゥー教の成立は紀元前五世紀以降であるが、その前身は極めて古く、紀元前一二〇〇年頃に始まるヴェーダの宗教まで遡る。初期のヒンドゥー教をバラモン教と呼ぶことがある。バラモンとはヒンドゥー教の司祭のことである。ヴェーダ、ウパニシャッド、ヴェーダンタ哲学、大叙事詩マハーバーラタ、ラーマーヤナをはじめとする多くのヒンドゥー聖典が存在する。ウパニシャッドにおいては、宇宙の最高原理はブラフマンと呼ばれ、それが個人の中に存在する時アートマンと呼ばれる。多くの神々が存在するが、ヒンドゥー教確立後はブラフマン（創造）、ヴィシュヌ（維持）、シヴァ（破壊）が三大神となった。この宗教は仏教と同じく解脱を最終目標とするが、達成への三つの道がある。知識の道（ジュニャーナ・マールガ）、（祭式）行為の道（カルマ・マールガ）、信愛の道（バクティ・マールガ）である。ヒンドゥー教はインド民族の精神的骨格であり、今日までインド文化の尽きせぬ泉となっている。

ユダヤ教は世界最古の宗教の一つであり、紀元前一八〇〇年頃カナンの地（現在のパレスティナ）に移住した民族の（伝説上の）太祖アブラハムが源泉である。しかし実際にユダヤ教として定着するのは紀元前六世紀〜五世紀のバビロンの捕囚以降、紀元前一世紀頃である。この宗教の聖典は『タナハ』と呼ばれるが、内容的には『旧約聖書』とほぼ同一のものである。中でも『モーゼ五書（トーラー）』が重要である。唯一神ヤハウェを信仰する。女性を含む多くの預言者が存在するが、最も重要なのはモーゼである。ユダヤ教の特徴として選民思想、メシア（救世主）思想がある。

アジア全域に大きな影響を与えた中国発祥の哲学的・倫理的伝統に儒教がある。儒教の基盤を作ったのは紀元前六世紀に生まれた孔子である。孔子の母は儒と呼ばれる社会底辺のシャーマンであった。孔子は母から死と死者の儀礼を学んだと思われる。孔子の思想は弟子たちによって『論語』としてまとめられている。孔子は「仁」を人間が実現しうる最高のものとし、また仁を体得した「君子」による理想の政治を説いた。孔子は徹底した現実主義者であり、おそらくは歴史上最初の人間主義者（ヒューマニスト）であった。孔子の思想には宗教的な要素は顕在しない。しかしその言葉は二、五〇〇年にもわたって人間の心を動かしてきた。

儒教が孔子の教えに始まるのと対照的に、道教の成立は古代中国の自然宗教、土着信仰を基盤としている。中国古来の巫術（鬼道の教＝シャーマニズム）、神仙思想、陰陽五行説、卜筮《ぼくぜい》などが中心となり、民間信仰、また儒家の倫理思想、仏教儀礼なども織り交ぜて成立した。黄帝、老子などを始祖とするが、宗教として形を整えるのは後漢の頃である。老子は宇宙と人間の根本原理である「道（タオ）」を説き、それと一体化するのを究極の理想とした。その後様々な伝統・思想を取り込みながら宗教伝統として発展を遂げ、現在に至っている。

神道は日本の民族宗教であるが、その成立経緯は極めて複雑である。はじめに存在したのは日本各地のシャーマニズム、風俗・慣習、山岳信仰、また地方勢力の守護宗教であったと思われる。日本が統一される過程でこれらは覇者によって再編成され神道の最初の基盤が作られる。またこの時期に仏教、儒教、道教が伝来する。とりわけ仏教の存在は大きく、民族宗教としての神道はその強い影響下に成立したと言ってもよい。その後、神道は仏教（および他の宗教伝統）と際限なく融合してゆく。これは神仏習合と呼ばれるが、神道は日本仏教と共存することによって存続してきた。神道はアニミズムの宗教であり、八百万の神が存在するが、記紀神話・伊勢神道においては天照大神を最高神とする。神道の教義で特筆すべきは「穢れ」の概念であろう。死、死体、出産、また悪霊や邪心を不浄のものとして避ける。またそれを浄めるため、大祓え、禊ぎなどを行なう。神道は明確な聖典を持たないが、『古事記』、『日本書紀』、あるいは『延喜式』がそれに相当すると見なされている。

これらの伝統宗教から派生したものに新宗教（あるいはカルト）と呼ばれるものがある。新宗教の定義は難しいが、ここではいちおう比較的最近出現した宗教団体だと言っておく。世界中に存在するが、とりわけアメリカ、日本など、急速に近代化が進んだ国に多いようである。アメリカにはモルモン教、エホバの証人、クリスチャン・サイエンス、サイエントロジー教会、世界平和統一家庭連合、クリシュナ意識国際協会、ファミリー・インターナショナル、エッカンカー、ブッダフィールド、宇宙生活教会など数千のグループが存在するという。日本はさらに多く、天理教、黒住教、創価学会、立正佼成会、霊友会、真如苑、生長の家、大本、崇教真光、幸福の科学、一燈園、ＧＬＡなど一万数千もの団体があると言われる。これらの新宗教の多くは既存宗教（正統）の派生形（異端）であるか、あるいは複数の伝統を習合したものである。

さてこれらは目に見える形での、組織体として存在する宗教伝統である。しかし実は宗教的なものとははっきりと可視化できない部分がはるかに大きいのだ。それは多くの場合文化や社会の中に溶け込んで存在している。これは民俗宗教あるいは民間信仰とも呼ばれるが、ほとんど文化伝統と同じである。世界中に存在するが、日本はその宝庫で、日本各地に多種多様な伝統が存在する。いくつか例を挙げれば、観音信仰、地蔵信仰、七福神信仰、えびす神信仰、田の神信仰、山の神信仰、船霊信仰、地神信仰、オシラサマ信仰などがある。広域に広がっているものもあれば、地域限定のものもある。

民俗宗教・民間信仰と重なる部分があるが、この種の地域文化が明確な宗教伝統として残されている場合がある。一般にシャーマニズムと呼ばれるものである。シャーマニズムはシャーマン（巫者・巫女）を中心にして実践され継承されている宗教伝統である。シャーマンの語源（šamán シャマン＝知者）はツングース・マンシュー諸語であるが、類似の伝統は世界中に存在する。先住民族社会においては民族宗教となる。現在この伝統はとりわけシベリア、東アジア、東南アジア、アフリカ、そしてアメリカ大陸の各地においてよく残されている。諸地域の伝統はかなり異なるが、宗教行為の司祭としてのシャーマンが存在するのは共通である。日本にもかつては各地にシャーマニズムの伝統があった。現在では東北のイタコ、カミサマ（ゴミソ）、高知県物部村のいざなぎ流、沖縄・奄美大島のユタ、ノロなどがよく知られている。

五. 宗教の本質──聖なるものと人間的なもの

以上のように、世界には多様な宗教伝統が存在するが、では宗教とは何か、その本質とは何か。この問いに答えることは宗教の定義と同様に困難であるが、ここでは「聖なるもの」と「人間的なもの」という二つの視点から考えてみたい。

はじめに宗教を人間文化における「聖なるもの」の営みとする見解がある。西欧世界における聖なるものの概念は古代ギリシャ文化まで遡ることができる。ギリシャ語には多くの宗教的用語があるが、ラテン語の **religiō** に相当するのは **εὐσέβεια**（エウセベイア：神々への崇敬、敬虔、宗教）である。これはラテン語の **pietas** になり、英語の **piety**（敬虔）となって現在に至っている。ヨーロッパ近代において「聖なるもの」の概念をあらためて提唱したのはドイツ人宗教学者ルドルフ・オットーである。オットーはヌミノーゼ（**das Numinöse**：ラテン語の **numen**〈神霊〉を形容詞化した **numinös**〈神霊的な〉に基づく）という造語を用いて宗教的感情を説明しようとした。ヌミノーゼとは人間が超越者に持つ畏怖の感情のことである。

「敬虔な感情が強く掻《か》き立てられているときのもっとも深い底の部分にあるもの、救いへの信仰や信頼感や愛といったものよりも深いところにあるものについて考えてみたい。……そうすると、探求しているものにふさわしい表現が一つだけ浮かびあがってくる。戦慄すべき神秘（ラ **mysterium tremendum**）という感情がそれである。(注5)」

オットーの「聖なるもの」の概念はその後の宗教研究に多大な影響を与えた。ルーマニア生まれの宗教学者ミルチャ・エリアーデもその影響を受けた一人である。エリアーデは「宗教的なもの」がいかなる理由で「聖なるもの」であるのかを考察し、「聖なるもの」が「俗なるもの」との対比によって有意味になると結論した。エリアーデはこれを空間性と時間性の両面から考える。はじめに聖なる空間が存在する。

「宗教的人間にとって空間は均質ではない。……《ここにちか寄るな。履き物を脱げ。お前が立っているこの場所は、聖なる地である》と主はモーゼに言った（出エジプト記、三・五）。かくて或る聖なる、すなわち〈力を帯びた〉、意味深遠な空間が存在し、一方には聖ならざる、……〈形を成さぬ〉空間の領域がある。（注6）」

これは宗教が聖なる場所（あるいは聖地）と不可分の関係にあることを意味する。キリスト教における聖地がそうであり、より身近には教会の空間がそうである。

聖なる空間があれば、当然、聖なる時間もまた存在する。「宗教的人間は俗なる時間と聖なる時間の二種類の時間を知る。一方は流れ去る時間持続であり、他方は聖なる暦を形成する諸祝祭において回復することのできる〈一連の永遠〉である。（注7）」

オットーとエリアーデが語っているのはキリスト教における聖なるものである。その実際はいかなるものか。若い頃にドミニコ会修道士であった筆者のスペイン人の友人によると、ローマ・カトリック教会には二種類の聖職者が存在する。スペイン語で **fraile**（フライレ）と **monje**（モンヘ）と言う。日本語では両者ともに「修道士」であるが、性格はかなり異なる。前者は修道院を自由に移動することができ、社会と関わりを持ち、伝道が大きな役割である。対照的に後者は修道院に自らを隔離して生きる。彼は来る日も来る日も神に祈りを捧げ、『聖書』を学び、瞑想し、グレゴリオ賛歌を歌って過ごす。(かつてはただ一人で砂漠の中に隠者のように暮らし、神に祈ったという。)その生き方を見ていると、キリスト教における信仰、聖なるものへの情熱がいかなるものであるかがわかる。

聖なるものは、その在り方こそ異なるが、イスラーム、ユダヤ教、あるいはヒンドゥー教においても存在する。これらの宗教においては聖なるものは信仰と深く結び付いている。「イスラーム」の意味は唯一神アッラーへの無条件の「服従」である。五行最大の宗教行為はハッジであるが、これは聖地メッカへの聖なる苦行である。インドの聖人ラーマクリシュナは深くバクティ(信愛)運動の影響を受けたヒンドゥー教徒であったが、知識ではなく信仰によって聖なる神に近付こうとした。

自然宗教あるいはシャーマニズムにおいてはどうか。アンデス文化では、キリスト教(カトリック)と同時に、独特の霊山信仰が存在する。ここにも神々、また「聖なるもの」の概念は存在する。中央アンデスの最高神は大地母神パチャママだが、人間と直接交渉を持つ可視的存在は冠雪した山に住む山の神である。ボリビアではアチャチーラ(妻はアウィーチャ)、ペルーではアプー(妻はアウキ)と呼ばれる。人間の誕生において新生児は母親の胎内から生まれるがそれはまだ生命を持った存在ではない。そこに生命を吹き込むのは山の神なのである。ティワナクのシャーマン(ヤティリ)、ポリカルピオ・アサーパ・フローレスによれば「ボリビア人は誰でも〈イラ(illa)〉という自分の守護霊を持って生まれる。この〈イラ(illa)〉はイリマニ(Illimani)、イリヤンプ(Illampu)などの霊山の最初の部分と同じもの」である。(注8) つまり人間は物質的には母親の体内から、しかし精神的には山の神から生まれるのである。

また特異な例として中米のマヤ文化がある。マヤの宗教の聖典はカレンダーであり、そこに存在する神は「時間」である。マヤのシャーマン（アッハキッヒ）はマヤ神聖暦（チョルキッヒ）を使い、時間の神（ナワール）の加護の下に仕事を行う。古代マヤ人は優れた思想家であり科学者であったが、世界の成りたちを他の民族とは異なる方法で理解した。彼らは時間が世界を創造し、維持発展させる根源的なエネルギーであると考え、自らの文化・宗教を構築した。その伝統は現在でも継承されている。ここでは時間が聖なる存在である。

以上はその本質が聖なるものにある宗教伝統であるが、それではすべての宗教の本質は聖なるものなのだろうか。そうではないようである。

聖なるものは超自然的存在、神々、あるいは究極の原理を前提としているが、そうしたものとは無関係に、より人間的な次元で創出された宗教伝統もまた存在する。その最大の例が最初の仏教、初期仏教ではないだろうか。仏教はブッダによって創始されたが、その教えはバラモン教へのアンチテーゼでもあった。バラモン教には世界の最高原理としてブラフマンまたアートマンが存在した。人間はこれらの聖なるものと一体化することによって究極の解脱を得る。しかしブッダはこの考えを捨て、人間が人間の力によって解脱する道を説いた。彼は神々の存在、死後の世界について語らなかった（無記）。現実の問題を徹底して理性によって考え、人間として平安に生きるための叡智を語った。初期仏教は極めて人間主義的であり、そこには聖なるものは存在しない。四聖諦、縁起説は、現代的に言えば、深層心理学的な人間理解である。もっとも後年、大乗仏教が誕生し、ブッダは神格化されて仏や如来となり、またヒンドゥー教の影響を受けて神々が復活するのであるが。

類似の人間主義は儒教の創始者、孔子にも見られる。孔子は高い理想を持った現実主義者であった。孔子の関心は現世にあり、霊界や死後にはなかった。弟子の季路（子路）が孔子に鬼神（死者の霊魂）への仕え方を問うた。孔子は「未《いま》だ人に事《つか》うる能《あた》わず、焉《いずく》んぞ能《よ》く鬼に事えん」と言った。さらに死について問うと、「未だ生を知らず、焉んぞ死を知らん」と述べた。(注9) 孔子が重視した仁、徳、礼、恕（思いやり）、あるいは中庸はすべてこの地上に理想の社会を生み出すための哲学的あるいは倫理的理念である。孔子は理想の実現には社会参加が不可欠であると考え、まず政治家であることを目指した。『論語』の中で、子路に孔子の生き方を皮肉る二人の隠者が出てくるが、それを聞いた孔子はかなりむきになって反論している。(注10) 孔子はまた教育を最も重要なものだと考え、私塾を開いて来る者に分け隔てなく自らの思想を教えた。

仏教、儒教の教えが聖なるものに依拠しなかったことは、これらの宗教が俗なる教えであるということではもちろんない。ある意味で両者は通常の宗教、聖なるものの伝統以上に深い思想である。ただあまりに人間的な教えであっただけのことである。このことは聖なるものと俗なるものというエリアーデの対比概念が常に有効であるとは限らないことを意味している。むしろ聖なるものと人間的なものと言い換えた方がより適切ではないだろうか。

最後に日本の宗教はどうか。結論を先に言えば、それは聖なるものと俗なるものあるいは人間的なものが渾然一体となった伝統である。そして、さらに言えば、後者がより重要な役割を担っているように思われる。

最初は神仏習合（に代表される宗教的融合）である。日本の宗教の核を成すのは神道と仏教であるが、すでに述べたようにこれらは際限なく融合を重ねてきた。神道の最古層を成す自然信仰は農耕文化の到来とともに稲作の神、田の神を生み出し、天皇制の創世神話となる過程で太陽信仰と合体して天照大神まで進化した。一方、伝来した仏教は、土着の死生観、祖先崇拝などを取り込みながら、鎌倉仏教に見るように、民衆の救済のための宗教として発展した。同時にまたこの両者は複雑に融合して、修験道、本地垂迹説、稲荷信仰、八幡信仰をはじめとする無数の民俗信仰を生み出した。このような無節操な習合を繰り返してきた日本的宗教の本質が、信念の究極の形態とも言える「聖なるもの」であるとは考えにくい。

次に日本の民俗宗教におけるハレとケについて述べる。柳田國男がはじめて使用したこの対照概念は興味深い示唆を与える。ハレとは晴れ着、晴れ姿、晴れ舞台などのように、特別な祝祭の機会を表し、季節ごとの祭り、お盆、正月、節句などの年中行事を含む非日常の世界である。一方、ケとは褻《け》着《ぎ》（普段着）、褻稲《けしね》（日常食）などのように、何の変哲もない日常の世界である。柳田はこの反復に日本農耕社会の一年のリズムを見た。ハレとケの対照概念はある意味でエリアーデの聖と俗の対照概念に似ている。しかし本質的に異なる。人々がハレを好むのは事実である。しかしより重要なのはケかもしれない。ケは気（＝霊的生命力）を意味するという解釈がある。日常である気が枯れた時（ケ枯れ）その刷新のためにハレの時が必要なのだ。するとケがより本質的なものであることになる。これをエリアーデ流に言えば俗が宗教の本質であることになる。

以上のことはもちろん日本の宗教に聖なるものが存在しないということではない。神道には明らかに聖なるものの要素がある。日本各地の数多の聖地がそれを証明している。日本仏教においても阿弥陀信仰、浄土信仰など、キリスト教を思わせる伝統がある。しかし総合的に考えた時、それは最も重要な要素ではないのではないだろうか。むしろより俗なる、あるいは人間的な要素が根底にあるのではないだろうか。

六．宗教の役割

宗教の役割とは何か。

この問いに対してはある程度整理して答えることができよう。いかなる宗教も社会性と個人性という二つの側面、機能を持っているということである。

宗教的なものははじめに社会的存在としての人間によって形成された。最古の宗教伝統は自然信仰であるが、それは過酷な自然を生きるための叡智の体系とでも言うべきものである。古代人にとってはあらゆる存在物、自然現象が恐怖・畏敬の対象であった。山、森、大木、河川、滝、泉、湖、海、岩、石、洞窟、窪み、穴、家、井戸、田畑、雲、雨、水、風、嵐、雪、雷、稲妻、熱、光、影等である。いわゆるアニミズムと呼ばれるものだが、古代人の世界においては、これらは生きていて、霊魂(アニマ)を持つ存在であった。ここからシャーマニズムと呼ばれる宗教共同体的伝統が発展する。その過程で神々や聖地が誕生し、また神話・伝承が創られ、地名、人名(苗字)が発祥し、さらには発展的に家系、血族、氏族が形成されてゆく。自然信仰はこのようにして人間集団の紐帯を強める最初の役割を果たした。

自然信仰の中でも山岳信仰は最もよく知られている。山岳信仰は世界中に存在する。ギリシャの最高峰オリュンポス山は古代においてギリシャ神話の舞台であり、主神ゼウスをはじめとするオリュンポス十二神が住む霊山であった。『創世記』のノアの箱舟が漂着したとされているトルコ・アルメニア国境に位置するアララット山はアルメニア人の魂の故郷とも言うべき聖山である。ニュージーランド北島のタラナキ山はマオリ民族にとって聖なる山であり、マオリ民族の神話・伝承に語られている。マオリ族の人間はここで生を受け、また死後そこに帰ると信じられている。前出のアンデスの宗教でも独特の霊山信仰が存在し、地域コミュニティーの宗教共同体を作り上げている。日本においてもまた長い伝統を持つ山岳信仰が存在する。神道の最大の起源はおそらくは縄文期の霊山信仰であろう。仏教と習合した修験道はその発展形である。

山岳信仰と並んで重要なものに動物信仰がある。動物は太古の昔から人間の生存にとって不可欠の存在であった。人間文化の最初の段階は狩猟・採集生活である。人間にとって有益な動物、恐ろしい動物、神秘的な動物は神聖化され、崇拝された。この伝統は地域によっては現在でも残されている。たとえば南米アマゾンにおいてはジャガー、大蛇、鳥（わし）等が神聖な動物である。ジャガーは力と叡智、大蛇は神秘性、鳥は太陽神の使者である。この地域には最近までジャガー・カルトが存在した。動物信仰はまた日本にも見られる。多様な信仰動物が存在するが、代表的なのは狼（山犬）、狐、猪、鹿、熊、蛇、ネズミ、鳥等である。これらは様々な伝統と結び付き、重要な民間信仰となる。その代表が稲荷信仰であろう。

動物ほど顕著ではないが、植物信仰あるいは穀物信仰もまた存在する。そのよい例がアマゾンの植物信仰で、タバコ、アヤワスカは聖なる薬用植物である、日本においては正月の歳神、神道の天照大神等が代表的な穀物神（お米の神）である。

こうした人間と動（植）物との関係が特異な形で発展したものにトーテミズムがある。トーテム（totem）という用語は北米東部のオジブワ語のドゥーデム（doodem、〈氏族〉の意味）が起源であると言われるが、先住民族が自らの社会を特定のトーテム（動物、植物、鉱物等）と関連付ける伝統を意味する。その根底にあるのは自然信仰であるが、社会を構造化する機能があり、血縁関係、婚姻制度、タブー（禁忌）等と関係している。最もよく見られるのはトーテム動物によるトーテミズムである。世界各地に存在するが、筆者が調査をした中米地域のナワリズムでは人間の魂は二つの部分から成り、ジャガー、猿、鳥、ワニ、蛇等の特定の動物（ナワール）と不可分の関係を持つ。

フランス人社会学者・人類学者エミール・デュルケムは宗教の持つ社会性に注目した。デュルケムはオーストラリア先住民族のトーテミズムの研究で知られるが、象徴としてのトーテム原理は先住民族宗教に固有のものではなく、類似の現象は西欧社会におけるキリスト教とその教会組織にも見られる。その意味で西欧社会もまた宗教共同体である。したがって「宗教とは神聖すなわち分離され禁止された事物と関連する信念と行事との連帯的な体系、教会と呼ばれる同じ道徳的共同社会に、これに帰依するすべての者を結合させる信念と行事である。(注11)」ということになる。

社会的機能としての宗教は世界中の宗教伝統に見られる。キリスト教、ユダヤ教は高度に組織化された社会基盤を持つ宗教である。これらと対照的にイスラームは宗教組織を持たない宗教であるが、アッラーへの信仰によって強力なウンマ（イスラーム共同体）を形成している。ヒンドゥー教はインド民族主義の精髄である。日本の神道、また仏教も然りである。明治の精神となった国家神道はその最たるものである。江戸期の仏教寺院は地域社会を管理する村役場のような存在であった。

したがって社会にとっての宗教は社会を共同の世界観、価値観、倫理観によって結合し維持する役割を持つと言えよう。

宗教はまた疑いもなく個人的なものである。ある人がある宗教を信じる時、あるいは信仰を持つ時、それはまず自分自身（あるいは自分の分身的存在）のためである。アメリカ人心理学者・哲学者ウイリアム・ジェイムズは個人にとっての宗教を心理学的、哲学的視点から徹底して考察した。多くの宗教者、神秘思想家が確信を持って述べている「より以上のもの」との「合一」の体験について、ジェイムズの結論は次のようなものである。

「私たちが宗教的経験において結ばれていると感ずる「より以上のもの」は、向こう側では何であろうとも、そのこちら側では、私たちの意識的生活の潜在意識的な連続で」あり、それを統御しているのは「もともと、私たち自身の精神のなかに隠れているより高い能力なのである[注12]」。

「より以上のもの」とはすなわち「神」のことであり、それは個人の精神に内在している能力によって実感される。したがって宗教は本来的に個人的な意味を持つものである。ここで宗教とはもちろんキリスト教を意味するが、ジェイムズは心理学者として、神、神秘体験を彼一流の「科学的」視点から客観的にとらえ直そうとしている。

個人にとっての宗教の最大の役割はおそらく「救済（Salvation）」であろう。たとえばキリスト教においては、神は悩める者、苦しむ者、絶望している者を救う。戦後間もなく作られたアメリカ映画に『素晴らしき哉、人生！（*It's a Wonderful Life*）』[注13]がある。ニューヨーク州の小さな町に住むジョージ・ベイリーは死んだ父の住宅金融会社を受け継いだ。しかし会計監査の日に叔父が会社の大金を失くしてしまい、思い詰めたベイリーは投身自殺を決心する。だが別な男が先に飛び込み、ジョージは男を助けるために飛び込むことになった。男は自分が守護天使であり、彼を助けるために飛び込んだと言う。半信半疑のジョージは、それでは自分が生まれなかった世界にしてくれと天使に頼む。天使が見せたのは地獄のような希望なき世界であった。真実を知ったジョージは世界を元に戻してもらい、もう一度やり直そうと自宅に帰る。クリスマス・イブに家で彼を待っていたのは、愛する家族と友人であった。筆者はこのクリスマス映画を何度も見たが、見るたびに涙腺が緩んだ。

救済のモチーフは多くの宗教に見られる。同じ世界宗教のイスラームにも仏教にも、またユダヤ教、ヒンドゥー教、シク教、道教などの民族宗教にも、神道や日本仏教にも、民間信仰にも、また新宗教やカルトにも存在する。しかし戦後日本における最大の「救済」宗教は新宗教であったかもしれない。筆者の昔の友人は子供が不治の難病になり医者に見放された時、藁をもつかむ思いである新宗教に加入した。その結果、難病は奇跡的に治り、その後は厚くその新宗教を信奉するようになった。このような例は無数にあるであろう。これは、かつては仏教や神道、あるいは数多の民間信仰が担っていた役割である。

救済の究極の形は「回心（Born again）」と呼ばれる宗教行為である。ウイリアム・ジェイムズは前掲書の中で、後年、著名なアルコール依存症救済家となったS・H・ハドリーの例を挙げている。ハドリーは人生の挫折からアルコール依存症となり、破滅寸前の生活を送っていた。しかしある時、ハーレムの酒場で飲んだくれていた時、「罪人の友、イエス」が現れたという予感、ヴィジョンを持つ。この人物はその後に監禁された警察署の中でも現れ、「祈れ」と命じる。とうとう彼は当時有名な慈善事業家であったジェリー・モーリーの本部に行き、その会堂で自分の惨めな人生を集まった人々に告白する。これをきっかけにハドリーは正気に目覚め、回心し、復活への道を歩む。(注14)

回心はキリスト教だけに限られた行為ではない。たとえばイスラームにも回心ムスリム(Born again Muslim)が存在する。興味深いのは回心ムスリムの多くがキリスト教からの改宗者であることである。改宗理由は、物質主義に嫌気がさし、イスラームの純粋さに惹かれた者、また三位一体への疑問を持った者など、まちまちである。しかし逆にまたイスラームからキリスト教に改宗するムスリムもいる。

回心は主にアブラハムの宗教に関わる宗教的体験である。いくつかの宗教はさらに高い目標を持つ。たとえば、ヒンドゥー教また仏教には「解脱」あるいは「悟り」という唯一無二の目標が存在する。古代インドの哲人ヤージュニャヴァルキヤは知識(叡智)による解脱を説いた。その末裔であるヒンドゥー教徒は知識、儀式行為、あるいは信愛によって解脱しようとする。仏教の開祖ブッダもまた方法こそ違え、苦からの解脱と涅槃への道を説いた。日本仏教は古代インドの伝統とは離れているが、密教や禅の中に類似の悟りの伝統が残されているように思える。

以上のように、宗教の役割は大きく分けて社会性、個人性の二つの側面があり、また宗教によって、目標とするもの、重点の置き方がかなり異なる。とりわけ日本人にとって宗教の役割はきわめて現実的な問題解決にあると思われる。

ただそれでも一つのことは言えよう。その在り方がどのようなものであれ、もし宗教に重要な役割があるとすれば、それは人間の精神生活を涵養することではないだろうか。宗教は必然的理由によって発生し、また発展してきた。いかなる宗教伝統も人間が自らの存在理由あるいは生甲斐を見出す際に不可欠な精神の糧を与えるものである。

七. 現代と宗教

現代において宗教はどうなっているのか。

宗教の没落とスピリチュアリティの興隆である。

宗教の没落はいまに始まったことではない。すでにヨーロッパでは一九世紀において教会の権威に陰りが見られ、宗教の世俗化が一気に進んだ。自然科学の発達、中でもダーウィンの『種の起源』はキリスト教社会に大きな影響を与えた。神の恩寵の創造物であったはずの人間はもはや特別な存在ではなくなった。それでもキリスト教は多様化・変容して存続するが、無神論が台頭したことも事実である。無神論の系譜はとりわけ文化伝統が希薄であったアメリカにおいて発展し、現在まで続いている。その究極の形態として宗教現象を自然科学的に理解しようとする考えがある。たとえばアメリカ人哲学者ダニエル・C・デネットは宗教を生物一般の必然的な進化の過程としてとらえている。

「たとえ神が現実に存在し、神が私たちの愛すべき創造者であり、知的で意識的な創造者であることが、たとえ真実であったとしても、それでもやはり、宗教それ自体は、諸現象の複雑な集合体として、完全に自然的な現象であるということである。(注15)」

科学的思考（理性による理解）を極限まで推し進めると当然こういう考えになる。しかし科学によって理解する「自然」もまた人間の創造物である。謎は謎のまま残り、多くの科学者は科学を信奉しながら同時に神にも祈るのである。

スピリチュアリティとは人間が持つ宗教性（霊性）、あるいは（すでに論じた）個人にとっての宗教というぐらいの意味である。この宗教的要素の個人化はアメリカを起点に二〇世紀後半の世界において急速な進展を見せた。戦後のアメリカは近代文明の頂点に立っていたが、その繁栄の背後に物質主義、競争社会、人種差別、ベトナム戦争をはじめとする多くの精神的・社会的問題が存在した。これらの問題に既存宗教（キリスト教）は十分に対応することができず、その結果一九六〇年代に多くのカルト（新宗教）が誕生することになる。しかしこれらのカルトは急造の未熟な変異体であったため、その多くが洗脳、暴力などの反社会性を露呈して自滅する。そしてあたかもそれと入れ替わるようにスピリチュアリティが可視化されて社会的注目を集める。ニューエイジ運動（新霊性運動）はその代表的なものである。特定の宗教に依拠しないこの宗教性の在り方は長い歴史を持っているが、その真の起源は若者の間で世界的な意識革命が起きた一九七〇年前後であろう。価値観が急激に変動したこの時期に市民権を得たのである。ニューエイジ運動の範囲は広大なのでここでは羅列しないが、スピリチュアリズムから環境主義にまで及ぶ。（人々は自らが選んだ領域でひたすら精神的充足を求める。その背後にあるのは分極社会における空疎な自己である。）

アメリカ人心理学者アブラハム・マズローは人間存在を欲求（Needs）の視点から考察し、「欲求の階層構造（Hierarchy of needs）」という考えに到達した。本能的なものとして生理的欲求、安全の欲求があり、その上に人間的な社会的欲求、愛や所属の欲求、そして承認（尊敬）の欲求がある。だがそれで終わりではない。正常な人生の完結のためにはさらにその上に自己実現（Self-actualization）の欲求が必要なのだ。これは至高体験（Peak experience）とも呼ばれる。必ずしも宗教的体験である必要はないが、多くは宗教的なものに帰着する。後年、マズローの思想からトランスパーソナル心理学が誕生する。宗教的心理学と言い換えてもよい。

アメリカに比べるとヨーロッパではキリスト教の影響は社会に深く根を下ろしていたが、それでも二〇世紀末には伝統宗教への関心がかなり薄れてゆく。その背後には戦後におけるアメリカ文化の影響もあるが、近年における他宗教圏からの移民、その結果としての多文化主義（多宗教主義）が大きく関わっている。ここでは新宗教は興隆しなかったし、ニューエイジ運動もまた限定的であるようである。代わりに理知主義的な無神論が台頭し、現在まで続いている。しかしスピリチュアリティの追求がないわけではなく、精神的充足、平安を求める心は世界共通である。

日本の場合はどうか。アメリカとは違った意味で明治以降、大きな社会変動を経験した日本においてもまた多くの新宗教が現れた。とりわけ戦後における展開には驚くべきものがある。「神々のラッシュアワー」と呼ばれた終戦直後の新興宗教、高度経済成長期の新新宗教、そしてバブル期の黙示録的新宗教である。しかし一九九五年に起きたオウム真理教地下鉄サリン事件のため日本人は宗教嫌悪症となり、新宗教もまた社会の表舞台から消えてゆく。

以上はすべて二〇世紀後半に起きたことである。

二一世紀に入り世界は再び変化する。端緒となったのは二〇〇一年九月一一日のアメリカ同時多発テロ事件である。その結果、アメリカでキリスト教原理主義（福音主義）が台頭し、また世界ではイスラームが拡大する。同時にテロリズムという新たな戦争の形態が悪魔のように増殖した。この無差別暴力は恐怖による支配を実践したイスラム国の台頭によって頂点に達する。そのイスラム国もやがて駆逐され、平和が訪れかけていた矢先にコロナ・パンデミックが発生し、二年以上にわたって世界を麻痺させた。そしてその災厄が下火になりかけた頃、今度はロシアによるウクライナ軍事侵略が起き、時代は一気に二〇世紀に逆戻りした。その狂気は世界を再び世界大戦の危機に直面させている。

現在は常に進行形であり、未来を予測することなど誰にもできない。したがってそれが宗教的なものにいかなる影響を与えているのかは未来にしかわからない。だがこれだけは言えよう。時代がどう変わろうとも人間の本性に大きな変化はない。ただ激動の時代においては、人間は不安を打ち消すために本能的により確かなものにすがりつこうとする。それがこの二〇年間の宗教世界で起きたことである。言い換えれば、人々は伝統的な宗教の価値を再認識したのである。

しかしそれだけでもない。宗教的なものに関して確実に新たな流れが始まっている。アメリカやヨーロッパにおいて無神論者あるいは宗教に興味を持たない人々が急増しているのだ。宗教没落の理由はすでに述べた通りであるが、この急増はそれだけでは説明がつかない。では他にいかなる理由が考えられるのか。おそらくは現代技術文明の存在であろう。情報技術の驚異的な進歩は人間の精神生活を激変させ、既存の宗教伝統はそれに追いつくことができない。とりわけインターネットの発達は世界を根本的に変えてしまった。その結果として出現したグローバリズムは経済から文化に及んでいる。世界にはもはや独立した地域は存在せず、人々は価値観も意味も混沌とした仮想空間に住んでいる。すなわち人間の生き方そのものが変わりつつあるのだ。このような現代においては伝統宗教、新宗教、あるいはニューエイジ運動でさえもが意味を持たなくなっているのは当然のことであろう。

だがそれにもかかわらず宗教の没落は必ずしも宗教的なものの消滅を意味しないのかもしれない。たとえば最近の日本での宗教意識の調査によれば、若者のあいだでのスピリチュアリティ（つまり個人にとっての宗教）への関心はむしろ昔よりも強くなっているという。ヨーロッパの無神論者の間でもキリスト教以外の宗教的伝統（たとえば禅やシャーマニズムなど）への関心が高まっていると聞く。これらの事実を考えると、宗教的なものは消えてしまったのではなく、密かに形を変えて現在でも存続していることになる。

いったい何が起きているのか。正直なところ筆者にはよくわからない。ただ一つ言えるのは、現代において宗教的なものの内容そのものが大きく変容しつつあるということである。そして問題の核心はもはや宗教性（Religiosity）にはなく、人間性（Humanity）そのものに移行しているように思われる。

八．おわりに――宗教的なものとは

最後に結論を述べねばならない。

これまでに論じた「宗教」あるいは「宗教的なもの」は筆者自身といかに関係しているのか。またそれを踏まえて「宗教的なもの」とはいったい何なのか。

冒頭で述べたように、宗教的なものとの筆者の最大の出会いはカスタネダのドン・ファン三部作であった。筆者はドン・ファンの言葉の中に人生を変える霊的覚醒を見出した。残念ながら後年、ドン・ファンは実在のシャーマンではなく著者カスタネダの創作であることが判明するが、それでも彼の言葉に真実があったことは疑いがない。筆者はキリスト教徒でもムスリムでもなく、さらにはまともな仏教徒ですらないが、自分の人生に起きたことを考えると、筆者の魂は確かに宗教的なものによって救済された。その意味でおそらく筆者の経験は本論で紹介したいくつかの事例と大差はない。唯一の違いは筆者が特定の宗教を信じず、信仰というものを持たないということだけであろう。またそれをきっかけに筆者の宗教的なものへの関心は深まり、後年、自ら中南米先住民族の宗教文化を研究することになった。さらにはまた宗教関連の科目を教えることになった。したがって、振り返って言えることは、宗教的なものとは、複雑な紆余曲折はあるにしても、筆者の人生を大きく導いてきたものである。

では本章で論じてきた宗教的なものとは何か。その本質とは何か。これまでの議論から、また自分自身の経験に基づいて、筆者の意見は次の二点に要約される。

はじめは宗教的なものに関する一般的な理解である。宗教的なものとは疑いもなく人間精神の最深部に存在するものであり、すべての文化の中核となるものである。あたかも言語が人間の心に表現の手段を与えるように、宗教的なものは人間の魂にその存在理由を与える。言語をなくした人間は精神の真空地帯を経験する。（筆者は実際にそのような人間に会ったことがある。）同様に、宗教的なものをなくした人間は唯物論的な世界の荒廃に直面する。（実際に精神的閉塞感が蔓延する現代においてこの種の人間の異常発生が見られる。）意識しようがしまいが宗教的なものはその恩恵を受ける人間の魂を造形し涵養し保護しているのである。世界の諸文化がこの根源的な力を様々な用語で表していることはすでに述べた。現代世界の多様な宗教伝統は長い歴史的経験を経て醸成されたものである。宗教的なものは人間文化の揺籃期に成立し、その後の輝かしい発展を約束する苗床となった。だがそこには無数の試行錯誤があった。人間がその発祥において不完全な存在であったためである。その結果、宗教的なものは解放的な要素と同時に抑制的な要素を含み、その思想は高い理想とともに厳しい教訓と倫理性を併せ持つ。おそらくそれは「叡智」とでも呼ぶべきものであろう。筆者が学んだマヤ・キチェー神話を例に取れば、四人の最初のキチェー人の中心人物、バラム・キッツェが死ぬ間際に息子たちに残したパワー・オブジェクト「ピソム・カカル」（「包まれた力・火」の意味）がそれに相当するだろう。

「これはお前たちへの形見である。お前たちと共にあり、力になることであろう。[注16]」

だが同時にまた思う。宗教的なものに関するこうした理解はそれで十分なのだろうかと。確かにそれは現代における宗教とその歴史を常識的に説明してはいよう。だがそれは実際には真実の半分、目に見える部分に過ぎないのではないだろうか。その奥により深い部分が存在するのではないだろうか。青春期のドン・ファンとの出会いは確かに宗教的なものの刻印を残した体験であった。だが老年となったいま一生を振り返ってみると、筆者におけるその根となるものはさらに遡るように思われる。この論考の冒頭で筆者は年少期の黄金時代の記憶を語った。すなわち生きることが喜びであった時代である。筆者はそこに自らの人間的起源を見出す。そしてこの原体験は真に宗教的なものであると感じる。生命としての人間は――当たり前のことであるが――「在る」ことが生きる理由であり、すべては肯定される。したがって宗教的なものが人間存在の最深部であるならば、それは同時に生命の自然状態であることになる。すなわち宗教的なものの本質とは実は宗教的なものを必要としないことである。これに関しては本書の最終章であらためて論じたい。

注

1 Castaneda, Carlos (1972) p.85.
2 本居宣長（一九六八年）一二五頁
3 実松克義（二〇〇八年）二〇頁
4 宮田登（一九九九年）第一章　シラと養蚕　九―四三頁
5 ルドルフ・オットー（二〇一〇年）三一頁
6 ミルチャ・エリアーデ（二〇一四年）一二頁
7 同書　九七頁
8 実松克義（二〇〇五年）五七頁
9 『論語』（一九七三年）第一一　先進篇一二　二九九頁
10 同書　第一八　微子篇六　五二四―五二七頁
11 エミール・デュルケム上（一九七五年）八六―八七頁
12 ウイリアム・ジェイムズ下（一九七〇年）三七八頁
13 *It's a Wonderful Life*（一九四六年）アメリカで最も有名なクリスマス映画。監督 フランク・キャプラ。主演ジェイムズ・ステュアート。

14 ウイリアム・ジェイムズ上（一九六九年）三〇五―三〇七頁

15 ダニエル・C・デネット（二〇一〇年）五〇頁

16 *Pop Wuj: Libro de Acontecimientos* (1979) pp.94-94a. ピソム・カカルは現代マヤ文化ではツィッテと呼ばれ、シャーマンはこの聖なるシンボルを使って仕事を行なう。

引用文献

［日本語］

ウイリアム・ジェイムズ『宗教的経験の諸相』（上、下）桝田啓三郎訳　岩波文庫　一九六九、一九七〇年

エミール・デュルケム『宗教生活の原初形態』（改訳版上、下）古野清人訳　岩波文庫　一九七五年

『広辞苑』（第七版）　岩波書店　二〇一八年

実松克義『アンデス・シャーマンとの対話――宗教人類学者が見たアンデスの宇宙観』　現代書館　二〇〇五年

実松克義「ボリビア・アマゾン先住民族文化における環境思想と自然との共生の実践――モホ族とシリオノ族を中心として」『国際行動学研究』（第三巻）　一二一―一二三頁　二〇〇八年

ダニエル・C・デネット『解明される宗教――進化論的アプローチ』阿部文彦訳　青土社　二〇一〇年

『文化人類学事典』（縮刷版）　弘文堂　一九九四年

宮田登『日本人と宗教』　岩波書店　一九九九年

ミルチャ・エリアーデ『聖と俗――宗教的なるものの本質について』（新装版）風間敏夫訳　法政大学出版局　二〇一四年

本居宣長『古事記傳』（三之巻）大野晋・大久保正編集校訂　本居宣長全集　第九巻　筑摩書房　一九六八年

ルドルフ・オットー『聖なるもの』久松英二訳　岩波文庫　二〇一〇年

『論語』貝塚茂樹訳注　中公文庫　一九七三年

［外国語］

Castaneda, Carlos. 1972. *A Separate Reality: Further Conversations with Don Juan* (『分離された現実』). New York, USA: Pocket Books.

It's a Wonderful Life (1946) アメリカ映画『素晴らしき哉、人生！』（一九四六年）https://vimeo.com/645015849（二〇二三年一〇月一六日閲覧）

Pop Wuj: Libro de Acontecimientos (『聖なる時間の書』). 1979. Traducción directa del manuscrito del padre Jiménez por Adrián I. Chávez. Ediciones de La Casa Chata. Centro de Investigaciones Superiores del INAH: México, D.F.

第二章　仏教と仏教学の現在

平林二郎

一．仏教・寺院の現在

「これから三十年後、仏教は今より厳しい時代になり、地方の寺院はなくなっていくだろう。」

筆者が大学で仏教学科の学部生であった約二十年前、僧侶である仏教学の先生が右記のように語ったことを今でも憶えている。

筆者は寺院出身ではなく、僧侶でもない。しかしながら、仏教系の大学に入学してから現在まで、仏教学研究者として仏教・寺院の近くに身を置き、その変化を目の当たりにしてきた。本論ではまず、筆者自身の体験や、筆者が知人から相談された内容などを踏まえ、ここ二十年で起こった仏教・寺院を巡る状況とその変化を報告・紹介してみたい。

墓質／骨質

墓や遺骨を理由に挙げ、檀家にお布施を要求する住職がいる。寺院には墓や遺骨があるから住職の言いなりになり、檀家は寺を離れられない。このようなやり方を人質にたとえて「墓質」や「骨質」などという。

筆者も知人から「なぜ、よく知らないお坊さんを呼んで、多額のお布施を払い葬式を出す必要があるのか」とその理由を尋ねられた経験があり、葬儀とは関係のないお布施を無心されたという相談や、さらには、葬儀サービス会社経由でお布施の額を指定されたがどうすべきかと相談されたことがある。

このような話は枚挙にいとまがなく、上田紀行『がんばれ仏教！』（ＮＨＫブックス）には、寺を新築するから「一〇〇万ずつ寄付しろ」と檀家に手紙を送りつけ、即金で払えない人は銀行でローンを組めと言った住職がいるという話が紹介されている。(注1)

本来、在家者（一般の人）がおこなう布施は、住職や葬儀サービス会社など、誰かに強要されて支払うものではない。日々の生活に追われ功徳を積めない在家者が仏教教団や徳の高い僧侶に食事や金品などを贈与し、それによって功徳を得るというのが在家者の布施の考え方なのである。

パーリ経典では、仏教教団、覚《さと》った者、修行者として高い段階に到達した者は「福田《ふくでん》」と呼ばれる。その理由は、在家者が布施という種を福田に撒けば、その種が実り、多くの功徳・福徳が得られると考えられているからである。(注2) また、上座部仏教（小乗仏教）(注3)では修行者の最高位に到達した者を阿羅漢（アラハント［パ］arahant）という。この阿羅漢は「応供《おうぐ》」とも漢訳されるように、供養されるに相応しい者、尊敬や布施を受けるに値する者を意味している。(注4)

一方で仏教教団・僧侶も在家者に布施をする必要がある。在家者は仏教教団や僧侶に食事や金品などを布施するが、仏教教団・僧侶は在家者を教え導くために仏教の教え（法）を布施として説く、法施をおこなう必要があるのである。葬儀や法事の際に形式的にお経を唱えるだけで、檀家のために法施をしない住職や僧侶は本来の仏教の考えから離れた存在であるといえる。

仏事や法話を適切におこなう尊敬できる住職や僧侶がいる寺院には足を運ぶ人が増え、(注5)自ら布施をしたいと考える人も現れるだろう。しかしながら、墓や遺骨を楯に取り、不必要な布施を無心する寺院からは檀家を離れたいとの声も多く、今後そのような寺院は衰退していくだろう。

直葬

直葬（ちょくそう／じきそう）とは、僧侶を呼ばず、通夜・告別式をおこなわず、故人の親族と親しい友人だけでお別れ会などをおこない、その後、直接火葬にする葬儀である。

このような直葬は以前から葬儀の費用を負担できない人や、身元がわからない故人のための葬儀としておこなわれていたが、現在では一般におこなわれる葬儀の形式の一つとなっている。

筆者が仏教学科の学部生であった二〇〇〇年代、大学や周囲で直葬の話を耳にすることはなかった。その後、二〇〇〇年代後半から直葬がおこなわれていると聞くようになり、二〇一〇年代前半には直葬がメディアでたびたび取り上げられるようになった。

二〇一七年に公正取引員会が発表した「葬儀の取引に関する実態調査報告書」の「増加傾向にある葬儀の種類」の割合は次のようになっている。(注6)

増加傾向にある葬儀の種類

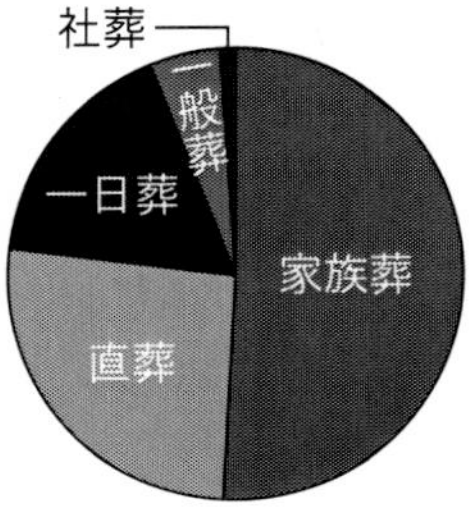

葬儀	回答数	割合
家族葬	554	51.1%
直葬	284	26.2%
一日葬	185	17.1%
一般葬	58	5.4%
社葬	3	0.3%
合計	1084	100%

直葬は特に東京を中心に増加しているといわれ、(注7)関東地方では二割以上の葬儀が直葬となっているとの指摘もある。(注8)現在のコロナ禍という社会状況を鑑みれば直葬の割合はさらに増加しているだろうと予想される。

檀家制度の崩壊と無縁死

安永雄彦は『築地本願寺の経営学』（東洋経済新報社）のなかで、おひとりさま時代と「家」の崩壊が仏教・寺院に与える影響を指摘している。その指摘の内容を要約し紹介してみたい。

明治時代は家父長制度があったため、個人は「家」に属し、「家」の継承として葬儀もお墓も重要視されていた。昭和の時代には核家族化が進み、価値観が多様化し、「家」とのつながりが薄れていった。現在は、単身者とその予備軍が増え、おひとりさま時代が到来している。単身者などにとって、「家」を継ぐことには意味がなくなり、葬儀や墓のありようが以前とは違ってきた。それによって寺と家との関係である檀家制度の崩壊へと導かれるのは当然の成り行きである。(注9)

以上のように安永は指摘している。

個人として生きているため血縁を重視せず、「家」に帰属意識を持たない人の増加が、葬儀や法事、お墓参りの減少など檀家制度の崩壊に影響を与えているのである。

二〇一〇年、家族や地域、会社などの共同体から孤立して生きる人が増えている社会を表す「無縁社会」という言葉が流行語となった。現在はさらに無縁社会化が進み、地域の人や親族・家族にさえも連絡をとらず、無縁死（孤独死）する人が増加している。(注10)

無縁死（孤独死）した遺体は、身元が不明な場合や、遺体を引き取る遺族がいない場合、「墓地、埋葬等に関する法律第九条」（＝「死体の埋葬又は火葬を行う者がないとき又は判明しないときは、死亡地の市町村長が、これを行わなければならない」）によって自治体が火葬をおこなう。そして、その遺骨についても引き取り手がない場合には、一定の保管期間が過ぎると行政の管理する無縁墓地（無縁塚）に埋葬される。

無縁死した無縁仏については一般的に葬儀がおこなわれない。筆者の知人には、このような無縁仏の葬儀をボランティアでおこなっている僧侶もいるが、葬儀や法事が減り、自身の生活のために兼業をおこなっている僧侶を見ると、「無縁仏の葬儀に時間を割け」というのは難しい。このような現状を見ると、無縁仏が火葬されるだけで、そのまま葬られるのも仕方がないように思われる。

葬儀の必要性

「無縁社会」という言葉が流行語となった二〇一〇年、島田裕巳が『葬式は、要らない』（幻冬舎）という本を出版し話題を呼んだ。『葬式は、要らない』というメッセージ性の強いタイトルから、葬儀不要論をとなえているように思われるが、島田は、日本の葬儀費用が高く、葬式はもはや贅沢になっていると指摘し、会葬者が少ない高齢者の葬儀を盛大におこなう必要はないなどと提案している内容となっている。

島田はこの本のなかで葬式について次のように述べている。

一人の人間が生きたということは、さまざまな人間と関係を結んだということである。葬式には、その関係を再確認する機能がある。その機能が十分に発揮される葬式が、何よりも一番好ましい葬式なのかもしれない。そんな葬式なら、誰もがあげてみたいと思うに違いない。

最後まで生き切り、本人にも遺族にも悔いを残さない。私たちが目指すのはそういう生き方であり、死に方である。それが実現されるなら、もう葬式がどのような形のものでも関係がない。生き方とその延長にある死に方が、自ずと葬式を無用なものにするのである。(注11)

右記の島田の指摘のように、親族や周囲の人と良好な関係を築き、人生を生き切ることができれば、親族や周囲の人も故人に悔いや心残りはなくなり、たしかに葬儀にこだわる必要はなくなるであろう。しかしながら、そのように生きたいと思っても、大多数の人はそうは生き切れない。特に、コロナ禍にある現在、最後のお別れができないことによって悲しみ、悔いを残している人は多いだろう。この島田の指摘は、大多数の人には葬儀が必要であることを示唆しているように思う。

寺院消滅

「坊主丸儲け」という言葉があるように、「僧侶・寺院は葬儀をおこなうだけで元手なしに贅沢な生活をしている」というイメージが一般的には浸透しているように思う。実際にそのような生活をしている住職・僧侶も存在している。しかしながら、現在、直葬の増加や檀家制度の崩壊によって半数以上の寺院は危機に陥っている。

浄土真宗本願寺派が二〇一五年におこなった調査によれば、年収一〇〇〇万円を超える寺院の割合は約二〇％であり、四五％の寺院は年収三〇〇万円未満となっている。過疎地では寺院の年収が五〇万円を切る寺院もある。(注12)

筆者の知人にも寺院の収入だけで生活ができない僧侶がいる。そして、そのような僧侶の多くは寺院の他に何らかの兼業をおこない、そこで得た収入を寺院の維持費に充てている。このような現状を見ると大半の僧侶は「坊主丸儲け」にはほど遠く、寺院を専業にできる僧侶は全国では少数派となっていることがわかる。

鵜飼秀徳は、宗教学者の石井研士が調査した二〇四〇年までに消滅する可能性がある寺院の割合を『寺院消滅』（日経BP社）のなかで紹介している。

このデータを見ると、高野山真言宗の寺院の四五・五％は消滅する可能性があるとされる。その他の宗派についても多くの寺院が消滅の危機に瀕しており、曹洞宗四二・一％、真言宗智山派三八・九％、天台宗三五・八％、臨済宗妙心寺派三四・七％、日蓮宗三四・三％、浄土真宗本願寺派三二・〇％、真宗大谷派二八・五％、時宗二五・七％、浄土宗二五・二％、真言宗豊山派二四・四％などとなっている。(注13)

右記は二〇一四年に日本創成会議が発表した「消滅可能性都市」にある宗教法人の数を調査したものであり、(注14)実際に二〇四〇年までにこれらすべての寺院が消滅するわけではない。しかしながら、このまま地方の過疎化が止まらなければ、都市の消滅とともに多くの寺院も消滅していくことになる。

仏教実践の道具化・商品化

岡本亮輔は『宗教と日本人』（中公新書）のなかで「近年ブームになっている坐禅、ヨガ、プチ修行、御朱印集め、宿坊、パワースポットなどは、いずれもスピリチュアル・マーケットを通じて、宗教実践が道具として消費される現象である」と述べている。[注15] そして、岡本はこの論述に続けて、『プチ修行できる お寺めぐり』（産業編集センター）のなかから、東京の増上寺、日光の輪王寺、埼玉の蓮光寺、神奈川の広済寺でおこなわれている宗教実践の内容を紹介している。

都市部であればインターネットなどで坐禅体験やヨガを教えてくれる寺院を見つけることは難しくない。プチ修行や宿坊、パワースポットについては、旅行会社によって有名寺院などを巡る多くのツアーが組まれている。

岡本が紹介した寺院のように、都市部の寺院や、地方にあっても有名な寺院であればスピリチュアル・マーケットで競争力を得て、葬儀や法事に頼らずとも仏教実践の消費に耐えうる寺院としてこれから存続していくことが可能であるかもしれない。

しかしながら、地方の一般寺院には、坐禅やヨガを教える人がおらず、山や滝などが近くになければ修行体験を提供しようにもそれができない。宿坊についても常にある程度の人員がいる寺院でなければ開き続けることはできないだろう。

仏教実践の道具化・商品化は都市部の寺院や有名寺院には可能であるが、地方の一般寺院には困難であり、寺院全体の衰退を押しとどめる根本的な解決策とはなっていない。

仏教に不満のない人々

先にも書いたが、筆者は寺院出身でもなく、僧侶でもない、仏教学の研究者である。しかしながら、筆者が仏教学の研究者であるというと、僧侶にはいわない現在の仏教への本音を話してくれる人がいる。その本音の代表的なものの一つが僧侶・寺院が仏教を道具化・商品化することへの不満である。

それらの内容は「僧侶は他のことにかまけず、仏教の修行をもっとおこなうべきだ」、「寺院が宿坊という名のホテルを経営する必要はない」、「御朱印集めはスタンプラリーではない」などというものである。

このように仏教の道具化・商品化に不満を持つ人々は、無宗教化が進んでいる日本のなかで、仏教に対して何らかの聖性や特別性、さらには、救いを求めている人たちなのであろう。

一方で、上田紀行の『がんばれ仏教！』には、仏教に不満がないという人の話が紹介されている。

「現在の仏教に不満のある人はこちら、ない人はこちら」と、参加者を二分してのディスカッション。不満のある人が八割、ない人が二割くらいだろうか。そして、参加者が爆笑し、いちばん大きな拍手が沸き起こったのは、「不満がない」グループに座っていた若い女性のこんな発言だった。

「最初から期待していないから、満足も不満もないんです」

仏教に何も期待していない人が「仏教ルネッサンス塾」に来ているはずはない。彼女は「仏教」には大きな期待を持っている。しかし、現実の「日本仏教」には何も期待していない。不満があ

る人よりも、不満がない人のほうが、むしろ現実の仏教には絶望しているわけなのだった。(注16)

仏教に不満のない人々のなかには仏教に期待をせず、むしろ、現実の仏教に絶望している人が含まれている。現在の日本には仏教に関心がない人の方が多いかもしれない。仏教の衰退・寺院消滅を押しとどめるためには、まずそのような人たちに仏教・寺院に関心を持ってもらう必要がある。僧侶・寺院は仏教に無関心である人を振り向かせるために、それぞれの地域や世代に合った新たな仏教の形を模索し続けなければならない。

二．仏教学の現在

仏教学は仏教を研究対象とする学問分野であり、その内容は、仏教典籍の研究、仏教思想の研究、宗学の研究、仏教文化の研究、仏教図像の研究、現代仏教の研究など多岐にわたっている。しかしながら、仏教学を学び、研究できる学部や課程は国立大学の一部や、仏教の各宗派が設立した私立大学などに限られており、一般の人々にとって仏教学は身近な学問分野にはなっていない。そこで本論では、身近ではない仏教学で近年おこなわれている研究の一端を紹介してみたい。

筆者の専門は仏教経典、および、サンスクリット仏教写本を解読する仏教文献学であることから、最初にそれらの内容について紹介をしてみたい。

上座部仏教（小乗仏教）

一般に世界史などでは、上座部仏教は、自分の苦を止滅（抑止）するために出家して、修行をおこない、覚り・解脱（輪廻から解放されること）した阿羅漢となることを目指す仏教であるとされる。一方、大乗仏教は菩薩としてすべての衆生（人々・いきもの）を救済し、シャカムニ（[サ] Śākya-muni、釈迦牟尼、釈迦）と同じ仏（ブッダ [サ] buddha）になることを目指す仏教であるとされる。

「小乗」（劣った乗り物＝劣った教え）という言葉は大乗仏教から見た蔑称であり、小乗仏教は自分のためにしか行動をしない出家修行者の仏教だと考えられてきた。しかしながら、現在の仏教学では、このような小乗仏教への固定観念が否定されている。

その一例を挙げれば、小乗仏教の時代に、出家者は礼拝することによって福徳がもたらされる塔（トゥーパ [パ] thūpa、[サ] stūpa）を作成し、在家者が福徳を積めるようにするきっかけを作っていたと明らかとなっている。[注17]

また、上座部仏教において、仏教教団・僧侶の修行生活を支えていたのは仏教を信仰する在家者であり、僧侶は在家者と交流し、在家者の支援に感謝を示していたこともわかってきている。[注18]

教科書や一般書から想像される上座部仏教の出家者は、厳格で自分のためだけに修行をし、覚り・解脱を目指す姿をしているかもしれないが、現在の仏教学からは、自分のために修行をしつつも、在家者たちと親交を深め、在家者に感謝し、彼らの幸福を願う姿が描き出される。近年の仏教学研究によって上座部仏教のイメージは変わりつつあるのである。

大乗仏教

上座部仏教で唱えられる経典（パーリ経典）は、シャカムニによる直説を弟子たちが編纂したものである。一方で、大乗経典はシャカムニの入滅から数百年後にシャカムニ以外の誰かによって創作されたものである。大乗仏教とはシャカムニ以外の誰かによって創作された大乗経典を仏説として受容する仏教なのである。(注19)

それでは大乗経典は誰によって創作されたのか。この問題は大乗仏教がどのように興起したのかという問題とともに仏教学研究者を長年にわたり悩ませ続けてきた。

古代インドにおいて大乗経典を創作し、大乗仏教を興起したのは、仏塔に集まった在家者たちであり、彼らが、出家しなくとも修行をすることができ、修行者の最高位である阿羅漢を越え、シャカムニと同じ仏となることができると考えたとされる「大乗仏教在家仏塔起源説」が、今から約半世紀前に、平川彰によって発表された。(注20)

この平川説は仏教学界で長年にわたり支持された。しかしながら、佐々木閑（「大乗仏教在家起源説の問題点」）や、下田正弘（『涅槃経の研究』）などの研究成果により、大乗経典の歴史を遡るとその先に出家者たちの存在が見えてくることから、大乗経典は革新的な思想を持つ出家者たちによって創作されたというのが現在の仏教学の定説となっている。(注21)

大乗経典は出家者によって創作されたものであるが、大乗仏教が興った時代に、在家者が出家者に影響を与えていたという考えは現在も否定されていない。むしろ在家者が、大乗仏教の興起に与えた影響や、果たした役割を解明することが現在の仏教学研究の課題の一つとなっている。

経典読誦とその功徳・福徳

シャカムニの時代やその後の上座部仏教では、仏教を信仰する表白として、また、基礎的な修行の一つとして経典を唱えた。大乗仏教でも信仰の表白や基礎的な修行として経典を唱えるが、大乗仏教ではそれらの他に、功徳や福徳を獲得するために経典が唱えられる。

それでは、初期の仏教には見られない経典を唱えることによって功徳や福徳が得られるという考えが、どのように大乗仏教に組み込まれていったのであろうか。筆者は現在、この問題について研究を進めている。

初期の仏教では、輪廻や業といったインドに根付く伝統的な考え方を除けば、合理的・論理的な教えが説かれており、(注22)シャカムニは覚りを求める出家者にとって神秘的な行為・呪術は役に立たないとそれらを否定し、出家者によるそのようなおこないを禁止している。(注23)

シャカムニの時代に経典を唱えることで功徳や福徳が得られると考えられていたのであれば、経典などのどこかでその理由が説明されるはずである。しかし、そのような説明は初期仏典には見られない。

大乗仏教において経典を唱えることで功徳・福徳が得られると考えられるようになった背景には、在家者の影響があるのではないかと筆者は推測している。

たしかに、シャカムニの時代やその後の上座部仏教では、出家者が神秘的な行為・呪術をおこなうことは禁止にされていた。しかしながら、在家者が伝統的におこなっていた神秘的な行為・呪術については、それらを禁止にする規則は見られないのである。

その例を挙げれば、大乗仏教以外の経典にも、商人たちが海難から逃れるために仏教に帰依すると即座に救われたという話が見られる。(注24) また、パーリ経典の『中部』のなかには、仏教を信仰する老婆がつまずいた際に「彼の世尊応供正等覚者《せそんおうぐしょうとうがくしゃ》に帰依す」と三回唱えている箇所が見られる。この老婆がとっさに口にした帰依の言葉には、魔除けや厄除け、仏の守護などを願う気持ちが含まれていると考えられる。(注25)

右記のような例を見ると、古代インドにおいて在家者は仏教に何らかの神秘的な力を求めており、それは在家者にとって日常的なものとなっていたと推測される。

後代の中央アジアの仏教教団（説一切有部《せついっさいうぶ》）では、蛇（竜、ナーガ [パ]・[サ] nāga）に関する内容を説いた経典が時代とともに改変され、蛇除けの経典として唱えられるようになったということが明らかになっている。(注26)

この蛇除けの経典のように特別な目的のために唱えられる読誦経典群は、「大経《だいきょう》」（マハースートラ [サ] mahāsūtra）と呼ばれ、「大経」は在家者や仏教教団に新しく入団した者たちに教授されたことがわかっている。(注27) また、この「大経」の教授については、律（仏教教団の規則をまとめたもの）なかで、出家者が修行に集中する期間（安居）であっても、七夜以内であれば、在家者・新入団者に教えに行ってよいと規定されている。(注28)

律のなかで、修行に集中する期間中に、取り立てて「大経」の教授が許可されていることを見ると、在家者からは蛇除けや魔除けとなる経典を教えて欲しいとの要望が多く、仏教教団もその要請にこたえていたのではないかと推測される。

このような特別な経典群の読誦の力が、在家者だけでなく、一部の仏教教団・出家者に認められ、それが拡大解釈されていき、経典を唱えることで功徳や福徳が得られると大乗仏教の思想に組み込まれたのではないだろうか。

以上は、筆者が経典読誦とその功徳・福徳について在家者の影響を考えたものであり、現在は推測による部分も多いが、今後さらに研究を進め詳細を解明していきたい。

現在の仏教学研究は出家者の視点から考察されたものが大半であり、在家者の視点から研究されているものは少ない。初期大乗仏教研究が現在停滞しているのは、出家者の視点からだけでは解決できない問題が増えてきたことに理由がある。今後の仏教学は、在家者の視点や、在家者と出家者の接点から思想や歴史を研究する必要がある。

仏教学の需要①（仏教の伝道）

近年出版された仏教関連書を見ると、「教養としての仏教」、「図解仏教」、「仏教入門」などをタイトルに冠した仏教の解説書が売れ筋となっている。このような仏教の解説書が売れ筋となっていることを見ると、それだけ仏教を知りたいと思っている人が存在しているのだろう。

実際に筆者も知人から、檀家となっている寺院の住職に仏教に関する質問をしたが、答えてもらえなかったので教えてほしいと質問を受けたことがある。

現在の仏教教団・僧侶を見ると自身が所属する宗派の教義を学ぶことを重視しており、それ以外の仏教については明るくない人も少なくない。

そもそも、僧侶の資格を取得するための修行期間は短く、その期間中に約二五〇〇年の歴史があり、世界の各地で今現在も変化している仏教思想のすべてを学ぶことは不可能である。このような現状を見れば、仏教全般の思想や歴史を人々に教え、伝道するのは仏教学を研究する研究者の役目になっていると思われる。

仏教学研究者は、仏教写本の解読やその翻訳などの研究をおこなうと同時に、それら最新の研究内容を踏まえて、仏教を知りたいと思っている人や、仏教に興味を持とうとしている人に、その思想や歴史をわかりやすく伝えていく必要がある。

仏教学の需要②（仏教学研究者が提供するマインドフルネス）

仏教学研究者は長年にわたり蓄積された研究成果を現代に応用・実践するために多くの活動に取り組みはじめている。本論ではその一例を紹介してみたい。

アップルの創業者であるスティーブ・ジョブスは曹洞宗の僧侶である乙川弘文を師として仰ぎ、生涯坐禅を組んでいたと知られている。また、グーグルは本社にベトナム人の禅僧であるティク・ナット・ハンを招き、瞑想を会社に取り入れたことが知られている。

欧米でおこなわれているこのような瞑想・禅はマインドフルネス（Mindfulness）と呼ばれ、現在は日本でもＩＴ関係者や起業家などによって実践されている。

マインドフルネスは、研究者によって定義が異なるが、(注29) パーリ語のサティ（sati、サ smṛti、漢語では「念」）を英語に翻訳したものであり、シャカムニが弟子たちに実修するように告げた「〔四〕念処」（サティパッターナ［パ］satipaṭṭhāna）という瞑想を基に、その身体観察の方法をビジネス・医療・教育などに応用・実践しようとするものになっている。

マインドフルネスのもとになった言葉であるサティは、ものごとを頭にインプットして記憶する作用、アウトプットして思い出す作用、忘れずに憶えている状態を包括する心理的な働きを意味し、瞑想においては何らかの対象に意識（注意）を向け、心に保持し、顕在化させておく働きを意味している。（注30）

仏教では、このサティに対になるものとして、サンパジャンニャ（［パ］sampajañña、漢語では「正知」）も瞑想の基本となっている。このサンパジャンニャは、ものごとの本質を正しく洞察すること、自分自身の心身の状況をしっかりとわかっている状態を意味する。（注31）

これらサティ（念）とサンパジャンニャ（正知）を瞑想として実践し、自分の心や、自分が置かれている状況をありのままに観察（洞察）することがマインドフルネスの基礎的な考え方となっている。

マインドフルネスについては、近年、仏教学研究者が中心となり、斬新な研究がおこなわれはじめている。（注32）この研究では、仏教で説かれる瞑想行や禅と、心理学・脳科学でおこなわれている瞑想実験とを結びつけ、瞑想中の脳波や実験データなどをとり、マインドフルネスの効果を多角的に検証・分析している。

具体的な例としては、マインドフルネスを用いて、心理・脳科学者とともに、集中瞑想（呼吸などの特定の対象に注意を集中させる瞑想法）（注33）と洞察瞑想（その時その時に生じる感覚や思考などの経験に対して反応せずに観察する瞑想法）（注34）によるストレスの軽減実験をおこなっている。

このストレス軽減の効果について、林隆嗣は、サティ（念）によって自ら積極的に苦しみと向き合い、サンパジャンニャ（正知）によってその発生源や生滅の事実を明確に了解することで、主観にとらわれた感覚と一体化していた自己の苦しみから離れた結果としてストレスの軽減効果が起こっていると仏教的に分析している。（注35）

また、マインドフルネスは精神疾患（うつ病、不安障害など）の改善に効果があるとして研究が進められている。瞑想をすることで、自分の不快さや不安などと向き合い、それらに振り回されないように練習を続ければ、多くの場合は、辛い記憶の不安や恐怖を感じたとしても、元の状態、安全だと感じられるようになるとの報告がある。クライアントによっては、トラウマ記憶が蘇ったり、不快な感覚が強まる可能性も指摘されているが、（注36）このような例も踏まえ、今後さらに研究が発展することが期待される。

仏教の瞑想行や禅は覚ることを目的としたものであり、ビジネスなどに利用するためのお手軽瞑想ではないとの批判もあるが、（注37）ストレスが軽減され、精神疾患が改善し、多くの人が幸福になる一助となるのであれば、仏教学研究者はマインドフルネスの研究を進めるべきであろう。

仏教研究で得られた知識や研究成果を他分野の研究者と共有し、それを社会に応用・実践していく。マインドフルネス研究は仏教学のみならず、現在、文系分野に求められている研究の好例である。

自戒の念を込め、仏教学研究者は自分の興味を満たす研究だけでなく、その研究成果を社会に活かす方法についても考える必要がある。

三．おわりに

本論では、ここ二十年で起こった仏教・寺院を巡る状況とその変化を報告・紹介し、また、仏教学研究者が現在どのような研究・活動をおこなっているのか、その一端を紹介した。

おわりに今から半世紀以上前に研究者が僧侶・寺院に提言した内容を紹介してみたい。

葬式仏教

日本の仏教を葬式仏教というとき、そこには本来の仏教とかけ離れ、葬式の際にしか必要とされない形骸化し堕落した仏教という意味が込められている。

しかしながら、「葬式仏教」という言葉を広めたとされる圭室諦成は著書『葬式仏教』（大法輪閣）のなかで次のように述べている。

維新以降の仏教の活きる路は、葬祭一本しか残されていない。そして現在当面している課題は、古代的・封建的な、呪術的・祖先崇拝的葬祭を清算して、近代的な、弔慰的・追悼的な葬祭儀礼を創造することである。仏教者は、この現実に眼をつぶって、いたずらに幻想の世界を彷徨している。仏教界の混迷は、ここに原因すると思うが、どうか。請う、脚下を照顧せられよ。（注38）

この圭室の言葉を見ると、圭室は日本の仏教者を批判するとともに、仏教者が新たな「葬式仏教」を創造するように期待を込めていたのである。圭室が『葬式仏教』を出版してから半世紀以上を経た現在、未だ新たな「葬式仏教」は創造されていない。直葬の増加はその最たる例を示している。

コロナ禍の影響で今までのような葬儀をおこなえない現在、僧侶・寺院が弔慰的・追悼的な新たな葬儀を創造することを筆者は期待している。

一般者と仏教者のかけはし

大学で仏教に関する公開講座や講演会を開催すると、僧侶のみならず、一般者も多くの方々が参加してくださる。このような方々のなかには、寺院を訪れるよりも、大学でおこなわれる仏教のイベントに参加する回数の方が多い人も存在するだろう。

本論で紹介したように、一般者のなかには現在の日本仏教には関心がないが、仏教自体には期待を持っている人が存在する。そのような人の仏教に対する意見や要望をまとめるのは仏教の研究機関や仏教学研究者にしかできない役割であると思う。

仏教に期待をしている人が、なぜ日本の仏教に関心がないのか、その理由を分析・考察すれば、仏教や寺院の消滅を押しとどめる何らかのきっかけが得られるかもしれない。

乖離してしまっている一般者と仏教者のかけはしとなり、一般者の声をまとめ、それを踏まえて消滅の危機に瀕している寺院・仏教教団に仏教の再創造を提言するのは、現代の仏教学研究者の責務であるのではなかろうか。

やまない雨

やまない雨はない　とかじゃなくて
今降ってるこの雨が　もう耐えられない　っつってんの

アニメ・イラスト作家　谷口崇

二〇二一年八月一五日、浄土宗妙慶院清岸寺（広島市）の掲示板に貼られた右記の言葉がTwitterなどで拡散され、注目を集めていた。(注39) このツイートに多くの関心が向けられていた理由は、現在、天災による閉塞感があり、自分ではどうすることもできない状況となっているからであろう。

人の苦しみや悩みはさまざまにあり、仏教がすべての人を助けられるとは思わない。

それでも僧侶は耐えられない雨に入っていき、ともにずぶ濡れになり、寄り添う存在になることはできるだろう。また、僧侶ではない一般者であっても、他人の苦しみを共有し、誰かのために何かの力になろうとすることはできるだろう。

他者の悲しみを自分の悲しみとし、他者のためにあろうとする。この大乗仏教の根本な教えを実践し、多くの人に伝道するのが、仏教者、そして、我々仏教学研究者の使命であと筆者は考えている。

注

1 上田紀行（二〇〇四年）一七―一八頁を参照されたい。
2 『中部』一四二（III.254.27ff）、ならびに、馬場紀寿（二〇一八年）一一二―一一五頁を参照されたい。
3 小乗仏教という術語は大乗仏教から見た蔑称であり、適正を欠いたものと考えられる場合もある。しかしながら、小乗仏教を上座部仏教、初期仏教、根本仏教と呼ぶ場合も多くの問題が含まれている〔佐々木閑（二〇一一年、注（2）一〇七―一〇八頁）を参照されたい〕。
4 『仏教事典』如来の十号（三六頁）を参照されたい。
5 鵜飼秀徳（二〇一五年）一三六―一三九頁には、葬儀を重視することで寺に足を運ぶ人が増えたという事例が紹介されている。
6 この報告書では葬儀の種類が以下のように定義されている。一般葬は親族以外に、近所の知人や個人と生前付き合いのあった人が出席する葬儀、通夜・告別式・火葬等を執り行う、五〇名以上。家族葬は親族や親しい友人など親しい関係者のみが出席する葬儀、通夜・告別式・火葬等を行う、参列者が五〇名未満。一日葬は通夜を行わず、親族や親しい友人など親しい関係者のみが出席して告別式・火葬を執り行う葬儀。直葬は、通夜・告別式を行わず、親族や親しい友人など親しい関係者のみが出席して火葬のみを執り行う葬儀。社葬は企業の創業者や会長・社長、社業に多大な功績を残した故人に対して、顕彰の意味を込めて当該企業が主体となって執り行う葬儀。
7 島田裕巳（二〇一〇年）三二頁を参照されたい。

8　安永雄彦（二〇二〇年）三三頁を参照されたい。
9　安永雄彦（二〇二〇年）二二一二七頁を参照されたい。
10　国土交通省の「（参考）死因別統計データ」によれば、孤独死数の推移は以下のようになっている。二〇〇三年二九六一件、二〇〇八年二七八〇件、二〇一三年四五一五件、二〇一八年五五一三件。
11　島田裕巳（二〇一〇年）一八二一一八三頁
12　安永雄彦（二〇二〇年）三五頁を参照されたい。
13　鵜飼秀徳（二〇一五年）二四一頁を参照されたい。
14　鵜飼秀徳（二〇一五年）一六三頁を参照されたい。
15　岡本亮輔（二〇二一年）二一〇頁
16　上田紀行（二〇〇四年）二四頁
17　名和隆乾（二〇一三年）一一五頁以下を参照されたい。
18　平林二郎（二〇二〇年）五七頁―五八を参照されたい。
19　シャカムニの直説ではない大乗経典が人々に仏教として認められ、信仰されたことには、「論理的に正しければ、それは釈迦の教えである」という考えが受け入れられていた影響がある（佐々木閑（二〇一九年）三八―四一頁を参照されたい）。
20　平川彰（一九六八年）
21　近年発表された辛嶋静志（二〇一七年）の研究成果によれば、大乗仏教と大衆部が深い関係にあったことがわかる。
22　佐々木閑（二〇一九年）二二頁を参照されたい。

23　奈良康明（一九七三年）四〇―四一頁を参照されたい。パーリ経典には禁止の例が多数見られるが、ここでは『長部』I.67.12–22を試訳して紹介したい。試訳「また、おのおの方よ、ある沙門・バラモンたちは信仰によって施された食べ物を食べて、このような無益な呪術によって邪な暮らしを営んでいる……（中略）……〔しかし〕彼はそのような無益な呪術を離れている。これも彼の戒である」。
24　奈良康明（一九七三年）四一頁、ならびに、『ディヴィヤーヴァダーナ』41.2ff; 231.24ff、『マハーヴァストゥ』I.245.7ff などを参照されたい。
25　奈良康明（一九七三年）四一―四二頁、ならびに、『中部』II.209.20ff を参照されたい。
26　吹田隆道（一九八八年）を参照されたい。
27　吹田隆道（一九九二年）を参照されたい。
28　同右。
29　『仏教事典』（五三二頁）によれば、マインドフルネスは「仏教に基づく現代化された瞑想法を指す」とある。また、『仏教心理キーワード事典』の【マインドフルネス】の項目（一六〇―一六一頁）によれば、「マインドフルネスは、ヴィパッサナーや禅などの瞑想実践が西洋仏教において心理療法から死の看取りや平和活動にいたる幅広い範囲で応用実践される際に用いられる仏教瞑想の呼称である」とある。
30　林隆嗣（二〇二一年）一五頁を参照されたい。
31　林隆嗣（二〇二一年）一八頁を参照されたい。
32　仏教学者の蓑輪顕量、佐久間秀範、林隆嗣が心理学者・脳科学者の協力を得ておこなっている仏教学・心理学・脳科学の協同による止観とマインドフルネスに関する実証的研究。
33　中島亮一・田中大・今水寛（二〇二一年）二三三―二三五頁を参照されたい。

34　同右。
35　林隆嗣（二〇一九年）二八頁を参照されたい。
36　マインドフルネスはまだ研究方法が確立されておらず、実験の内容によっては、うまく進まないケースもあることが報告されている〔杉山風輝子・内田太朗・熊野宏昭（二〇二一年）を参照されたい〕。
37　アメリカでは、マインドフルネスがMcMindfulness（マクドナルドのようなマインドフルネス）と揶揄されることがある。
38　圭室諦成（一九六三年）二一〇頁
39　https://twitter.com/t2homet2home/status/1447877478693826567（二〇二二年七月三〇日閲覧）

略号、および、辞書・事典

サ＝サンスクリット
パ＝パーリ語
『ディヴィヤーヴァダーナ』＝*The Divyâvadâna, A Collection of Early Buddhist Legends*, Cowell, E. B. and Neil, R. A. (eds.), Cambridge: The University Press.
『マハーヴァストゥ』＝*Le Mahâvastu, Senart*, Émile (ed.), 3 vols. Paris: Imprimerie Nationale.
『広説』＝『広説佛教語大辞典』中村元　東京書籍　二〇〇一年
『長部』＝*Dīghanikāya*, Rhys Davids, T. W. and Carpenter, J. Estlin. (eds.), 3 vols. The Pali Text Society.
『中部』＝*Majjhimanikāya*, Trenckner. V. and Chalmers R. (eds.), 3 vols. The Pali Text Society.

『仏教事典』日本佛教学会編　丸善出版　二〇二一年
『仏教心理キーワード事典』、井上ウィマラ　葛西賢太　加藤博己編　春秋社　二〇一二年

参考文献・参照データ

上田紀行『がんばれ仏教！——お寺ルネサンスの時代』日本放送出版協会　二〇〇四年
鵜飼秀徳『寺院消滅——失われる「地方」と「宗教」』日経ＢＰ社　二〇一五年
岡本亮輔『宗教と日本人』中央公論新社　二〇二一年
辛嶋静志「大乗と大衆部」『印度学仏教学研究』第六六巻一号　八二—八八頁（横）二〇一七年
公正取引員会「葬儀の取引に関する実態調査報告書」、URL=https://www.jftc.go.jp/houdou/ pressrelease/h29/mar/170322_2_files/170322honbun.pdf（二〇二二年三月三〇日閲覧）
国土交通省「（参考）死因別統計データ」、URL=https://www.mlit.go.jp/ tochi_fudousan_kensetsugyo/const/content/001405347.pdf（二〇二二年三月三〇日閲覧）
佐々木閑「大乗仏教在家起源説の問題点」『花園大学文学部研究紀要』第二七号　二九—六二頁（横）一九九五年
佐々木閑「大乗仏教起源論の展望」『シリーズ大乗仏教1 大乗仏教とは何か』春秋社　七三—一一二頁　二〇一一年
佐々木閑『大乗仏教——ブッダの教えはどこに向かうのか』ＮＨＫ出版　二〇一九年
産業編集センター編　全日本仏教青年会監修『プチ修行できる お寺めぐり』産業編集センター　二〇一八年

島田裕巳『葬式は、要らない』幻冬舎　二〇一〇年
下田正弘『涅槃経の研究――大乗経典の研究方法試論』春秋社　一九九七年
杉山風輝子・内田太朗・熊野宏昭「うつ・不安が改善しないとき――マインドフルネス療法でうまく進まないケースの特徴」　蓑輪顕量編『仏教とマインドフルネス』臨川書店　一三六―一六六頁　二〇二一年
鈴木隆泰「日本仏教は「葬式仏教」か――現代日本仏教を問い直す」『山口県立大学国際文化学部紀要』第一一巻　三一―四四頁　二〇〇五年
圭室諦成『葬式仏教』大法輪閣、一九六三年
中島亮一・田中大・今水寛「注意機能とマインドフルネス瞑想」　蓑輪顕量編『仏教とマインドフルネス』臨川書店　二一八―二四六頁　二〇二一年
奈良康明「パリッタ（Paritta）呪の構造と機能」『宗教研究』第四六巻二号　三九―六九頁　一九七三年
名和隆乾「Nidānasaṃyukta 20 における遺体供養について」『日本仏教学会年報』第七八号　一〇五―一二四頁（横）二〇一三年
馬場紀寿『初期仏教――ブッダの思想をたどる』岩波書店　二〇一八年
林隆嗣「意識を向けていること、じゅうぶんに理解していること――パーリ仏教における念と正知」『こども教育宝仙大学紀要』第一〇巻　二一―三一頁　二〇一九年
林隆嗣「パーリ仏教に見る身心の観察」、蓑輪顕量編『仏教とマインドフルネス』臨川書店　一二―三二頁　二〇二一年
平川彰『初期大乗仏教の研究』春秋社　一九六八年
平林二郎「ジャータカ文献に見られる経典読誦」『印度学仏教学研究』第六八巻二号　五五―五九頁（横）二

〇二〇年
吹田隆道「東トルキスタン有部の読誦経典――*Nagaropamavyākaraṇa* (=*Nagarasūtra*) と魔除け」『三康文化研究所年報』第二〇号　二七―四九頁（横）　一九八八年
吹田隆道「『十誦律』に見る「大経」と方広経典――パリヤーヤ態を中心に」『印度学仏教学研究』第四〇巻二号　一二七―一三一頁（横）一九九二年
蓑輪顕量「止観の分類とマイナスの反応への対処法」、蓑輪顕量編『仏教とマインドフルネス』臨川書店　三三―六四頁　二〇二一年
安永雄彦『築地本願寺の経営学――ビジネスマン僧侶にまなぶ常識を超えるマーケティング』東洋経済新報社　二〇二〇年
余新星「中世禅宗における身心の観察」、蓑輪顕量編『仏教とマインドフルネス』臨川書店　六五―九二頁　二〇二一年
ライアン・ワルド「圭室諦成著『葬式仏教』再考」『宗教研究』第八六巻四輯　八一一―八二二頁　二〇一三年

第三章　ムハンマドとキリスト教

――イブン・イスハーク『預言者伝』を読む

茂木明石

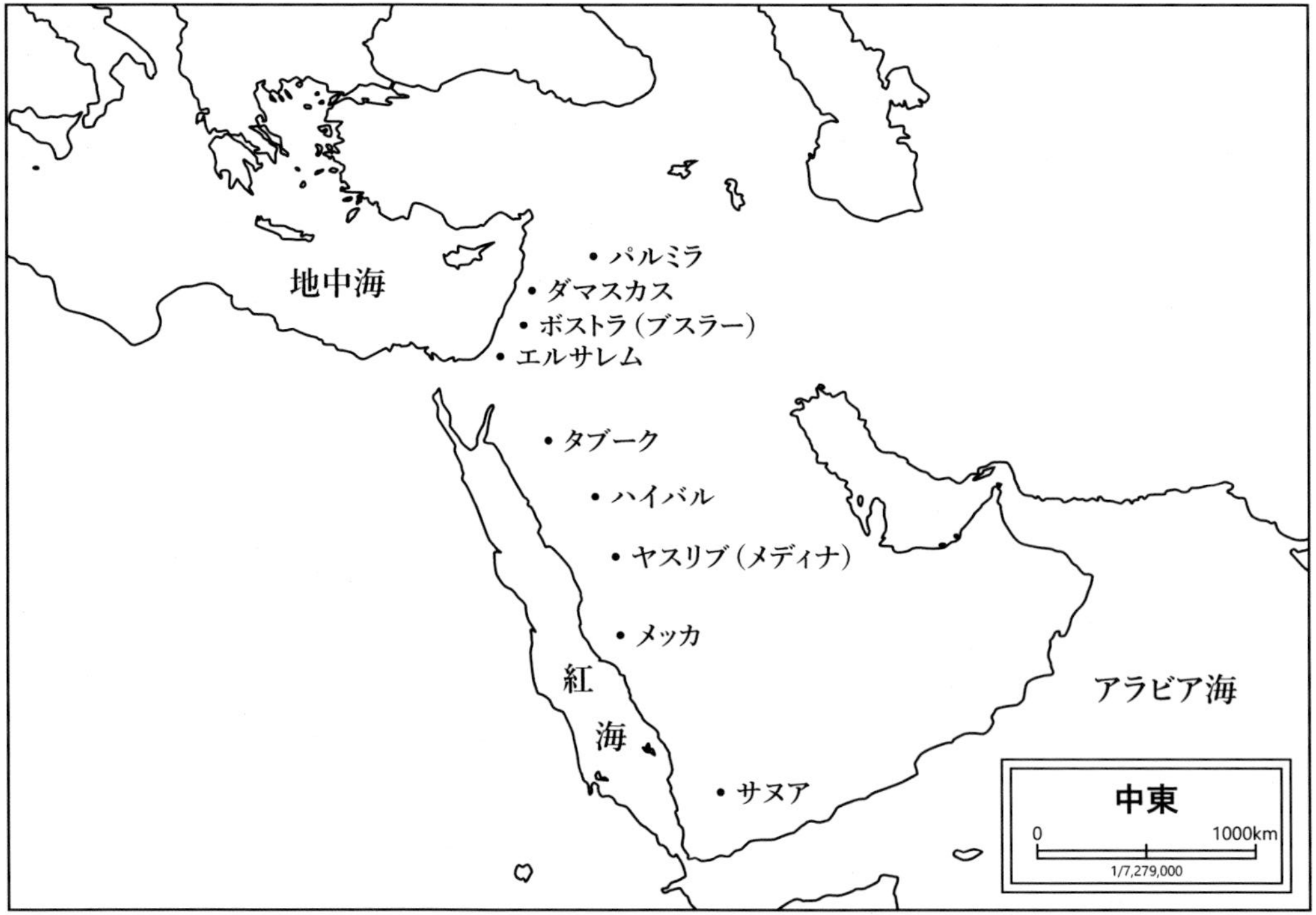

ムハンマド活動期のアラビア及びシリア地図（筆者作成）

一・はじめに

イスラームは、預言者ムハンマド（五七〇ごろ～六三二年）によって創唱された厳格な一神教である。信者（ムスリム）は、唯一神（アッラー）・天使・啓典（『クルアーン』）・預言者・来世・定命《ていめい》の六つを信じ（六信）、信仰告白・礼拝・断食・喜捨・巡礼の五つを義務として実行しなければならない（五行）。併せて六信五行という。イスラームにおいて、六信は内面的・精神的な側面であり、五行は外面的・実践的な側面を構成する。イスラームに限らず、おおよそ宗教というものは、その中に内面的・精神的な側面と外面的・実践的な側面を併せ持つのが通常である。そして、宗教の外面的・実践的な側面は、その宗教の内面的・精神的な側面が外部に表れ出たものとみなすのが一般である。ところで、ある宗教に具体的な形を与える内面的・精神的な要素は、必ずと言っていいほどその宗教の開祖ないし始祖が受けた宗教的霊感を基盤として形成されるものである。いいかえるならば、いかなる宗教も、開祖ないし始祖が受けた宗教的霊感なくして生まれることはないと言っても過言ではない。

では、ムハンマドはイスラームを生み出す基となる宗教的霊感をいつ・どこで受けたのか。これが、本論の中心的テーマである。しかしながら、史料に基づいてこの問いに答えることは不可能である。聖典『クルアーン』をはじめとして、ムハンマドの死後に書かれた伝記史料・年代記史料のどこを探しても、明確な答えは見つからない。それらの史料は、ムハンマドについての豊富な情報を伝えているが、そのほとんどは人間としてのムハンマドの史実ではなく、イスラームの預言者としてのムハンマドの業績を伝えるものに過ぎない。史料というよりも伝説に近いのである。そのため、本論では筆者のこれまでの研究から得た知見・総合的知識を踏まえて論を進めていくことにする。

次に、この問いについての筆者の仮説を述べておきたい。筆者は、ムハンマドがイスラームを生み出す基となる宗教的霊感を受けたのはキリスト教からであったと考えている。では、どこのキリスト教から受けたのか。シリアのキリスト教からである。では、いつその霊感を受けたのか。おそらく少年期から青年期にかけて、比較的若いころである。そのことは、伝記史料に伝えられている彼のシリアへの旅の記述から推測できる。シリアへの旅の記述については、後の節で論じることにする。

筆者はまた、ムハンマドがシリアのキリスト教から受けた影響は主として精神的・内面的なものであったと考えている。イスラームの戒律的・律法的側面については、ムハンマドはユダヤ教から多くを取り入れている。実際、ムハンマドは、ユダヤ教から多くの影響を受けている。しかし、筆者が本論で問題にしたいのは、ムハンマドが受けたであろう原宗教体験である。原宗教体験は、イスラームの創設に直接繋がるものでは必ずしもない。しかしながら、その体験は彼の中に生き続け、その生涯の節目節目で無意識のうちに彼を動かしていく。特に、ムハンマドが最初のキブラ（礼拝の方角）を定め、最終的にメッカの方角にキブラを変える際に彼の内面に生じた精神的動揺に、その体験の痕跡が認められるように思う。また、彼が預言者として政治的・軍事的活動を進めていく際にも、それは何かしらの影響を与えているように思う。本論では、以上のようなムハンマドがシリアのキリスト教から受けた原宗教体験を可能な限り探究していきたいと思う。

本論で分析の対象とする史料であるが、ムハンマドの生涯を研究する際に通常であればほぼ唯一の一次史料として比類ない価値を持つ『クルアーン』は、このテーマに取り組む上ではほとんど役に立たない。ムハンマドとシリアのキリスト教との関係を示す記述が若干の例外を除いてほとんどないのである。もっとも大事な史料となるのは、イブン・イスハーク（七〇四ごろ～七六七年）の『預言者伝』である。イブン・イスハークの『預言者伝』は、ムハンマドについての現存する最古の伝記史料であり、ムハンマドについて最古層の伝承を豊富に伝えている。次いで、イブン・サアド（七八四ごろ～八四五年）の『大列伝』、タバリー（八三九～九二三年）の『使徒と王の歴史』などが、本論でムハンマドとシリアのキリスト教との関係を探究する際の主要史料となろう。

本節の最後に、本論で主として考察の対象とするイブン・イスハークの『預言者伝』について、著者の略歴と史料の性格について簡単に述べておきたい。(注1) イブン・イスハークの祖父はペルシア人であり、ムハンマドとの戦いの際に捕虜となり、ヤスリブ（現在のメディナ）に連れてこられた後、解放されてイスラームに改宗した。イブン・イスハークの父や叔父たちは、当時としては著名な学者であり、ムハンマドに関する伝承を集めていた。イブン・イスハークは、父や叔父たちをはじめその他の学者たちのムハンマドについての伝承を幅広く集め、『マガーズィーの書』を完成させた。「マガーズィー」は「遠征」というほどの意味であり、具体的にはムハンマドの遠征を意味する。この書は三部からなり、もともと天地創造から書き記された歴史書であったが、後世の編者であるイブン・ヒシャーム（?～八三三年）が主として第二部と第三部に加筆・修正を加え、『預言者伝』として編集し直したものである。現在、われわれが手にすることができるのはイブン・ヒシャームによる編集が加えられた『預言者伝』である。

史料の性格としては、イブン・イスハークの没年が七六七年とされていることから、ムハンマドの死（六三二年）よりも一〇〇年以上のちに書かれたものである。内容的にも、純然たる歴史的事実を伝えたものと言うよりは多分に民間伝承を含んだ伝記史料とみなすべきものである。であるがゆえに、論述を進める際にはムハンマドが生きた時代の歴史的背景を踏まえた総合的な考察が必要となるのである。

二．アラビアにおけるユダヤ教・キリスト教の浸透

ムハンマドが生きた六世紀後半から七世紀前半、ユダヤ教・キリスト教は既にアラビアに浸透していた。(注2) 唯一神信仰、アッラー、預言者・使徒、天使、この世の終末、最後の審判等の観念も、アラビアにある程度までは流布していた。ムハンマドが生きた時代のアラブの人々は、多くの場合、木石や天体を信仰する多神教徒であったと思われるが、商売や日々の生活を通じて、ユダヤ教徒やキリスト教徒と何かしらの交流をもった者たちやその交流から主として商売上の便宜のため、ユダヤ教やキリスト教に改宗した者たちも中にはいたことだろう。

ムハンマドもそうだが、アラブの人々は多くの場合商人であり、商売のためであれば宗教・民族問わず付き合いは広い。それはユダヤ教徒やキリスト教徒の商人も同じことである。また、商売のためならば、かなりの遠方でもラクダを連ねて商品を売りに行く。とりわけ、この時期、南のイエメンと北のシリアを結ぶ通商が盛んであった。この通商路自体、ユダヤ教徒やキリスト教徒がアラビアに流

入する経路ともなっていた。また、アラブの商人たちが活動する地域は、どこであれ基本的に多言語・多文化社会であった。アラブの商人たちは、ユダヤ教徒・キリスト教徒との交流を通じて、ヘブライ語・シリア語・アラム語などについてかたことの言葉や何がしかの知識を得ていたことであろう。ムハンマドも、商人としての幅広い活動を通じて、ヘブライ語・シリア語・アラム語などについて、多少の知識は得ていたであろう。

ユダヤ教のアラビアへの流入は、七〇年のエルサレム神殿の崩壊後のディアスポラからはじまる。度重なる反乱をローマ帝国軍によって鎮圧された後、多くのユダヤ教徒はパレスチナを追われ、各地に離散した。かなりの数のユダヤ教徒は、アラビアに移住し、ハイバルやヒジャーズ地方のヤスリブ(現在のメディナ)、さらには南部のイエメンに定着した。イエメンのアラブ化したユダヤ教徒のコミュニティは、イスラエル建国による周辺のアラブ住民の圧力を受け、一〇万とも言われるユダヤ教徒がイスラエルに移住するまで存続した。

アラビアへのキリスト教の流入は、パウロがダマスカスで回心を遂げ、アラビアに伝道に向かったという伝説からはじまる。三一三年、コンスタンティヌス帝によるミラノ勅令でキリスト教が公認され、さらに三九二年、テオドシウス帝によってキリスト教がローマ帝国の国教となり、キリスト教の布教は活発化した。もっともそれ以前から、布教と迫害の難を逃れるため、キリスト教はシリアを越えてアラビアに流入していた。西暦三世紀の末には、ヨルダン川東方のボストラ、シリアとメソポタミアのほぼ中間に位置するパルミラに司教職が置かれていた。ムハンマドが生きた時代には、ヨルダンの砂漠地域には多くのキリスト教修道士や隠者が庵を構え、修道生活を送っていた。ビザンツ帝国領のシリア・エジプトでは、ムハンマドが生まれるはるか以前から修道主義が隆盛を極めていた。それは、ビザンツ帝国下で繰り返されていた正統と異端の論争・対立、異端と認定されたキリスト教宗派に対する容赦のない迫害・弾圧、帝国・教会を巻き込んだ権力争いに幻滅した敬虔なキリスト教徒たちが、砂漠で静かに信仰生活を送ることを求めた結果であった。

加えて、六世紀のビザンツ帝国領シリア・エジプトでは、このようなキリスト教隠者や修道士たちの間に黙示録的預言主義、終末論的世界観が急速に広まりつつあった。それは、ビザンツ帝国・教会の二重の税に苦しむ民衆の貧困、貧しい民衆を繰り返し襲う疫病・天災等、キリスト教がビザンツ帝国の国教の地位に昇格して以降も相も変わらぬ民衆の現実を背景としていた。そして、このような黙示思想、終末論は、シリアを越えてヨルダンの砂漠の隠者や修道士によってアラビアにも伝えられていたことは疑いない。『クルアーン』の中に最後の審判や終末についての警句が豊富に含まれているのは、ムハンマドが生きた時代にビザンツ帝国領内のシリア・エジプトは言うに及ばず、ヨルダンからアラビアに至るまで、そのような思想が広まっていたからにほかならない。アラビアに終末論や黙示録的預言主義をもたらしたのは、ユダヤ教徒ばかりではなく、キリスト教徒もそれらの流布に大いに一役買っていたのである。

また、アラビアの東北方面に目を向ければ、サーサーン朝ペルシア帝国領下のメソポタミアでネストリウス派のキリスト教徒やユダヤ教徒が活発な活動を展開していた。異端宣告され、ビザンツ帝国を追われたネストリウス派は、ペルシア帝国の庇護下に、ジュンディーシャープールという学園を開設し、古典・古代の学術の最後の華を咲かせていた。また、ユダヤ教徒は、主としてバビロンで活発な学術活動を展開していた。

さらに、目をアラビアの南西方面に転ずれば、イエメン地方にかなりの数のキリスト教徒が移り住んでいた。また、紅海を挟んでエチオピアのアクスム王国がヒジャーズ地方やイエメン地方に隠然たる影響力を保持していた。ムハンマドが生まれる数十年前に、アクスム王国のイエメン総督として権勢を誇示したアブラハの威光はかなり長く残っていた。ムハンマドが生きた時代、アクスム王国は既にキリスト教を受容し、アブラハも熱心なキリスト教徒であったことは、イエメンのサヌアーに大規模な教会を建設したことからもうかがえる。

六世紀後半から七世紀初頭にかけて、ビザンツ帝国、サーサーン朝、アクスム王国は、アラビアを舞台に勢力争いを繰り広げていた。アクスム王国は、アブラハの死後、サーサーン朝との勢力争いに敗れ、エチオピア本土に撤退したが、ヒジャーズやイエメン方面への影響力はまだ保っていた。ビザンツ帝国とサーサーン朝はその後もシリア・エジプトなどの領有を巡って激しい争奪戦を繰り広げていた。その争いは、ムハンマドが預言者として活動を開始して以降も続いていた。

つまり、ムハンマドが生きた時代、アラビアはこれら三勢力がせめぎ合う地域となっていた。宗教的には、土着の木石崇拝・偶像崇拝が各地で続いていたが、その信仰はとっくに形骸化し、宗教的な生命力を失っていた。他方、ユダヤ教・キリスト教は、アラビアにそれなりに流入していたが、絶対的な影響力を保持するまでには至っていなかった。

ムハンマドの生まれたメッカは、かつてはアラビアにおける多神教の中心地であったかのごとく思われていたが、実際はヒジャーズ地方に限定された極めてローカルな地域の巡礼者を集める一つの聖地であったようである。加えて、メッカはイエメンとシリアを結ぶ通商路からは外れており、扱う商品も皮革製品等、ローカルな商品を主として扱っていたようである。少なくとも、国際商業の中心地としてのメッカというイメージは近年の研究でかなりの修正を迫られている。

以上のように、ムハンマドが生きた時代のアラビアは、政治的にも宗教的にも非常に混沌とした状況にあった。伝統的な偶像崇拝が生命力を失い、ユダヤ教・キリスト教が一神教に関する諸々の観念をアラビアにもたらしつつあった。しかし、どの宗教、どの政治勢力もアラビアに絶対的な支配力を恒久的に及ぼすことはできなかった。アラビアはいかなる勢力も決定的な覇権を打ち立てることの出来ない周縁の地域であった。おそらく、そこにこそ、イスラームが生まれる素地があったといえよう。

また、視点を変えてみれば、六世紀後半から七世紀初頭のアラビアは、中東の地域で一神教の決定的な影響力が及んでいない、かつ多神教が辛うじて存続している唯一の地域であった。加えて、他の中東諸地域ではとっくに過去のものとなっていた預言者たちが現実に活動している希少な地域であった。というよりもより正確に言うならば、キリスト教の司祭・隠者・修道士の活動によって、シリアからヨルダンを経由してアラビアに黙示録的・終末論的な預言主義がこのころになってようやく浸透しはじめ、アラビア各地において預言者の出現を促していったのである。ムハンマドが生きたアラビアの現実は、以上のようなものであった。本論では、以下、ムハンマドの生涯を辿りながら、ムハンマドとキリスト教の関係を考察していくことにする。時期的には、概ねムハンマドが預言者としての活動を開始し、六二二年に信者たちを率いてヤスリブに移住（ヒジュラ）し、キブラをエルサレムからメッカに変えるまでを考察の対象とする。

三、誕生――孤児として

本節からは、主としてイブン・イスハークの『預言者伝』の記述に拠りながら、ムハンマドの生涯を辿って行くが、これまでの研究から得た筆者の知見も踏まえて、筆者なりのムハンマド像を適宜提示していきたい。ムハンマドは五七〇年頃、メッカの名門とされるクライシュ族に属するハーシム家に生まれた。父アブドゥッラーは彼が生まれた時、既に病没しており、母アーミナも彼が六歳のころに亡くなった。

ムハンマドはその後、祖父アブドゥルムッタリブに引き取られるが、その祖父も間もなく亡くなり、叔父アブー・ターリブに引き取られる。アブー・ターリブは、孤児となったムハンマドを可愛がり、わが子同然に遇したようである。このような孤児として少年時代を送ったことから、研究者たちは、ムハンマドを影のある孤独な少年として描きがちである。(注3)しかし、ムハンマドの少年時代をそのようなものとして決めつけてしまって本当に良いだろうか。ムハンマドが幼くして両親を喪い少年時代を孤児として過ごしたことは確かであろう。しかしながら、そのことからムハンマドが影のある孤独な少年であったと思い描くのは研究者たちの想像に過ぎない。史料的な根拠は何もないのである。筆者が思うに、アブー・ターリブをはじめとしてハーシム家の人々は、貧しくとも温かみのある一族であったのではないだろうか。また、貧しい境遇に生まれた人間や孤児として生まれた人間が必ずしも不幸な子供時代を過ごすとは限らないであろう。心優しい養い親や温かみのある親族に恵まれれば、その子は孤児としてのハンディを背負うとは言え、案外幸福な子供時代を過ごすのではないだろうか。ムハンマドの場合、アブー・ターリブという優しい叔父に恵まれたこともあり、影のある孤独な少年というわけでもなかったのではないだろうか。

それはともかくとして、イブン・イスハークは、アーミナがムハンマドを身籠った時、彼女の身に起こったとされる不思議な出来事についての民間伝承を伝えている。(注4)

「彼女（アーミナ）が神の使徒［中略］を身籠った時、誰かが彼女の元にやって来てこう言われた。「まことにお前はこの民族の指導者を身籠った。その子が生まれたら、『唯一なるお方よ、すべての妬む者からこの子をお護りください』と言いなさい。それからその子をムハンマドと名付けなさい」。彼女は、子どもを身籠った時、その体内から光が出るのを見た。彼女は、その光によって、シリアの地のブスラーの城々（quṣūr buṣrā min arḍ al-Sha'm）を見た。(注5)」

イブン・イスハークが伝えるこの逸話は、預言者や宗教の開祖の誕生を光輝で包み込むという一般的な特徴を備えている。従って、この伝説が持つ光のモチーフは、筆者にとってそれほど興味を惹きつけられるものではない。筆者にとって重要なのは、母の胎内に宿った預言者から発する光が照らす方向である。光が向かう先は、シリアの町ブスラーである。ブスラーは前述のボストラのことである。ボストラは、アラビア語の伝記史料・年代記史料ではブスラーの名でしばしば登場する。

繰り返しになるが、ヨルダン川東方の砂漠には、キリスト教の隠者や修道士たちがあちこちに庵を構えていた。周辺に住むアラブの中には、彼らの布教に感化されキリスト教に改宗する者も出始めていた。(注6)

以上のように、キリスト教の歴史から見たボストラの位置づけから考えると、イブン・イスハークの伝えるアーミナがムハンマドを身籠った時の逸話は、ムハンマドとシリアにおけるキリスト教との何らかの結びつきを想起させる。

四．シリアへの旅

ムハンマドはおそらく一二歳のころ、アブー・ターリブに連れられて人生最初のシリアへのキャラバンに加わる。メッカからシリアへの旅は、延々と続く砂漠を越えて四〇日ほどの行程である。ムハンマドは、はじめて見る光景に興奮したに違いない。ダマスカスをはじめとする繁栄する都市文明、シリアの町という町に並び立つキリスト教の教会、砂漠のあちこちに庵を構えて敬虔な信仰生活に身を捧げるキリスト教の隠者や修道士たち……。これらの光景をムハンマドははじめて見た。アラビアは、砂漠という広大な地上の海を介してシリア、メソポタミアと、紅海を介してアフリカやインド洋と繋がっている。アラビアは周縁ではあっても閉じられた世界ではなく、より高度な文明が繁栄する世界に向けて開かれている。少年ムハンマドは、はじめて見るアラビアを越えた広い世界に心を開いた。そして、大きな刺激を受けた。イブン・イスハークの伝記史料は、少年のムハンマドが、シリアのキリスト教隠者や修道士から何らかの宗教的霊感を受けたであろうことを暗示する民間伝承を伝えている。その物語は左記のようなものである。

「アブー・ターリブは、隊商を率いてシリアへ商売のため出発した。彼が出発と旅の準備を整えた時、神の使徒［中略］はアブー・ターリブと離れ離れになることをとても嫌がった。［中略］。アブー・ターリブは言った。「神かけて、私はこの子を一緒に連れて行く。この子は私と離れないし、私もけっしてこの子から離れない」。［中略］。こうして、アブー・ターリブは、ムハンマドを連れて出立した。隊商がシリアの地のブスラー（buṣrā min arḍ al-Sha'm）に到着した時、そこにバヒーラー（Baḥīrā）という修道士（rāhib）がおり、庵を構えていた。彼には、キリスト教徒の知識が授けられていた。その庵には、絶えず修道士がおり、聖典（kitāb）に基づく知識が受け継がれていた。彼ら（旅の一行）は、その年、バヒーラーの側に逗留した。彼らはそれ以前にもしばしば彼の側を通りかかったが、この年になるまでバヒーラーは彼らに話しかけもせず、彼らの前に姿を現しもしなかった。しかし、彼らが庵の近くに逗留すると、ハビーラーは彼らに多くの食事をふるまった。［中略］。

バヒーラーはムハンマドを見ると、厳しい目で凝視し、その身体のあちこちを観察した。バヒーラーは、使徒の身体が備えている特徴を知っていたのである。一行が食事を終えて退席すると、バヒーラーはムハンマドの側に来て言った。「少年よ。私はあなたにアッラートとウッザーの名にかけてお願いする。私があなたに尋ねることに答えてくれ」。まことに、バヒーラーがムハンマドにそのように言ったのは、その一行がその二人の神にかけて誓うのを聞いたからである。［中略］。神の使徒［中略］は言った。「私にアッラートとウッザーにかけてものを尋ねるのは止めてください。神かけて、この二つのものほど私が憎むものはありません」。バヒーラーはムハンマドに言った。「それでは神かけて、私が尋ねることに答えてくれ」。ムハンマドは言った。「何なりとお尋ねください」。バヒーラーはムハンマドに眠っている時の状態、身体その他もろもろのことについて尋ねた。神の使徒［中略］はバヒーラーに答えた。それは、バヒーラーが知っていた特徴と一致していた。それから、バヒーラーがムハンマドの背中を観察すると、ムハンマドの両肩の間に、預言者の封印（khātam al-nubūwah）を見た。それは、バヒーラーが知っていた特質のとおり、あるべきところにあった。（注7）」

ブン・イスハークの伝える伝承は、ムハンマドがおそらくはじめてシリアへの旅に加わった時の年齢について何も伝えていないが、彼が少年時代の時の話であることは明らかである。まず、この伝承の中で言及されているいくつかの語句について簡単に説明しておきたい。この伝承の中で筆者が「聖典（kitāb）」と訳したのは、具体的にはおそらく新約聖書のことである。また、この伝承の中に出てくるアッラートとウッザーは、ともにメッカを含めアラビアで広く信仰されていた女神の名前である。次に、ムハンマドを連れた旅の一行のシリアでの逗留先として、この伝承でもまたブスラー（即ちボストラ）が登場する。そして、そこでキリスト教修道士バヒーラーが庵を構えて一行を出迎える。

イブン・イスハークの伝えるこの伝承の意図ははっきりしている。キリスト教修道士バヒーラーは、少年のムハンマドが神の使徒であることを証言する役割を担ってこの物語に登場する。バヒーラーは、イスラーム色に染め上げられたこの物語の中でそれ以外の役割を演じておらず、史実として、少年時代のムハンマドが、シリアへのはじめての旅で出会ったキリスト教修道士からいかなる感銘を受けたか、どのような衝撃を受けたかといった、筆者がもっとも知りたい具体的な事実について何も語っていない。

しかしながら、この逸話を注意深く読んでみると、その背景に何がしかの事実がイスラーム色に染め上げられた形で伝えられているのがわかる。それは、少年の頃のムハンマドが、シリアで出会ったキリスト教修道士から、一神教の神や唯一神信仰について、何かしらの感化や教示を受けたであろうということが、この逸話から読み取れることである。そのことを暗示する記述がこの伝承の中に含まれている。それは、少年のムハンマドと修道士バヒーラーが交わしたアッラートとウッザーに関する会話である。ムハンマドは、預言者として活動を開始して以降、これらの偶像崇拝を激しく非難した。一例として、『クルアーン』五三章「星の章」一九〜二三節では、これら女神への崇拝が厳しく糾弾されている。

しかし、ムハンマドがアッラート、ウッザーなどの女神を偶像として激しく攻撃するようになるのは、繰り返しになるが長じて預言者として活動を開始して以降のことである。したがって、この伝承にみられるアッラート、ウッザーなどを激しく嫌う少年ムハンマドの姿はもちろん歴史的事実を伝えたものではないであろう。おそらく、少年時代のムハンマドは、他のメッカの人々と同様にアッラート、ウッザーなどの女神を何という考えもなしに崇拝していたのであろう。そのようなムハンマドであったが、シリアで出会ったキリスト教の隠者や修道士から一神教や唯一神信仰についての教示や精神的な感化を得ることによって深い衝撃を受けた。つまり、イブン・イスハークの伝える物語は、以上のような歴史的事実をイスラームの観点から都合よく換えて伝えたものではないだろうか。筆者は、この伝承を読むたびにそのような思いを強くするのである。

また、シリアのキリスト教は、非常に原始的な性格を有しており、加えて精神的・来世志向的な性格が強く、敬虔さを求める人々に大きな希望を与えていた。(注8) 少年時代のムハンマドが、そのような精神的な雰囲気の教会で見聞きしたであろう信者たちの礼拝は、疑いなくイスラームの礼拝（サラート）

に影響を与えている。『クルアーン』研究の大家として知られるリチャード・ベルやムハンマドについて古典的な研究を著したモンゴメリー・ワットが述べているように、イスラームの聖典『クルアーン』（qurʾān）は、シリア語のケルヤーナ（qeryāna）に由来する。ケルヤーナは「誦むこと、読誦すること」を意味する。(注9) アラビア語の「クルアーン」は、シリア語のケルヤーナを本来の意味のままアラビア語に移植したものである。ムハンマドは疑いなく、シリアの教会で信者たちが聖書を読誦しているのを見て、イスラームの礼拝にかなり直接的に取り入れたのである。

五．ハディージャとの結婚

やがて、ムハンマドは成年に達し、二五歳になったころ、メッカの裕福な未亡人ハディージャに雇われ、キャラバンを率いてシリアへ向かっている。イブン・イスハークの『預言者伝』は、ムハンマドがこのときのシリアへの旅でも、キリスト教修道士と何らかの交流を持ったであろうことを示唆する民間伝承を伝えている。イブン・イスハークによると、この時のシリアへの旅で、ムハンマドはキリスト教修道士に会い、彼から自分が将来預言者になることを告げられる。(注10) この物語が伝えるキリスト教修道士の役割は、バヒーラーと同じであり、詳細な引用は差し控える。

また、ムハンマドはこの仕事で通常の相場よりも有利な取り分をハディージャとの契約で勝ち取っている。ムハンマドは、その仕事を万事見事にこなし、ハディージャは彼にすっかりほれ込んでしまった。明るく積極的な性格のハディージャは、早速彼に結婚を申し込み式を挙げてしまった。ハディージャから仕事を請け負ったとき、ムハンマドは既に信用と実績を兼ね備えた一個の独立した商人として成長を遂げていた。記録に残っていないだけで、ムハンマドは既に何度もメッカとシリアの間を商用で往復し、十分な経験を積んでいたのであろう。

孤児というハンディはあっても商業は信用と実力の世界である。ムハンマドはハンディを乗り越えるだけの商才を備えていた。また、シリアという当時の最先端の都市文明の生活・文化に慣れ親しんだため、ムハンマドは最先端の流行に敏感でファッショナブルかつ洗練された都会的な若者へと変貌を遂げていた。一文なしの貧乏な男が裕福な未亡人と結婚したわけではないのである。

それはともかくとして、ムハンマドはハディージャと結婚後、四〇歳を迎えるころまでは外見的には平穏な生活を続けていた。だが、彼は、ハディージャと結婚後、次第にメッカ近郊のヒラー山に一人籠り瞑想生活を送るようになっていく。伝承では、彼がヒラー山に籠り瞑想生活を送るようになったのは四〇歳のころとされているが、筆者が思うにおそらく結婚して安定した生活を手に入れて以降、ムハンマドは徐々にこの瞑想生活を好むようになったのであろう。これは、明らかに彼が少年時代から青年期にかけて、シリアで出会ったキリスト教隠者や修道士の敬虔な禁欲生活に彼が強い憧れを抱き続けた結果であろう。

また、ムハンマドがハディージャとの結婚を機に深めたであろうキリスト教徒との交流についてここで一言しておく必要があろう。ハディージャの従兄弟の中にワラカ・イブン・ナウファルという者がおり、彼はキリスト教徒であったとされている。ムハンマドは、おそらくこのワラカと親交を深めることによってキリスト教についての知識・理解を深めたものと思われる。しかしながら、ムハンマドとワラカとの交流が始まったのはハディージャとの結婚後のことであり、筆者が本論で問題としているムハンマドの原宗教体験にはおそらく関わってはいなかったと思われる。

以上のように彼が少年時代から見たり聞いたりしたこと、キリスト教徒やユダヤ教徒との交流を通じて得た一神教についての諸々の観念――唯一神、預言者・使徒、天使、終末、最後の審判等――が彼の中に混沌とした渦を巻き、ヒラー山での瞑想によってその混沌から徐々に秩序が生まれ、彼の中でいくつかの言葉にまとまっていき、四〇歳になったころ、彼の口から一挙にほとばしりでたのである。それは、まさしく大海のごとき言葉の洪水といってよかった。

六．シリアのキリスト教への思い

ムハンマドは六一〇年頃、自らを唯一神アッラーに選ばれた使徒であると自覚し、預言者としての活動を開始する。ムハンマドは、当初、ハディージャをはじめとして親類縁者だけを対象に内々に布教活動を行っていたが、六一四年についに大衆伝道を開始する。

その間、ムハンマドは、シリアのキリスト教への思いは持ち続けていただろうか。それとも預言者として活動を開始して以降、忘れ去ってしまっただろうか。筆者にはそうは思えない。ムハンマドは預言者として布教活動を開始して以降も、若いころキリスト教と出会ったシリアへの強い思いを持ち続けていたように思う。ムハンマドがシリアのキリスト教徒に深い崇敬の念を持ち続けていたことは、『クルアーン』にも伝えられている。

「まことにお前（ムハンマド）は、信者たちに対して最も激しい敵意を持っている者達がユダヤ教徒や多神教徒であることを知るであろう。また、お前は信者たちに対して最も親愛の情を抱いているのが我々はナザレ人（キリスト教徒）であると言う者たちであることを知るであろう。というのも、彼らの中には司祭たちや修道士たちがおり、彼らはおごり高ぶることがないからである（五章「食卓の章」八二節）。」

この言葉は、ムハンマドが若いころシリアの砂漠で交流を持ったキリスト教の隠者たちや修道士たちに対して変わることなく尊敬の念を持ち続けていたことを示している。また、ムハンマドが預言者としてメッカで布教を開始したころ、シリアはたいへんな事態に見舞われていた。六一三年に、ビザンツ帝国は、サーサーン朝ペルシア軍に敗北し、シリアとエジプトを奪われてしまった。エジプトもさることながら、シリアをサーサーン朝に奪われたことは、ビザンツ帝国にとって経済的な打撃であるだけでなく、精神的にも打撃であった。また、六一四年には、サーサーン朝はエルサレムを占領した。このうち続く敗北は、ビザンツ帝国にとって大打撃であったことは言うまでもないが、メッカで布教活動を続けているムハンマドにもかなりの精神的な打撃を与えたと筆者は考えている。『クルアーン』は、ムハンマドがこの事件に大きな衝撃を受けたことを伝えている。

「ローマ軍は敗れた。最も近い地において。だが、彼らは敗北の後勝利を得るであろう。数年のうちに。過去も未来も全てはアッラーの御手の中にある。その日、信者たちは喜ぶであろう（三〇章「ギリシア人の章」二～四節）。」

ここでいうローマ軍とはビザンツ帝国軍を意味している。ムハンマドは、ビザンツ軍敗北の知らせを受けた時、日に日に激化するクライシュ族の迫害に苦慮していた。クライシュ族は、一神教を奉じるビザンツ帝国が敗れたことを喜んだと伝えられる。前掲の言葉は、ムハンマドがクライシュ族に反論した際のものとされている。この言葉からわかるのは、ムハンマドがビザンツ帝国に強い共感を持っていることである。そして、その共感は、ビザンツ帝国軍がサーサーン朝軍に敗北しシリアを奪われた時に、ムハンマドの胸の奥から湧き上がってきたものと筆者は考えている。やはり、ムハンマドは、キリスト教の本場であるシリアがサーサーン朝に奪われたことが相当ショックだったのである。精神的な故郷を穢されたような心境になったのではないだろうか。ムハンマドはそのような思いで将来におけるビザンツ帝国の勝利を予言したのであろう。

この時のムハンマドは預言者というよりも予言者である。セム系一神教の歴史と伝統に連なる預言者というよりは、アラブ古来の伝統的な巫者（カーヒン）である。イスラームの預言者ムハンマドがキリスト教を国教とするビザンツ帝国の勝利を予言するというのは、何とも奇妙な感を受けるが、シリアはムハンマドが少年期から若者の時期にかけて何度も訪れ、キリスト教の隠者や修道士たちから大いに感化を受けた地であり、一神教運動を進めていくうえで彼に精神的な基盤を提供した地であった。そのような地への執着・思い入れが、前掲の彼の言葉の背景にあるのは間違いないと筆者は考えている。また、よくよく考えてみると、この言葉を発した時のムハンマドは、まだ本当の意味でイスラームの預言者にはなっていない。ユダヤ教・キリスト教と厳然とした区別のつかない普遍的な一神教の唱道者の段階であったムハンマドが発したのが前掲の言葉である。

ちなみに、その後の歴史を見てみると、この時のムハンマドの予言は的中する。六二二年、奇しくもムハンマドが少数の信者たちを率いてヤスリブへ移住したのと同じ年に、ビザンツ皇帝ヘラクレイオスは軍を率いて帝都コンスタンティノープルを出撃し、反撃に転じる。そして、詳細は省くが、六二七年、ニネヴェでサーサーン朝軍を破り、六二九年までにヘラクレイオス帝はシリア、エジプトを含め、その旧領をサーサーン朝から奪回して、翌年、コンスタンティノープルに帰還を果たす。なお、これはおそらく偶然であろうが、ビザンツ帝国の苦境の時期と攻勢に転じた時期がムハンマドがメッカでの布教で悪戦苦闘していた時期と攻勢に出た時期と何故か重なっている。共に、六二二年から反転・攻勢に転じている。ヘラクレイオス帝がサーサーン朝に対する反撃を開始したのが六二二年春のこととされ、ムハンマドがヤスリブへの移住（ヒジュラ）を実行に移したのが六二二年の六月から九月のこととされており、ムハンマドの移住の方が若干遅れている。もしかしたら、ムハンマドはビザンツ帝国反攻開始の知らせを受け、奮い立ったのではないかと筆者は想像している。またヤスリブは、メッカの北方約三四〇キロのところにあり、その分シリアに近いところにある。史料的な根拠は何もないが、筆者にはムハンマドによるヤスリブへの移住にも幾分シリアを意識したところがあったように感じられる。

しかしながら、より長い目で歴史を見れば、ビザンツ帝国の勝利も束の間のものに過ぎなかった。その勝利から一〇年を経ずして、ビザンツ帝国は、シリア・エジプトを永久に失うことになる。皮肉なことに、ムハンマドの後継者たちの手によってである。しかし、前掲の言葉を発した時のムハンマドのキリスト教への思いにうそ偽りはなかったと筆者は考えている。

七．最初のキブラ

ムハンマドは、以上のように、預言者として活動を開始してからも、シリアのキリスト教への強い尊敬の念を持ち続けていたと筆者は考えている。また彼のキリスト教への強い思いは、最初にキブラ（礼拝の方角）を決める際にも影響を与えているように思える。イブン・イスハークは以下のように伝えている。

「神の使徒［中略］はメッカにいた時、キブラをシリア（al-Sha'm）の方へ向けていた。彼は、［カアバの］南角と黒石の間で礼拝していた。彼とシリアの間にカアバが位置するようにしていたのである。(注11)」

ムハンマドがメッカで布教をしていた時のことを伝えるこの記述は、簡潔ではあるが非常に重要なことを伝えている。この記述を素直に読むならば、ムハンマドは、メッカで布教していたころ、シリアに向かって礼拝していたことになる。具体的な年代の特定は難しいが、ムハンマドがメッカで大衆伝道を開始したのが六一四年のこととされており、イブン・イスハークの伝えるこの記述が、クライシュ族がムハンマドの伝道に対して警戒感を強め、最初ムハンマドを懐柔しようとして失敗すると彼の暗殺を企て、再び失敗に終わる逸話の中に含まれていることから、六一四年から間もなくのころのことであったと思われる。

続いて、イブン・イスハークの伝えるウマル改宗の逸話を見てみたい。

「私（ウマル）は、カアバをお巡りしようと思い、礼拝所に向かった。すると、神の使徒［中略］が礼拝の最中であった。彼はシリア（al-Sha'm）の方を向いて礼拝していた。彼は、カアバが自分とシリアの間に位置するようにしていた。[注12]」

以上のように、イブン・イスハークは、ムハンマドがシリアに向けて礼拝をしていたことを伝えている。ウマルは、後に第二代正統カリフ（在位六三四～六四四年）となる人物であるが、ムハンマドがメッカで布教を開始した当初、反ムハンマドの急先鋒であった。そのウマルが改宗したのは、六一五年、ムハンマドがエチオピアに信者たちを移住させて間のなくのこととされている。従って、六二二年に実行されたヤスリブ（現在のメディナ）への移住にはまだ間がある。つまり、ムハンマドが礼拝の方角を最初シリアに定めたのは、必ずしもヤスリブへの移住と関連があったわけではなかった可能性があるのである。いずれにしても、イブン・イスハークの記述に拠るならば、ムハンマドは、六一四～六一五年ごろから六二二年のヤスリブへの移住まで、シリアに向けて礼拝していたことになる。また、イブン・イスハークは、最初のキブラを一貫してシリア（al-Sha'm）と表記している。[注13]

なお、藤本勝次は『マホメット――ユダヤ人との抗争』の中で、「マホメット（＝ムハンマド：筆者補記）がメッカ時代にどの方向に礼拝を行なっていたかは明らかではない。[注14]」と述べているが、果たして「明らかではない」と断定してしまって良いものであろうか。筆者がすでに考察したように、この二つの伝承は、ヤスリブへの移住直前の出来事を伝えたものであるとは必ずしも言えない。そして、この二つの伝承は、ムハンマドがメッカにいた時、シリアに向かって礼拝していたことを明らかに伝えている。確かにこの二つの伝承だけで、ムハンマドがメッカで布教していた時期に一貫してシリアに向かって礼拝していたと断定することはできない。しかしながら一方で、研究者たちはムハンマドがヤスリブへの移住直前に、ユダヤ教徒の協力を期待して最初のキブラをエルサレムの方へ向けたという定説にあまりにも強く拘束され続けているのではないだろうか。

また、イブン・イスハークは、ムハンマドとその信者たちのヤスリブへの移住と、シリアへのキブラ（あくまでシリアであったエルサレムではない）を特に結びつけて記述していない。ヤスリブへの移住とエルサレムへ向けての礼拝を関連づける伝承が複数伝えられているのは、イブン・サアドの『大列伝』やタバリーの『使徒と王の歴史』であり、二つともイブン・イスハークよりも後の時代に書かれたものである。当然のことながら、この二つの史料が伝える伝承は、時代の変化が多少なりとも反映されていることは言うまでもない。イブン・サアドは、最初のキブラについて以下のように伝えている。

「神の使徒［中略］はメディナに移住してから、十六カ月の間、エルサレム（Bayt al-Maqdis）に向けて礼拝していた。しかし、彼は［キブラを］カアバの方へ向けたがっていた。(注15)」

イブン・サアドの伝える伝承は、ムハンマドがエルサレムの方向にキブラを定めたのは彼の本心ではなく、彼は飽くまでカアバの方向に礼拝することを望んでいたことを明らかに含意している。タバリーも同様にムハンマドが、エルサレムに向けて礼拝している時も、本心ではメッカに向けて礼拝することを欲していたことを示唆する伝承を伝えている。(注16)

しかしながら、イブン・イスハークは、ムハンマドがシリアに向けて礼拝していたころ、彼が本心ではメッカに向けて礼拝することを望んでいたことを示唆する伝承をこれといって伝えていない。また、『クルアーン』二章「雌牛の章」一四二節から一四四節までを読むと、ムハンマド自身、キブラをメッカに向ける決定をするまでに相当心が揺れていたことが推測される。ちなみに『クルアーン』では、ムハンマドがメッカの方向にキブラを変更するまえに礼拝していた方向について、明確に述べていない。「彼ら（信者たち）が従っていたキブラ（qiblat-hum allatī kānū ʻalay-hā）」（二章「雌牛の章」一四二節）、「お前が従っていたキブラ（al-qiblah allatī kunta ʻalay-hā）」（二章「雌牛の章」一四三節）などのようにメッカに変更するまえのキブラが漠然と言及されているだけである。『クルアーン』には、キブラの変更について、左記のように記されている。

「我々（アッラー）が見ていると、お前（ムハンマド）は空に向けて顔をあちこちに向けている。ならばいっそのこと我々がお前の望むようにキブラを変えてやろう。お前の顔を聖なる礼拝堂（メッカのカアバ神殿）の方に向けよ。お前たち（信者たち）がどこにいようとも、お前たちの顔をその方向に向けよ……（二章「雌牛の章」一四四節）。」

この記述を読むと、ムハンマドがキブラをメッカに変更したのは、相当迷った上でのことであったことがうかがえる。では、何故悩んだのか。シリアに向けて礼拝することに、ムハンマドが強い思い入れを持っていたからであると筆者は考える。ムハンマドは、シリアを背にしてメッカに向けて礼拝することになかなか踏ん切りがつかなかったのであろう。彼は、キブラを変更する直前まで、シリアに後ろ髪を引かれていたのである。そのようなムハンマドが、最初からメッカに向けて礼拝することを望んでいたとは筆者にはとても思えないのである。

以上のように、ヤスリブへの移住と最初のキブラをエルサレムの方向に定めたことを関連づける記述は、『クルアーン』には見られず、イブン・イスハークよりも後の時代に編纂されたイブン・サアドの伝記史料やタバリーの年代記史料の伝える伝承に現われる。他方、イブン・イスハークの伝える伝承は、ムハンマドの最初のキブラについて述べる際に、シリア（al-Sha'm）という語を用いており、エルサレム（Bayt al-Maqdis）について言及していない。藤本は、イブン・イスハークの伝える最初のキブラについての伝承を引用する際に、「シリア（イェルサレム）」(注17) と訳出しているが、原典ではシリアとしか記述されていない。藤本が補記を入れたのである。

確かに、この場合のシリア（al-Sha'm）という語は、パレスチナ、ヨルダンなどを含めた歴史的なシリアを指しており、エルサレムも当然シリアの中に含まれている。しかしながら、言うまでもないことながら、シリアとエルサレムはけっして同じではない。また、史料の文脈によってシャーム（al-Sha'm）という語がダマスカスを指す場合は往々にしてあるが、エルサレムを指して用いられている例を筆者は見たことがない。従って、イブン・イスハークの伝える伝承が、ムハンマドの最初のキブラをシリア（al-Sha'm）としていることには、それなりの意味があるのではないだろうか。筆者としては、やはりムハンマドが生涯尊敬して止まなかったキリスト教の隠者や修道士たちと出会ったシリアという思い出の地に対して強い崇敬の念を持ち続けていたことが、イブン・イスハークの伝える伝承に反映されているように思えるのである。つまり、ヤスリブに移住する際、ユダヤ教徒に敬意を示すためだけに礼拝の方角をエルサレムのあるシリアに定めたとは必ずしもいえないのではないだろうか。

あるいは、この場合の al-Sha'm はムハンマドが何度も訪れたであろうダマスカスを指している可能性もあると筆者は考えている。ダマスカスは、パウロが劇的な回心を遂げた都市であり、ムハンマドもまたダマスカスで伝統的な多神教から唯一神信仰へ心を転換する衝撃的な体験をしたのではないだろうか。ムハンマドがユダヤ教徒の協力を期待したというのは事実であろうが、それは彼にとっても副次的な理由だったのではないだろうか。つまり、エルサレムからメッカにキブラを変更したというのは、多分に後世に作り出された後付けの説明だったのではないかと筆者は考えている。最終的にイスラームを生み出すに至るほどの尋常ならざる宗教的霊感を与えてくれたシリアのキリスト教徒に対する並々ならぬ敬意が、ムハンマドをしてシリアに向けて礼拝せしめたのである。筆者は、ムハンマドが布教を開始してからヤスリブに移住して間もなくのころまで、内的衝動のおもむくままにキリスト教の本場であるシリアに向けて礼拝していたと考えている。

なお本節の最後に、本論では触れることのできなかった、メッカにキブラを変更した後のムハンマドについて、ごく簡単に言及しておきたい。ムハンマドはこの後、ユダヤ教徒・キリスト教徒と次第に敵対的関係になっていく。しかしながら、ムハンマドは、キリスト教が行われているシリアに対する特別な思いは生涯持ち続けたと筆者は考えている。ハイバル遠征（六二八年）、タブーク遠征（六三〇年）などを彼に動かした隠れた動機は、彼の心の奥底で生き続けるシリアへの思いであったように筆者には思えるのである。

八. おわりに

ムハンマドは、イスラームを生み出す基となる宗教的霊感をいつ・どこで受けたのか。歴史学の手法ではとうてい解明不可能な問題に敢えて取り組んでみた。クルアーンにも伝記史料・年代記史料にも明確な答えは記されていない。ムハンマドは、預言者としての活動を開始するまでのかなり長い人生の間、それなりに商才と信用を兼ね備えた商人としてメッカの人々の間に徐々に評判を高めていったとは言え、ごく平凡な人間として生きていたに過ぎなかった。そのような一人の人間が内面に受けた宗教的霊感について、メッカの人々がさしたる関心を示さなかったのはむしろ自然なことであったろう。しかし、このような問いは、筆者がはじめて思いついたことではなく、先達の研究者たちが多少なりとも思いを巡らせてきた問いであった。そして、ムハンマドが活動した当時のアラビアを取り巻く状況を踏まえ、あらゆる可能性を検討してみると、ムハンマドが宗教的霊感を受けた地としてシリアがごく自然に浮かんでくるのである。

イブン・イスハークの『預言者伝』の伝える民間伝承もその可能性を裏づけている。もちろん、確固たる史料的な根拠がない以上、実際のところは不明と言うほかはない。また、ムハンマドが宗教的霊感を受けた地が一つであったと決めつける必要もないであろう。あるいは、ムハンマドが宗教的霊感を受けたのは案外身近な人間であったかも知れない。したがって、本論は飽くまでムハンマドとキリスト教の関係を考察した一つの試論とでも言うべきものである。ムハンマドとキリスト教の関係ないしイスラームの成立にキリスト教が果たした役割といったテーマは、ムハンマドとユダヤ教の関係と比較してやや研究者たちの関心があまり高くない感があるが、筆者としては以前から興味を感じてきたテーマの一つであり、今後も考え続けていきたいと思っている。

注

1 イブン・イスハークの略歴と史料の性格については、医王秀行（二〇〇二年）一五六頁を参照されたい。
2 この節全般については、フレッド・M・ドナー（二〇一四年）第一章、蔀勇造（二〇一八年）第五章第一節、リチャード・ベル（一九八三年）一九―三六頁等を参照されたい。
3 前嶋信次（二〇〇二年）五三頁、小滝透（一九九八年）三七頁
4 以下、イブン・イスハークの『預言者伝』その他の史料の引用は、邦訳を参照しつつ筆者自身が訳出した。
5 Ibn Hishām (2001) vol. 1, pp. 96-97.
6 リチャード・ベル（一九八三年）二二―二五頁
7 Ibn Hishām (2001) vol. 1, pp. 108-109.
8 P・K・ヒッティ（一九九一年）一二九頁
9 モンゴメリー・ワット（一九七〇年）二四頁、リチャード・ベル（一九八三年）一〇四頁
10 Ibn Hishām (2001) vol. 1, p. 112.
11 Ibn Hishām (2001) vol. 1, p. 172.
12 Ibn Hishām (2001) vol. 1, p. 203.
13 Ibn Hishām (2001) vol. 2, pp. 55, 128.
14 藤本勝次（一九七一年）五五頁
15 Ibn Sa'd (1968-1985) vol. 1, p. 241.

16 al-Ṭabarī (1977-?) vol. 2, p. 416.
17 藤本勝次（一九七一年）五六、八九頁

引用文献

〔日本語〕
医王秀行「イブン・イスハーク」大塚和夫他編『岩波イスラーム辞典』岩波書店　二〇〇二年
イブン・イスハーク『預言者ムハンマド伝』全四巻　イブン・ヒシャーム編注　後藤明、医王秀行、高田康一、高野太輔訳　岩波書店　二〇一〇年
小滝透『ムハンマド――神の声を伝えた男』春秋社　一九九八年
蔀勇造『物語アラビアの歴史――知られざる3000年の興亡』中央公論新社　二〇一八年
P・K・ヒッティ『シリア――東西文明の十字路』小玉新次郎訳　中央公論社　一九九一年
藤本勝次『マホメット――ユダヤ人との抗争』中央公論者　一九七一年
フレッド・M・ドナー『イスラームの誕生――信仰者からムスリムへ』後藤明監訳　亀谷学、端爪烈、松本隆志、横内吾郎訳　慶應義塾大学出版会　二〇一四年
前嶋信次『イスラムの時代――マホメットから世界帝国へ』講談社　二〇〇二年
モンゴメリー・ワット『ムハンマド――預言者と政治家』牧野信也、久保儀明訳　みすず書房　一九七〇年
リチャード・ベル『イスラムの起源』熊田亨訳　筑摩書房　一九八三年

〔外国語〕

Ibn Hishām. 2001. *al-Sīrah al-Nabawīyah*（『預言者伝』）. 4 vols. Cairo: Maktabat al-Ṣafā.

Ibn Sa‘d. 1968-1985. *al-Ṭabaqāt al-kubrā*（『大列伝』）. 9 vols. Beyrut: Dār al-Ṣādir.

Maulana Muhammad Ali ed. 1995. *The Holy Qur'ān: Arabic texts, English translation and commentary*. Lahore, Inc. U.S.A: Ahmadiyyah Anjuman Isha‘at Islam.

al-Ṭabarī. 1977-?. *Ta'rīkh al-Rusul wa-al-Mulūk*（『使徒と王の歴史』）. Cairo: Dār al-Ma‘ārif.

第四章　善悪の彼岸としての宗教

――ボンヘッファーに触れる試み

逆瀬川秀登

戦争の時代に生まれたい者なんかいない。ましてやナチスが支配する国になんか、誰が好き好んで生まれるというのか……。それでもそんな運命のもとに生まれてしまった人間は数多くいた。ディートリヒ・ボンヘッファー（一九〇六～一九四五年）もそんな人間の一人だ。

残念なことに、人間は自分の生まれる環境を何一つ選べない。国も時代も人種も家族も、そしてしばしば宗教についても。誰にとっても〈人生の初期設定〉は選んだものとしてではなく、与えられたものとして人生に現れる。そして、それがもっとも劇的な効果になってしまうのは戦時下においてだろう。

ボンヘッファーは、いまからおよそ百年前のドイツ人である。彼はプロテスタントの牧師であり、大学で講義をする神学研究者でもあった。彼が二七歳のときナチスが政権を握り、彼の人生は波瀾万丈な過酷なものになっていった。ユダヤ人でも社会主義者でもないが確信的な反ナチスであった彼は、宗教者として抵抗運動を続けた。脅迫や弾圧には決して屈しなかったが、必死の抵抗も虚しくナチスは強固な独裁制のもと虐殺と戦争を遂行した。多くの人びとが際限なく斃《たお》れ続ける惨状を目にした彼は悩み、ついにヒトラー暗殺を決心する。牧師が独裁者を暗殺する——大胆な決意であったが、一度決めた信念は揺るがなかった。密かにナチス政権打倒をねらうドイツ国防軍の将校たちと連絡を取り合い、暗殺計画のグループに参加した。しかし、このクーデター計画はナチスの知るところとなり、ゲシュタポに逮捕され彼は一九四五年四月に刑死する。享年三九歳。平時ならば祈りと研究の中で穏やかに過ぎたであろう彼の生涯は、ナチス政権との闘いの中で終焉《しゅうえん》を迎えてしまった。

二十一世紀に生きるわれわれはナチスの時代から約百年離れている。しかし、ボンヘッファーはこの暴政の只中を生きる世代として生まれてしまった。この運命の違いはあまりにも決定的だった。牧師だった彼は政治的暗殺には不似合いな人物だが、彼には恐ろしい二者択一しか残されていなかった。目の前の虐殺を見て見ぬふりをするか、命を賭けてでもそれを止めるのか——この究極の選択を迫られ暗殺を決意したとき、彼の胸中にはどんな思いが去来したことだろう。聖職者の彼が暗殺計画者として記憶されることは皮肉と言うには忍びないほどまでに、あまりにも悲壮な運命だった。

彼はいま、悲劇的人生を歩んだドイツ人牧師として記憶されている。彼の祖国ドイツではナチスへの抵抗者として敬意を払われている。そして彼と彼の仲間が意図したヒトラー暗殺計画もまた苦渋の選択として理解されている。ボンヘッファーのような人物が刑死してしまったことはきわめて残念と言わざるを得ない。

本論の目的

筆者は研究者でもドイツ人でもキリスト教徒でもない。ナチス政権下に反体制派として生きることがどんなに恐ろしいことだったのか想像もつかない。しかし、「もし自分がボンヘッファーの隣人ならば、どうするか?」「もしナチスの時代に自分が生きていたら、どうするか?」という問題を一個人として自問しながら、ボンヘッファーについて考えていきたい。

あの時代、ヨーロッパでは卓越した知識人もナチスに賛意を示したし、キリスト教聖職者でもナチスとの協力関係を拒まなかった者も多くいた。社会的属性や知性さえもナチスの蛮行への絶対的な防波堤になり得なかった中で、ボンヘッファーは例外的な存在だった。彼だって暗殺などという究極の選択はしたくなかったはずだ。深い知性と果敢な行動力を持ったボンヘッファーは戦中に亡くなったが、戦後にこそ生きていてほしかった人物だ。夥《おびただ》しい人が歿《ぼっ》し、死の記憶が重く垂れこめる時代に、弔いに疲れた人びとが祈りの瞑想から目をあけたときに焦土の中にまだ教会が聳《そび》え立っていたことはきっと一つの希望であっただろう。しかしそこにはボンヘッファーのような人物にこそ、いてほしかった。世界が東西に分裂し、核戦争の潜在的危険性を孕《はら》んだ第二次世界大戦後の〈冷戦〉という時代は、どの国でも加害と被害の記憶と苦しみが折り重なった精神的な危機の時代でもあった。その時代にどのように平和を回復していくべきなのかをボンヘッファーと共に考えたかった。だが彼は戦後の世界を見ることはなかった。ナチスの時代、ボンヘッファーはヒトラーたちの危険性を素早く見抜き、並外れた勇気を示した。彼の洞察力と行動力には驚嘆するしかない。しかし、彼の時代から百年後を生きるわれわれは、彼に敬意を払うだけでは不十分だろう。本論では「ボンヘッファーの悲劇を繰り返さないためには、どうしたらよいのか？」という問題についても考えたい。ボンヘッファーのような真《しん》摯《し》な人物が二度と悲劇的な死を迎えず、またわれわれのほうも彼のような勇気ある人物を見殺しにしないで済むためにはどうすればよいのか？　もちろんナチスが政権に就かなければすぐに済む話だ。現在、欧米各国ではナチス的政策を標榜する政治活動は法律で禁じられているので、いちおうすでに手は打たれてはいるのだが、ではわたしたちはもうすっかり政治的に成熟したのだろうか？　そして宗教はあの時代からどのような教訓を得たのだろう？　虐殺や戦争に対していま宗教は何ができるのか？　世俗権力に対して宗教はどのような姿勢を持つべきなのか？　これらの課題についても個人としての視点で考えてゆきたい。

ボンヘッファーの時代

もしボンヘッファーを一言で表すとしたら、やはり「大いなる勇気を持った、抵抗の聖職者」と言うべきなのだろう。彼の抵抗運動には尊敬の念を抱かざるを得ない。もし筆者が同じ状況に置かれたら、彼のような勇気ある決意は絶対にできない。

ボンヘッファーとは一体、どんな人生を送った人物であったのだろうか。

ボンヘッファーは一九〇六年、精神科医カール・ボンヘッファーの第六子としてブレスラフ（現ポーランド領）に生まれた。父カールがベルリン大学に勤務するに伴い一家はベルリンに移り、ボンヘッファーはここで育ち第一次大戦では兄の戦死を経験している。少年時代にすでに神学を学ぶ意志を持った彼は、チュービンゲン大学で学んだ後、ベルリン大学で神学博士の学位を取得している。専門の神学以外にも哲学なども幅広く学んだが、なかでもとりわけマルティン・ルター、そしてボンヘッファーの同時代人であるスイス人神学者カール・バルト（一八八六〜一九六八年）に大きな影響を受けている。彼にとってバルトは年上で、プロテスタント神学に影響を及ぼす高名な学者ではあったが、二人はたんなる師弟関係ではなく切磋琢磨する関係でもあった。ボンヘッファーはスペイン、アメリカ、イギリス各地で経験を積み、当時世界が直面していた戦争や貧困・人種差別などの諸問題への見識を深めていった。一九三一年にベルリンに戻ったボンヘッファーが直面したのは勃興《ぼっこう》しつつあるナチスの不気味な蠢動《しゅんどう》であった。ヒトラーへの個人崇拝を要求するナチスの暴力主義的で非人道的な本質にすぐに気が付いたボンヘッファーは、政権獲得前からナチス批判を明確に表明していた。そんな危機の中にあって彼はヨーロッパで広まりつつあった世界教会運動（エキュメニカル運動）にも積極的に関与し、宗派を超えて国際的協力関係を築きキリスト教の精神を実践しようともしていた。ナチス政府が成立した一九三三年以降はさらに批判を強め、プロテスタント牧師たちと共に「告白教会」という抵抗運動を展開し、ひるむことなくヒトラーへの反対姿勢を示し続けた。これに対してナチス側も容赦なく弾圧を強め、ボンヘッファーは大学講師の座を追われ、教会での説教や出版活動等も禁止されるようになる。身辺を監視されるようになったボンヘッファーに迫る危機は誰の目にも明らかだった。一九三九年、アメリカの神学校から教員招聘を受け一時はニューヨークに渡ったボンヘッファーであったが、友人たちの亡命の勧めを拒みあえてドイツに帰国している。ドイツの最も困難な時代をドイツ国内に残されたキリスト者と共に生きるために下した決断であったが、それは同時にナチスとの妥協なき闘いの再開をも意味していた。ガンジーを尊敬するボンヘッファーではあったが、ナチスによる果てしない殺戮を前にしてついに平和主義や教会的抵抗運動とも訣別しクーデター計画に乗り出した。義兄をつうじてドイツ国防軍の反ナチスグループに接触した彼は、前述のとおりヒトラー排除のための命がけの闘争を開始した。この史実はすでに広く知られていることではあるが、亡命を拒否してまで悪政に立ち向かった彼の足跡は運命に流されるままに行き着いた決断ではなく、あくまでも彼自身の意志によって自ら選んだ生き方であったことに改めて瞠目せざるを得ない。

ボンヘッファーたちの敵であるナチスは、世界有数の重武装国家として欧米を敵にまわしジェノサイドと戦争を積極的に進める狂気の政権であり、必要とあらば自国民でも平気で殺害した集団だ。悪名高い危険人物だけで全閣僚の席が埋まり、反社会的勢力が群れを成して政権与党になっている時代はどのような悪夢であっても追いつかないほどだ。全権委任法を悪用する彼らにはドイツ国内にもはや敵はいない。さらに悪いことに当時の一般国民の多くも彼らを支持し、ゲシュタポのみならず隣人どうしが密告し合う監視国家だった。つまりドイツ国内でナチスに反対するということは政府のみならず、警察も司法も親類知人関係もほぼすべてが敵に回るということだ。そして教会の聖職者たちも必ずしも味方とは限らなかった。それを知ったうえで、ナチスと闘うなど尋常な覚悟ではない。いくらナチスが許し難い悪とはいえ、よく闘う決断ができたものだ。ボンヘッファーがユダヤ人や共産主義者だったら不倶戴天《ふぐたいてん》の敵としてナチスと対決するのも分かる。しかし、ボンヘッファーは「ゲルマン民族」のドイツ国民だ。ナチスの悪事を見て見ぬふりをすれば、命を危険に晒す必要はなかった。なのに彼は自らの意思でこの政権を倒そうとした。外国の敵と戦うことは決して容易《たやす》いことではないが、自国政府を敵として闘うことはさらに困難だ。人生のすべてを失いかねない決意だ。それにもかかわらず、すべての危険を引き受けてボンヘッファーは決然とナチス政権に立ち向かった。信じ難い勇気だ。

筆者もナチスには絶対に共鳴できない。ではこの反対意見を、武装したナチス親衛隊の前で叫べるだろうか？　いや、無理だ。正直言って怖すぎてできない。

ナチスの思想には共鳴しないが、逆らうのは恐ろし過ぎる。逆らったら最後、自分ばかりか家族の命まで危ない。いや、家族を言い訳にするのはやめよう。自分が殺されるのが怖いのだ。瞬時に銃殺されるのならば諦めもつくかも知れないが、何年も獄中につながれたまま過酷な拷問を受け続けることは恐ろし過ぎる。しかもこれはナチスの常套手段だ。ボンヘッファーの計画に先立つ一九三三年、ヒトラー暗殺を試みたドイツ人職人ゲオルク・エルザーは暗殺失敗後、ナチス当局に逮捕・拷問され、釈放の望みもないまま強制収容所でドイツ敗戦直前の四五年まで世界から見放されたまま生かされていた。司法まで支配された国では、もはや誰も助けには来ない。監視下にあるマスコミも沈黙し、収監者について知るすべはない。国際連合もアムネスティ・インターナショナルもまだない。いや、あっても何の役にも立たなかっただろう。では教会は？　いやいや、これが一番ダメだ。現に牧師であったボンヘッファーが逮捕されても教会に組織的抗議運動の動きは見られなかったではないか。もはやナチスには為すすべなしだ。このようにナチス時代についてちょっと妄想しただけで、すでに十分恐ろしい。もうこれは黙っているしかない。ナチスに積極的には協力しない。率先して褐色のシャツを着て右手を挙げて叫んだりはしない。しかし、それが自分にできる精一杯の「抵抗」だ。武装親衛隊が闊《かっ》歩《ぽ》するような街には出るまい。今後、外出は控えよう。目立たぬように家に閉じこもり、嵐が過ぎ去るのを息を殺して待つしかない……。自分の臆病さに赤面するばかりだが、本音を言えばこの一択に尽きてしまう。現に当時のドイツにはそんな市民もたくさんいた。児童文学作家のエーリヒ・ケストナーも哲学者のカール・ヤスパースも自宅に籠り、ナチスへの非協力の姿勢をまっとうした。彼らをして「保身だけに努め、何の抵抗もしなかった卑怯者」と指弾する気持ちには到底なれない。非協力を貫き自宅に籠るだけでも、どんなに勇気がいることだっただろうか。だからこそボンヘッファーの大勇《たいゆう》にはなおさら驚かされる。しかし、彼と行動を共にする勇気は自分からは出てきそうにない。

われわれの臆病さについて考える

もしわれわれがナチス時代のドイツに住んでいて、ボンヘッファーたちに「あなたもヒトラー暗殺計画に加わらないか？」と小声で密かに誘われたら、どうしただろう？　ナチスには反対だ。しかし、ナチスに抵抗するのは命がけなどというレベルではない超ハイリスクだ。恐怖で足が竦《すく》む。自分なら正義よりも沈黙を選んでしまう。ボンヘッファーには悪いが暗殺計画参加は見送ろう。問題はそのあとだ。ボンヘッファーたちの暗殺計画を知ってしまった。では、この計画をナチスに密告するだろうか？　絶対にそれはしない……、いや、しないと思いたいのだが、どうだろうか？　黙っているのも危険だが、せめてナチスに密告しない自分であってほしい。しかし、このだんまりは〈密かな抵抗運動〉などという立派なものだろうか？　とんでもない。そうではなく自分は、卑怯にもボンヘッファーたちだけをむざむざ死地に向かわしめる、〈他者に火中の栗を拾わせ自分だけ安全な場所にいる、とんだ食わせ者〉なのではないか？

自分はまったく臆病者である。同時代人の中で最も誠実な知性を持った人びとが刑場に消えていく後ろ姿を、自分はどんな思いで見送ればよいのだろう？

〈ボンヘッファーを語る〉ことの難しさ

ボンヘッファーについて考えると前述のような疚《やま》しさがまず浮かんでくる。そして、続いてもう一つ別の逡巡《しゅんじゅん》も感じる。偉人とは「この人は立派な人だから、できるだけ見習いましょう。その言動をまねましょう」と推奨《すいしょう》される人でもある。二宮尊徳ではないが、その姿を学校に飾り、子どもに「こうなりなさい」と教え諭すものでもある。しかし、われわれは政治家を殺すため爆弾を仕掛ける暗殺者の姿を自分の子どもに積極的に見せて、「人びとを不幸にする非道な政治家がいたら排除するべきだ。万策尽きた場合は、暗殺も含めて検討せよ」と教えられるか？　と自問するとやはり大いにためらってしまう。悪ふざけで冗談を言っているのではまったくない。ここにもボンヘッファーを考えることの難しさがある。後世に生きるわれわれはヒトラーたちの悪事を知っている。だからボンヘッファーたちの暗殺計画を理解できる。それは勇気ある判断であったのだ。しかし、同時代の人間としては、ここまではなかなか見通せないのではないか？　仮にナチスの悪事をすっかり把握したとしても、事はあまりにも重大だ。命がけというだけでは済まない。「祖国の裏切り者」と非難される恐怖もある。

自らの臆病さは認めざるを得ないが、それでも臆病さの言い訳としてだけではなく、このためらいと恐怖についてもわれわれは考えなくてはならない。ボンヘッファーたちのヒトラー暗殺計画は他の選択肢が得られない中のぎりぎりの決断として不可避だったのだが、今日《こんにち》を生きるわたしたちには、ナチスを憎むあまり、勢いよく「ヒトラーなんか暗殺するしかないじゃないか」と即答してしまう前に一呼吸おいて考えなければならないことがある。もちろん実際にナチスの暴虐行為を一度でも見たら、悠長に思考なんかできるはずがない。次々に人が殺害される時代の中では、〈一呼吸〉とやらはおよそ使い物にならない現実逃避だろう。世界中が血を流しているときに第三者でいることは不可能だ。「大量虐殺を続ける敵を目の前にして、考え込んでいる場合か！」という息詰まるような怒りは、拙速とは言い切れない切実さを持つ。殺戮を意図した武装集団が迫る中では、そもそも沈思黙考は不可能だ。戦時には判断はつねに二項対立の図式の中にしか現れない――敵か味方か、右か左か、白か赤か――そこに中立は存在しない。ボンヘッファーは冷静な沈思黙考を失っていたわけではない。それが許されない運命の渦中にいたのだ。理不尽な虐殺が日常と化した時代の只中で、彼は懸命に考え続けながらも同時に猶予なき断行の即決を求められる残酷な歴史を生きるしかなかった、悲運の人だったのだ。

しかし、ナチス政権が葬られた戦後に生まれたわれわれは、独裁と戦争のあの時代を生きた人びとへの敬意を払いつつも、彼らとは異なる〈非当事者としての役割〉を担わなければならない。ナチス時代に生きざるを得なかった人たちには許されなかった別の視点から、抵抗の可能性と課題を模索しなければならない。

ほぼ一世紀後の世界に生きるわたしたちも、ナチス時代の再来を絶対に許さない究極の処方箋を持っているわけではない。だからこそ歴史から教訓を得たいと願っている。ボンヘッファーがヒトラー暗殺を決意して斃れざるを得なかった、あの悲劇を繰り返さないためには、「当時の状況ではヒトラー暗殺を目論むのは仕方ないことだ」という見解だけではまだ不十分だ。〈答え〉として不十分なのではなく、〈問い〉として不十分なのだ。ヒトラー暗殺計画という事件は、われわれの思考の起点であって終点ではない。ボンヘッファーにとっての最終決断を、われわれのスタートラインとして現在と未来について考えていかなければならない。彼の時代のように、正義が孤立してしまわないために。

ボンヘッファーは、神は国家と教会の二つの方法を用いて支配するという〈二王国論〉を世俗権力と教会の棲み分けのための取引のようには考えていなかったし、世俗権力の自己神話化を厳しく批判し、教会が人びとに対して果たすべき唯一無二の役割を強調していた。このように、しばしば政治的なテーマにも踏み込む彼の姿勢は、ときに後年の解放の神学と関連づけられるが、彼はそれだけ宗教が果たすべき社会的役割について懸命に考えていたのだ。わたしたちもまた、彼が見ることができなかった〈大戦後の世界〉に生きる人間として、担うべき役割について考えなければならない。

〈非当事者〉として考える

ではボンヘッファーの悲劇を繰り返さないために、われわれには何ができるのだろう?

仮に現在、独裁的な軍事国家が存在するとしよう。その国は外国に理不尽な戦争をしかけるようなひどい独裁者の支配下にあり、表向きは民主的な法治国家だが、内実は戦争に反対する自国民を容赦なく弾圧する国だ。抵抗運動はすべて非合法化され、国民にはもはや平和を求める言動は許されていない。手を拱《こまね》いているあいだにも無謀な戦争のため国の内外で犠牲者は増える一方だ。国際社会はその軍事国家を大いに非難するものの、第三次世界大戦を覚悟してまで直接関与しようとはしない。諸外国による経済制裁や非難決議にも独裁政権は意に介さず、ますます意固地になって殺戮を繰り返すばかりだ。国内で政府に抵抗する者の多くは刑務所送りになったか、祖国に見切りをつけて亡命してしまった。状況は絶望的だ。いったいどうすればよいのだろうか？　——これはかなり粗雑な思考実験ではあるが、考えてみるとそんな国が現在も厳然と存在しているではないか。ナチスは過去のものになったが、ボンヘッファー的課題はいまも現実的な問題なのだ。

悲しいことに、事態がここまで進んでしまっては個人や少数グループではできることは限られているだろう。というか、もはや為すすべはないのかも知れない。だからこそ、いまのうちに考えなければならない。まだ非常事態の当事者ではないうちに、このような最悪の状況の到来を許さないように十分に考えなくては。

まず第一に大切なことは、「ボンヘッファーみたいな人がまた現れないかな」と思わないことだ。危険な独裁者は排除しなければならない。しかし、まだ平和な状況下にいるわれわれがささやかな思考実験すら面倒がって、いまのうちから「独裁者は暗殺するしかない。私はしないけど、誰かやってください」という見解を唯一の解決案として決めつけてはいけない。正義をもたらす取引条件として誰かが犠牲になることを納得したり、自分もおこなわず、子どもにも勧められない危険な行為を唯一の解決策と断定してはならない。正義と思う行為を他人任せの状態にしてしまうことをバツが悪く思うあまり、「仕方ないだろ。他にどんな策があるんだ！」と機嫌を悪くして啖呵《たんか》を切ってはならない。われわれは政治的暗殺などの非常手段の行使をためらうという心理を持つが、これは単に臆病だけが理由ではない。われわれの生来の感性が革命やクーデターなどの人命がかかった実力行使をためらうのには、何らかの理由があるはずだ。その理由を直視することで新たなヒントを得られるはずだ。

命を畏《おそ》れる

どんな理由があっても、やはり人が人を殺すというのは尋常ではない事態だ。それは誰にとっても人生を一変させるほどの深刻な状況だ。これに大いに躊躇し恐ろしく思うのは当然であるだけでなく、われわれが大切にしている情操でもある。殺人を恐ろしいと思う素朴な禁忌感覚を手放してはいけない。だからこそ、正義が合法的でなくなってしまう社会をつくらないよう、ヒトラー暗殺計画のような緊急避難的判断が不可避になってしまう状況を未然に防ぐための具体的な手だてをいまから探っていかねばならない。ヒトラー暗殺計画は、何年もの抵抗運動の果てに追い詰められたボンヘッファーたちに残された最後の対抗策であった。この苦渋の決断を、平和なうちからわれらの既定路線とするのをためらうのは当然のことだ。「あの独裁者さえいなければ戦争は終わるのに……」という不幸な状況は今後も起きるだろう。しかしいまは、政治的暗殺が唯一の対抗策になってしまう事態を事前に阻止することにこそ注力しよう。緊急避難的行為を常套手段にしてはいけないのだ。ましてや自分や子どもに、武器を手に立ち上がれと呼びかけるのはあまりにも早過ぎる。

もしボンヘッファーたちが成功していたら

政治的に考えると、別の問題にも気がつく。ボンヘッファーたちのヒトラー暗殺計画が仮にうまくいったとしても、残念なことに平和への道のりはまだ遠く、そこからも困難続きだということだ。ヒトラー暗殺後には複雑な問題が次々に現れてくるに違いない。

仮にヒトラーが死亡しても、もしそれでもナチス政権は倒れず党首を替えて戦争や弾圧を継続したのならば、ボンヘッファーたちはヒトラーの後継者もやはり暗殺しなければならなくなる。これはよく知られた政治的暗殺の恐ろしさの一つだ。始めるのも困難だが、やめるのはさらに困難だ。敵対する集団どうしは報復殺害の応酬に陥り、その過程で標的とする暗殺対象者も増大していく。ボンヘッファーたちの場合、戦争や虐殺などのナチスの殺人政策を停止させることを目標にしているので、ヒトラー暗殺に成功してもその政策が転換するまで政治的暗殺は停止できなくなってしまう。

国内的にすべてが計画どおりうまくいっても、外交問題はより複雑だ。ボンヘッファーたちが暗殺を決意したときには、もはやドイツの国内事情だけで終戦を決められる段階にはなかった。ナチスが展開したのは欧州全体をまき込んだ大戦争だったからだ。もしヒトラー暗殺に成功したら、ボンヘッファーたちはただちに政権を掌握し和平工作をしようと意図していたが、戦時外交はしばしば戦争よりも理不尽であり、ときに非理性的ですらある。戦争もやめ方が難しい。どの交戦国もすでに多数の戦死者を出しており、中途半端な手打ちでは国民が納得しない。自分たちの手で敵を打倒し、独裁者を裁くことでしか終えることができない状況だ。長年にわたる苦労の果てにようやくナチスを追い詰めたと思ったら「ヒトラーたちはわたしたちドイツ人が自分で始末しました。われらドイツ人自身で悪政を排除したのです。諸悪の根源は解消されましたから、戦争をやめてください」と言われたら、各国のリーダーたちは「はい、そうですか」とすんなり同意しただろうか？

宗教的な面を考えても当時の外交は一筋縄ではいかなかっただろう。ソ連は無神論の社会主義を標榜する国家であり、ソ連国内ではロシア正教会をはじめとしてすべての宗教関係者が弾圧されていた。仮にヒトラー暗殺がうまくいったとしても、ドイツの後継政権が米英仏と停戦して社会主義のソ連とだけ戦争を継続したら、キリスト者としては渋々ながらもその戦争を黙認するのだろうか？

英米仏もどう反応するか分からない。もし西側の連合国がドイツの降伏を拒否し、戦争を継続したら？　アメリカがドイツに原爆を使用したら？　ドイツに独立国家としての主権放棄を要求してきたら？　このような政治的諸問題は、直接には宗教には関係のない事柄だ。宗教が関与できないことであるというよりも、そこまで深く関与しないというのが近代的な政教分離の基本だ。宗教が現実社会の問題を無視してよいわけはないが、関与した結果、生じる諸問題にどこまで責任を持てるのかという問題はやはり残る。外交・内政・経済などの世俗問題に宗教がどこまで関与してよいのか、ドイツ国民にも意見をきく必要がある。このように政治権力を奪取することは宗教的判断の枠内には収まり切らない多様な問題を導き出す。

宗教倫理的にアプローチするのが適さない問題が政治にあることは分かった。しかし、ボンヘッファーたちの意図を認めないわけにもいかない。実際の政権運営が困難だからといって、彼らのヒトラー打倒の意図がありがた迷惑のわけはない。だが、現代政治はやはりあまりにも複雑だ。この点を踏まえれば、現実的な政治課題と宗教者であるボンヘッファーの理念は、社会的に切り離されるように努めるべきだという意見もあり得るだろう。「ナチス時代のような非常事態では仕方なかったとしても、ナチス滅亡後の世界では改めて政教分離を社会原則とし、ボンヘッファーのような聖職者が宗教に専念できるように、政治こそが頑張ってナチス的勢力の伸張を阻む責任を負うべきだ。宗教者が政治的に頑張らねばならないような状況を政治家は防ぐべきだ」という考えにわれわれは納得するべきなのであろうか？

宗教の役割

いや、そうではない。聖職者ボンヘッファーが果たそうとした政治社会的役割は、宗教こそが直視し取り組むべき重大なテーマだったのだ。ボンヘッファーは宗教的であったからこそ、政治的になったとも言えるだろう。いかに政府が重要な役割を果たしているといえども、それは人間の営みの一つでしかない。「人間の業《わざ》に過ぎない政府にすべての権威を専有させることは危うい」というのは、われわれがナチスの歴史から得た教訓でもある。換言すれば、政府のみが政治の主体として君臨することこそ、恐怖政治成立の遠因の一つとなるのだ。公的権力の有無にかかわらず、社会の構成員であるすべての個人は、社会全体の安定と融和を形成する主体である。社会をやすらかなものにするはずのその個人が政治に苦しめられる時代こそ、宗教がその真価を発揮するべきときだ。

これらの視点をもとに、改めてわれわれの課題に目を向けよう。第一にしなくてはならないことは、第二・第三のボンヘッファーの出現を待望しないこと、彼の悲劇的最期を〈不可避な方法論〉としてすぐに容認しないことと前述したが、われわれが第二にしなくてはならないことは〈宗教に期待すること〉だろう。

ナチスは絶対的な悪だ。そのナチスに〈悪魔の所業〉を見出すだけでなく、〈悪に同意してしまう、われわれ人間共通の弱さ〉をも発見する営みは誰もが嫌悪する作業に違いない。しかしこの胸が悪くなるような探究はやはり必要なのだ。ナチスによる被害にではなく、ナチスによる加害行為を〈他人事《ひとごと》ではない〉と捉える思考は、政治ではなく宗教こそが担わなければならない。正義感のあまり、ナチスの時代を〈悪党と英雄の対決の時代〉と単純化してしまうことは、かえって実相を見失わせる。結論を急ぐことなく、〈なぜある者はナチスになり、ある者は抵抗者になったのか？　両者の思考の分岐点はどのように形成されたのか？〉〈最悪の時代が到来する前にどうすればその危険性に気づくことができるのか？〉などの疑問に対していかなる答えを出し得るのかを根本から考える縁《よすが》として、宗教に改めて注目しよう。なぜなら宗教こそが人間の善も悪も可視化させ、その双極《そうきょく》の織り成す運命の業《ごう》に向かい合ってきたからだ。命が惹起《じゃっき》する森羅万象に、民族にも時空にも囚われない思考を及ぼしてきたのは宗教だからだ。弁明の余地がない明確な悪の所業の中にでさえ、あらゆる人間に共通する心の諸相を見出し、そこからの解放を模索する遠大な視野をわれわれに提示できるのは、政治ではなく宗教だからである。宗教がこのような重要な役割を果たせるのは、宗教が生者のみならず死者までも含めた人間観を提示してきたからでもある。その見識はわれわれに、より本質的な気づきをもたらす。

敵味方に分かれ血みどろの戦闘を続ける両陣営の間に割って入り、互いを同じ人間として見つめ直し、戦勲のかけらもない、中途半端な和平案を模索するのは当事者には困難だ。戦いの当事者どうしは自らの存亡を賭けて戦っておりもはや一歩も引けないためだが、戦いをやめられない理由はそれだけではない。戦時に平和を語ることは、戦ってきたすべての者に対する裏切り行為として憎悪されるからだ。

敵を殲滅《せんめつ》する前に講和を結ぶのならば、戦いに歿《ぼっ》した兵士たちは何のために散っていったというのか？　敵と握手することを英霊たちに何と言い訳するつもりなのか？　わたしたちの思考は、こういった敵愾心《てきがいしん》だけが説得力を持つ二項対立の引力圏に封印される。平穏な日常を取り戻そうとする働きかけの一切が、戦死者に対する裏切りになってしまうのだ。〈和平を唱える者が、裏切り者になる世界〉では、永遠の戦いだけが誠実さになる。繰り返す殺戮だけが忠誠心の証《あかし》とされ、それが世界の真理になる。これから生まれ来る子どもたちも、旧弊《きゅうへい》を脱した新しい希望を担う次世代の若者ではなく、会ったこともない祖先たちの弔い合戦に参戦する新兵でしかなくなる。平時を平和と思ってはならず、次の戦争を準備する束の間の戦間期と捉えることが常態になってしまえば、われわれの社会はもはや生活空間などではなく、「銃後」という名の巨大な兵舎と化すだろう。

もしこのように〈英霊を裏切らない〉という視点のみに重きを置いてしまうと、わたしたちは戦うことや憎しみ合うことを永遠にやめられなくなってしまう。そこにあるのは思考ではなく、「お前は敵か味方か」という抜き差しならない二者択一の尋問でしかなくなってしまう。わたしたちは永続戦争論の虜囚《りょしゅう》になるしかなく、死者についての記憶が生者を戦わせ続け、さらなる死を招いてしまうという悪循環に陥ってしまう。これはどの戦争でもきわめて深刻な難問だが、宗教はこの問題に対して、完全とまではいかなくとも一定の和解をもたらしてくれる力を持っている。敵討《かたきう》ちを戦死者慰霊の祭式とすることを止《と》め、別のかたちで弔慰《ちょうい》を図るのはまさに宗教こそが果たすべき務めなのではないだろうか。生者のみならず、われわれは死者との和解も必要としており、それができるのが宗教なのだから。

悪を憎み、それを敵として闘うことを筆者も否定はしない。しかしこの発想はあくまでも緊急避難的思考であって、これを世界理解のための恒常的原理として際限なく流用し続けてはならない。そしてこの「お前は敵か味方か」という、尋問のような二項対立の世界観を離れ、仇敵と和解するという、想像するも腹立たしい道をわれわれに示す役割を世俗権力にだけ期待するのは、むしろ現実的ではない。第二次大戦後も人類は休むことなく兵器開発を続け、全人類を滅ぼす能力を獲得してすでに久しいが、その危険性に対処できるように世界の政治（統治）能力が進化改善され、危機抑止能力が向上したとは言い難い。だからこそ、憎しみが人心に満ちることを悲しみ、未来への新たな可能性を示してくれる〈何か〉が、いまわれわれには必要だ。その〈何か〉にもっともふさわしいものは宗教である、とは断言しない。しかし、宗教にその可能性を見出すことは決して見当違いではない。宗教はある意味では絵空事なのだろうが、人が祈念と共に生きる限り、宗教はわたしたちを扶翼《ふよく》する精神的伴走者であり続けるだろう。もしかしたら、それはわれわれを世俗の因襲から解放してくれる力になるかも知れない。恐怖と猜疑《さいぎ》のため憎しみを抱いてしまう人間の心の弱さと、生きることのよるべなさを宗教は昔から知っていた。悪はその弱さを苗床にして増殖する。しかし善のみならず、悪をも〈わたしたちの魂の形〉として解析し、人の心理の奥底を照らしだす役割を宗教が担うのならば、宗教はナチス的な悪の再来を防止する最も力強い叡智《えいち》となるだろう。宗教的な自己言及性こそが暴虐と破壊を斥《しりぞ》けると筆者は期待している。

もちろん、歴史を学べばこの見解は史実に反すると指摘することもできる。宗教が戦争抑止の力になるどころか、戦争の原因になることも珍しくなかったではないか。それでもその危うさに留意しながら、いま一度、宗教の果たす役割を見直すべきときが来ていると筆者は考えている。ただし、宗教団体に何かを期待するのではない。特定の教義にでもない。気がつかないうちに、名状し難い〈宗教的な何か〉を宿している人間の心に期待しているのだ。日頃はまったく実感できない、自分の裡《うち》に眠る宗教性をもう少し頼りにしてもよいと思っている。わたしたち人間の心の弱さを知っている宗教は、一方でわたしたちを思いもよらぬ強さに導くときがあるのだから。

ないものねだりの思想

最後にもう一度だけわたしたちの課題を見つめよう。わたしたちが第三にするべきこと、それは宗教に対して「きれいごとを言うな」という罵詈《ばり》をぎりぎりまで我慢することだ。「偽善だ」などという非難は的外れだ。〈きれいごと〉はわたしたちの日常を支えるとてつもなく大切な理性であるだけでなく、それなくして生きていくことはできないほどの痛切な心のリアリズムでもある。その役割を見過ごしてはならない。

人間は実に盛んに殺し合う動物だ。たとえ平和な時代にあっても、残念ながら人が殺されてしまうことは珍しくない。ニュースを見れば、いつも誰かがどこかで殺されている。そのことにわたしたちの心は実はとっくに慣れ切ってしまっている。倫理や同情心が麻痺したのではなく、現実世界をありのままに受け止めればそうならざるを得ないのだ。人が死ぬたびに泣いていたら身が持たないではないか。一度に百人が殺されたらショックを受けるが、一日一人が殺される事件が百日続いても動揺しないのはそのためだ。しかし、そんなわたしたちの老獪《ろうかい》な認識法を諫《いさ》め、冷たい現実と折り合おうとしない頑迷なものがある。いつもはわたしたちの胸裡《きょうり》深くに眠っている、〈宗教〉とも呼ばれるもう一つの心理がそれである。

宗教というものは人間の宿命的悲劇性を背景にした、架空の思想なのかも知れない。いや、こんな難しげなわけの分からない言葉を使わず、無遠慮に言うべきだろう。有体《ありてい》に言えば、宗教とは〈ないものねだりの思想〉だ。故人の魂に永遠にやすらいでもらいたい、もう会えないあの人に幸せになってほしい、自分では成長を見届けられない子孫に平安な未来を贈りたい、人類はいつの日か殺し合いをやめられるかも知れない……。いい歳をした大人が、〈アタマの中、お花畑〉全開で空想を追い求めるさまは悲壮ですらある。無根拠な妄想として嗤《わら》われるのも仕方のないことだ。大人の世界では、いつまでも理想を諦めないことは一種の非常識だからだ。そしてこんなまったく実現不可能な妄想を護《まも》り、その切なさにわずかながらの尊厳を与え続けてきた非合理な希望の別名が宗教なのではないか。

わたしたちは知らず知らずのうちに、この希望と共に生きている。

ナチスのような悪に対して、正々堂々と名乗りを上げて闘うことのできない臆病者としてわれわれは生きるかも知れない。少なくとも筆者はそうだ。殺すのも殺されるのも恐ろしい。暴君の好戦的な煽動に危機感を持ちながらも、恐怖に圧迫され沈黙するとき、人は密かに自分を軽蔑するだろう。正義を選べない自分に絶望するかも知れない。しかし、だからといってそれを理由に自分を見捨ててはいけない。それこそがナチスの狙いだからだ。われわれの憎悪と絶望を栄養素としてナチスは増殖した。自分自身のかけがえのない尊厳を忘却させること、人生を過小評価させること――それがナチスの力の源だ。ボンヘッファーたちは、それに立ち向かったのだ。どんなに無力な時を生きるとしても、絶望に同意してはならない。人間の心には、絶望と恐怖に決して呑噬《どんぜい》されない領域が確かに存在しているのだから。

最期の言葉

以下、述べることは一種の思考実験だ。しかし、実際に人間に起きた事実でもある。

もし嵐の中、沈みゆく船に乗り合わせたら、あるいはエンジンから火を噴き出しながら墜落していく飛行機に乗り合わせたら、われわれには何ができるだろうか？　恐怖と混乱の中でパニックに陥りながらも、誰もが生存の望みが少ないことに気づくだろう。どうやらもうすぐ人生は終わる。こんな不本意な死に方に納得できるわけはない。もちろん、なんとか生き残ろうとするだろうが、大勢が我さきに避難口に殺到すればそこは阿鼻叫喚の地獄と化し、隣人愛など考慮するお行儀のよい場所ではなくなるはずだ。緊急事態になれば〈きれいごと〉など簡単に消し飛ぶ。宗教心や愛などの生ぬるい夢想の中で微笑みながら最期を迎えることなどできるわけがない。ましてや誰の命も救えない。宗教で人を救えるのなら、レスキュー隊なんかいらないではないか。

それは真実だ。しかし、真実の一面に過ぎない。

ほんの一〇分前までは死のことを考えてもいなかったが、もはや残された時間はごくわずかだ。それを知った刹那《せつな》に、人間の意外な真実が浮き彫りになる。他人を押しのけ我さきに救命ボートに乗り込むのではなく、メモを引き千切り、その細かい紙片《しへん》に家族への愛と感謝を書き込む人間がいる。「きみのおかげで私の人生は幸せだった」と、「子どもたちのことは頼んだ」と、人生の終焉《しゅうえん》に家族への想いを書き残すことを選ぶ人たちがいる。不慮の事故で人生を突然断ち切られてしまうという究極の不幸の中で不意に覚醒する思念は、怨嗟《えんさ》ではなく、悲しみですらない。最愛の人への感謝の言葉であり、子どもたちの幸福を願う祈りだ。それはその瞬間まで自分自身ですら意識しなかった祈りの言葉だ。死を悟りながらも「自分が死ねば、すべては無意味になる」とは決して思わない。人間とはそういう生き物なのだ。「宗教は夢想だ」という指弾は力強い。しかし勢いがあるだけの恫喝《どうかつ》に過ぎない。そんな「リアリズム」で人間を語り尽くしたりはできない。それは決して人間のすべてではないのだ。人は誰もが死ぬ運命にある。しかし人は絶望と恐怖のみに服従して生きているのではない。「死ねば自分は消滅する。その瞬間、すべてが終わる」という、そんな「達観」は実はリアルではない。まったく猶予のない、残りわずかな時間の中で恐怖に震えながら走り書きされた、掌《たなごころ》にも隠れてしまいそうなわずか数センチの紙片が、もう一つの人間の真実を伝える。どんなに短くとも、遺《のこ》された家族たちの未来を照らし続ける言葉を、人は心に宿して生きているのだ。誰もが必ずそう生きるわけではない。しかし、束の間の祈りが、わたしたちを未来へと導く力になることがこの世には確かに存在する。そんな言葉だけが本当に大切なことを教えてくれる。

ボンヘッファーがわたしたちに遺した言葉が、そうであったように。

祈りは個人的なものであって、社会正義には直接には結びつかないものかも知れない。しかし、〈誰もが有限な時間の中に生きる、束の間の存在である〉という洞察力を持てるのならば、それはいつの日にか未来を変える。幻のように密やかな宗教心を胸に備《そな》えていることは、間違いなくわたしたちの力であり希望なのだ。

わたしたちの心の中にも〈内なるナチス〉が忍び込む危険性は大いにある。もしそれが誰かを憎めと命じてきたら、わたしたちの答えはもう決まっている。「わたしたちの人生は短く、誰かを憎むために使うような時間はない」と、そして「わたしに残された時間は、大切な人を慈しむためにこそ使うつもりだ」と。それは宗教団体の教義や高僧の説教などではない。市井《しせい》の人びとが気づかせてくれた、われわれの心が本来持っている言葉だ。この言葉こそがナチスを永遠に駆逐し、斃れた者たちへ鎮魂の祈りを届けてくれる――そう信じてよいと筆者は確信している。

ボンヘッファーについて一個人として考えようと思った。ボンヘッファーのことを理解したいと願ってはいるが、本論の意図は、〈もし自分がボンヘッファーの隣人で、ナチス政権下に生きていたらどうするか?〉という問いでもあった。だから本論の主体はボンヘッファーではなく、あくまでも〈われわれ〉だ。しかしその思いがあまって、一言もボンヘッファーの言葉を引用しなかった。読者の方にはぜひこの機会にボンヘッファーの本を手に取ってくださることを願っている。ボンヘッファーは過去の人だが、歴史上の人物とは時間の彼方に悄然《しょうぜん》と消え去る孤影《こえい》などでは決してない。彼は非道と絶望に抗《あらが》うすべての人に言葉を遺した。その言葉に共振する心を、われわれは確かに持っている。だからわたしたちも顔を上げて、わたしたちの時代を生きていこう。

宗教は万能ではない。しかし祈りと共に人は生きる。わたしたちもまた、そんな祈りの目撃者であり、実践者なのだ――こんなつきなみな認識に、筆者はいまようやく辿りついた。

参考文献

エーバーハルト・ベートゲ編『ボンヘッファー獄中書簡集』(「抵抗と信従」増補新装版)村上伸訳　新教出版社　一九八八年
S・R・ヘインズ、L・B・ヘイル共著『はじめてのボンヘッファー』船本弘毅訳　教文館　二〇一五年
河崎靖『ボンヘッファーを読む――ドイツ語原典でたどる、ナチスに抵抗した神学者の軌跡』現代書館　二〇一五年
ディートリヒ・ボンヘッファー『ボンヘッファー選集1』大宮溥訳　新教出版社　一九六三年
ディートリヒ・ボンヘッファー『ボンヘッファー選集3』森平太訳　新教出版社　一九六六年
ディートリヒ・ボンヘッファー『ボンヘッファー選集4』森野善右衛門訳　新教出版社　一九六六年
ディートリヒ・ボンヘッファー『ボンヘッファー選集5』倉松功、森平太訳　新教出版社　一九六四年
ディートリヒ・ボンヘッファー『ボンヘッファー選集6』森野善右衛門訳　新教出版社　一九六八年
ディートリヒ・ボンヘッファー『ボンヘッファー選集7』村上伸訳　新教出版社　一九六六年
ディートリヒ・ボンヘッファー『ボンヘッファー説教全集』1　畑祐喜、森平太訳　新教出版社　二〇〇四年
ディートリヒ・ボンヘッファー『ボンヘッファー説教全集』2　大崎節郎、奥田知志、畑祐喜訳　新教出版社

二〇〇四年
ディートリヒ・ボンヘッファー『ボンヘッファー説教全集』3　浅見一羊、大崎節郎、佐藤司郎、生原優　他訳　新教出版社　二〇〇四年
宮田光雄『ボンヘッファーを読む――反ナチ抵抗者の生涯と思想』岩波書店　一九九五年

第五章　国家神道の創造——明治期の法令全書で探る

竹内和正

一・はじめに

先頃、母親が死んだ。九六歳、連れ合いの死から三〇年後であった。一三年前には認知症を発症し、ヘルパーが日に数回訪れていたが、六年前のある日、家の中で転倒しているところを発見され、担ぎ込まれた病院では大腿骨骨折をしていることが判明、金属を入れる手術をした。しかし、術後、認知症の為本人の意識が付いてこないのでリハビリテーションもまともに受けることができず、結局車椅子の生活となった。そして退院後の施設入所の末、この度老衰で死んだのだが、さて葬式は何式でやるべきか。

江戸時代からの墓石の記録[注1]ではずっと臨済宗妙心寺派の寺の檀家であったらしい我が家において明治三年生まれの私の曽祖父は、昭和一一年、家の坪庭に神殿を作り、寺と縁を切り、昭和一七年に死亡。葬儀は神式で当時二二歳の孫であった私の父により準備され神殿で行われた。と、以上は父がその母の葬儀後編集した「母と祖父母の追憶」（昭和四五年七月）にある。

他所で勤めていて、その曽祖父の死後、家に戻った祖父は寺と縒《よ》りを戻し、神式で葬儀を行った曽祖父に戒名ももらった。長生きしたその祖父の葬儀は昭和五八年、その遺志に基づいて仏式で行われた。

さて、次世代である私の父は、神道式葬儀の神葬祭を言い残して逝ったということで、平成二年その遺言通り神式で送った。そして、母は？　ということなのである。

曽祖父以来一代ごとに神式、仏式、神式と交互に行う形になっているし、連れ合いが既に神式で送られたのであるから神式とすべきか。私ら二人の子は、母と同道した神社仏閣参りで、まともに礼拝している母の姿を見たことはなく、母は無信仰者であったと明言できた。家の仏教と神道の狭間で私は、無信仰路線の妹と話し、小規模の無宗教葬を選択したのだった。

しかし、何故曽祖父は神葬祭を選択したのだろうか。その疑問を探り日本の近代史を振り返ることにする。

それは、一定の寺に武士も庶民も檀家として属させることとしていた寺請制度で国を覆っていた仏教（江戸期までの言葉では仏法）を廃し、釈尊の教えを棄却するという明治初めの廃仏毀釈の後、明治政府が国民統合のために整えて行った神道の生成過程を顧みることになろう。

二、明治維新、神仏分離による信仰の対象、礼拝の形の変化

今日、我々は全国にある多くの神社に年始には初詣をし、観光をすればその地の神社を訪れる。しかし、実はその神社の大半が今の形の神社になってからの歴史は長くはない。江戸期までの神仏習合が分離され、寺社の組織が分かれ、祈りの対象、形が、明治の初めに大きく変わってしまったのである。

例えば日本に一番多いと言われる八幡宮(注2)あるいは若宮八幡神社または八幡神社だが、その始まりとなる宇佐八幡は東大寺の守護神となり（東大寺境内の手向山八幡宮）神仏習合の始まりとなる。そもそ

も宇佐八幡は八幡神宮弥勒寺と呼ばれ、当初から神仏習合の寺であった。(注3) 神亀二年（西暦七二五年）(注4)八幡神の社殿を建立し遷座したとされるが、(注5) このとき聖武天皇が弥勒寺と鐘楼を建て開眼法要を営んでいるという説もある。(注6) 新羅系の神から発した八幡神(注7)は日本では当初から神仏習合であったのであり、神社に附属した寺である神宮寺と切り離された現在の形になったのは明治維新時の神仏分離以降なのである。平安中期、朝廷の崇敬を受けた京都周辺にあった二十二社、つまり朝廷から特別の奉幣を受けた神社の一つである石清水八幡社もこの宇佐八幡の系統であり、源頼義がその石清水八幡宮を由比ガ浜に勧請したところから発し、源頼朝の幕府開設に際し移転整備された鶴岡八幡宮もまたこの系統である。

次に稲荷神社である。(注8) これも渡来系の秦氏に発する稲に関する農業神であろうが、仏教の天部ダキニ天や弘法大師空海もしくは智証大師との関わりが伝承されている。(注9) また秦氏の雷神信仰の山である京都稲荷山から東寺建設にあたって木を伐り出した空海との縁が生じ真言密教と繋がっていったと論じられてもいる。(注10) 神仏分離に際しては、稲荷神社は神道系と仏教系に分かれた。愛知県の豊川稲荷や、その東京別院（赤坂の豊川稲荷）、岡山県の最上稲荷は仏教系である。つまり、元来神仏習合の信仰場所であったのである。

発祥が那智大滝のある熊野川にあること以外明白ではない熊野信仰も仏教聖地開拓の仏教修行者によって育てられ、(注11) 平安朝以降社僧の手に握られてきたが、神仏分離後、熊野本宮、新宮では仏教色が払拭されることになった。今日那智にのみ仏教施設青岸渡寺が残されているが、この那智にあっては、青岸渡寺は那智大滝を見下ろす位置にあって未だに神仏習合時代を思わせるところもある。

金毘羅信仰もまたそうである。金刀比羅宮として二礼二拍手一礼をもって礼拝している姿は明治以降の姿であり、元来「金毘羅」とは、仏陀を助けたヤクシャのクンビーラ（固有名詞）とヒンドゥーで水、漁業、海運業の神とされたマカラと概念を共有する普通名詞クンビーラ（鰐＝ワニ）が同値されたものらしいので、[注12]真言宗である松尾寺の「金毘羅大権現」として仏式礼拝の寺であった。

富士信仰ではかつて（二〇一八年三月二二日）団体で訪れた富士山世界遺産センターでセンターの専門員から聞いた話を披露しない訳にはいかない。廃仏毀釈前は富士の八合目以上が仏の世界であったのだが、明治以降、物も名も全て打ち捨てられたというのである。仏像も他へ持って行かれ、残っているものもあるが、打ち捨てられたものもあるという。こうして神道の世界（浅間神社）となった現在の富士山頂では「御来光」として東方の太陽を拝むが、これも廃仏毀釈前江戸期にはブロッケン現象で西側の雲の中に現れたように見える阿弥陀様を拝む「御来迎」だったという。拝む方向が一八〇度変わってしまっているのだ。また富士山頂の「御鉢巡り」は「御八葉巡り」＝仏教のいう八葉蓮華、つまり仏の座る蓮華座巡りであったという。[注13]

その祭神、沿革からして明らかでない八坂神社は現在三座一三柱の祭神から成っているが、明治維新以前は祇園感神院と呼ばれ、牛頭天王（素戔嗚）・婆梨采女（稲田姫）・八大王子（八柱御子神）の名で知られていた。村山修一は、その牛頭天王は崑崙山脈にある牛頭山寺と関連するというが、[注14]その他の神々含め、神仏習合そのものであった。

江の島神社の弁財天は源頼朝の命により文覚が島の岩屋に弁財天を勧請したもの、と『吾妻鏡』にあり、インドの神（サラスヴァティー sarasvatī ＝水を持つ者）の漢訳名である。

以上、全ての神社系列を網羅してはいないが、明治初期の神仏分離、廃仏毀釈を経ることによって神社が神仏習合から独立し、甚だしくはその崇拝の対象がすっかり変わってしまったということが知られよう。実に明治期はその宗教改革期であり、国家が一度全ての神社信仰を統合し、その中で「国家神道」(注15)がいわば新興宗教として登場、支配的地位に至る過程であった。以下、その過程を見て行こう。

三．新興宗教国家神道の創造──明治維新

はじめは、明治改元以前のことである。

祭政一致

慶応三年一二月九日に「徳川内府（＝徳川慶喜）が（従前朝廷から幕府に御委任の）大政を返上したこと、及び将軍職を辞退したことの二つのことをお聞き届けになられた。そもそも癸丑（一八五三年ペリー来航の年）以来未曽有の国難、先帝（孝明天皇）の宸襟を悩まされた次第は衆民の知る所である。ここにお考えを決められた。王政復古、国威挽回の基礎を立てられたので、今より摂関幕府等廃絶。即ち今先ず仮に総裁・議定・参与の三職を置かれ、万機行われるべく、諸事神武創業の始めに基づき縉紳・武弁・堂上・地下の別なく至当の公議を尽くし天下と休戚（喜びと悲しみ）を同じく遊ばされるお考えにつき各々勉励、旧来の驕惰の汚習を洗い尽忠報国の誠を以って奉公なされる事」〔拙訳〕とする

「王政復古の大号令」[注16] が発せられ、ここに徳川幕府が崩壊、明治新政府による復古政策が始まることになった。復古政策とは「祭政一致」つまり、神祇を崇め、祭祀を重んじるもので、形の上では大化の改新によって設置された神祇官を置くことになるのだ。ちなみに、神祇とは「神＝天神」と「祇＝地祇」のことで、中央の神（アマツカミ）と地方の祇（クニツカミ）をいう。

神祇官

慶応四年三月一三日（一八六八年四月五日）、太政官布告「祭政一致ノ制度ニ復シ神祇官ヲ再興シ諸家執奏配下ヲ廃シ諸神社神主等神祇官［二］附属セシムルヲ令ス」が発せられた。その内容を訳すと、「太政官布告第百五十三　此のたび、王政復古、神武創業の始めにもとづかせられ、諸事御一新、祭政一致の御制度に御回復遊ばされ候については、まず第一、神祇官御再興御造立の上、追々諸祭奠《さいてん》も興こされることを仰せになられた。よって、このことを五畿七道諸国に布告し往古に立返り、諸家が配下に取次ぐことは止められ、あまねく天下の諸神社神主・禰宜・祝・神部に至るまで今後右神祇官の仕事とするように仰せられたので、官位をはじめ諸事万端、神祇官へ願い立て候よう、相心得るようにすべきこと」〈拙訳〉

この太政官布告によって幕府が吉田家、白川家などの「諸家」へ任せていた諸々の事務を神祇官に「戻させた」。つまり全て政府の神祇官で掌握することにされたのだ。

同年三月一七日には、諸国の神社に別当社僧と称して神社勤務している僧職身分の者の復飾［還俗］、つまり俗人に戻ることが命じられている。いよいよ事実上神仏分離の開始である。

「太政官令第百六十五　諸国神社ノ別当社僧等ヲ復飾セシメ僧位僧官ヲ返上セシム

今般、王政復古旧弊御一洗あらせられ候に付き、諸国大小の神社において僧形にて別当あるいは社僧などと相唱えている輩には復飾をお命じになられた。もし復飾のこと、余儀なく差支えが有る者は、申し出るべし。さてこの段、相心得候こと。

但し別当社僧の輩復飾の上は、これまでの僧位僧官の返上は勿論である。官位のことは追って御沙汰があるであろうから、当面の所、衣服は浄衣にて勤め仕えるべきであること。

右の通り相心得て、復飾した者たちは当局へ届出申すべきものなり。」〔拙訳〕

これらの布告が神社で勤める人々についての神仏分離を規定しているのに対して、慶応四年三月二八日の布告は、礼拝対象についての神仏分離を定める。

「太政官布告　第百九十六号　仏語（仏教用語）ヲ以テ神号ト為ス神社ハ其事由ヲ録上（記録を上程）セシメ及仏像ヲ以テ神体ト為ス神社ヲ改メ社前ニ仏像仏具アル者ハ之ヲ除却セシム

一　中古以来「何々権現」あるいは「牛頭天王」のたぐいそのほか仏教用語をもって神号に相唱え候神社少なからず。いずれもその神社の由緒を細かく書き付け、早々に申出をすべきこと

但し勅祭（天皇の勅使が派遣される祭り）の神社　御宸翰　勅願等がある場合はこれまた伺出るべ

し、其上にて御沙汰があるであろう、そのほかの社は裁判鎮台領主支配頭等へ申出をすべきこと
一　仏像をもって神体と致す神社は今後相改め申すべきこと
付録：「本地」などと唱え、仏像を社前に掛け、あるいは鰐口、梵鐘、仏具等のたぐいを置いておく者は早々に取除き申すべきこと
右の通り　お命じになられた。」〈拙訳〉

これがいわゆる祭政一致布告、通称「神仏分離令」「神仏判然令」であり、これは廃仏毀釈令ではないとも言われるが、実際上はここから廃仏毀釈が始まっていく。「仏像を社前に掛け、あるいは鰐口、梵鐘、仏具等のたぐいを置いておく者は早々に取除き申すべきこと」は取り除いた後の始末については何も言わないのだから、どう打ち捨てても良いことになるだろうからである。

仏語を用いた神号を禁止する一環であろう、慶応四年四月二四日には次の太政官達が出される。

「太政官布告第二百六十号　慶応四年四月二十四日「此度大政御一新ニ付、石清水、宇佐、筥崎等、八幡宮大菩薩之称号被為止、八幡大神ト奉称候様被　仰出候事」

「このたび大政ご一新につき、石清水、宇佐、筥崎等、八幡大菩薩の称号を止められ、八幡大神と称し奉り候ように」〈拙訳〉。神仏習合の呼称が相応しくないというのだ。

神葬祭

さて、僧侶を還俗（復飾）させる一方で政府は、幕府時代にはほとんど神官とその後継者に限られていた神式の葬儀、神葬祭を明治元年[注17]閏四月一九日、神職家族にも容認した。とは言え、その実施方

法は確固として定まっていた訳ではない。少し早くから神葬祭運動の進んでいた津和野藩が新政府に「霊祭要録」「葬儀要録」「略祭文案」を提出することとなり、森謙二によれば「この功績から藩主亀井茲監と藩士福羽美静が新政府の神祇行政の中枢に入っていった」[注18]。

江戸時代、葬儀を行った後の遺体については、地域の墓地や寺の墓に埋葬していたが、その例のない神葬祭後の遺体には埋葬地がなかった。浄めの場である神社の境内を埋葬地として提供する神職もいなかった。そこで明治二年二月（一八六九年二月）、神祇官は、神祇官官員と東京府下神職用神葬墓地の確保を政府弁事に伺い出た。神葬祭は江戸期の論者が土葬を主張した結果、土葬となっていたが（後述）、土葬したくとも墓地の敷地がなかったのである[注19]。

大教宣布

明治三年一月三日（一八七〇年二月三日）詔書「大教宣布」が出され、治世は惟神之道《かんながらのみち》（「随神の路」とも。神の思いの通り、つまり神道のこと）に従って祭政一致で行うと明らかにされた。

「詔宣布大教

朕が謹んで思い巡らすに天神天祖が道徳上の規準を定め（立極）、王統を後まで残し（垂統）、その後の天皇はそれを承《う》けてこれを継承しこれに沿ってきた。

古《いにしえ》の祭政一致億兆人民同心のさまは、治教は上に明らかにして（為政者が政治と宗教・教育を明確にし）、風俗は下に美であった（人民の風俗は美しかった）

しかるに中世以降時に汚隆（＝栄枯盛衰）があり、道に明暗があるようになった。

今や天運が循環して百度（いろいろの法律、規則）は明治維新を迎えてこれ新たになったのである。そこで、よろしく治教を明らかにし、もって惟神＝かんながらの道を宣揚すべきである。よって新たに宣教使を命じ天下に布教させる。なんじら群臣衆庶はこの旨を体するように」〔拙訳〕

こうして宣教使（宣教「師」ではない）が国民に惟神の道、すなわち神道を広めていくことが命ぜられたのである。仏教もキリスト教も日本に来ていない時代を神格化し、維新の精神のバックボーンとしようとしたのである。

神社の国家管理へ

このようなことから江戸期の仏教寺院に代わるべき神社の国家管理を進めることが必要とされた。明治三年閏一〇月二八日、全国の神社の取り調べをすべく、管内神社の宮社の大きさ（間数）、祭神とその勧請時期、神位、祭日、社地間数とその沿革、勅願所と宸翰、勅額の有無等についての明細書を差し出させた（太政官第七百七十九「大小神社の規則を制定すべきにより査点条件を定む」）。

神社、寺の土地を取り上げる上知令

これに基づいて明治四年一月五日（太陰暦明治三年）の社家上知令が出される。明治二年の版籍奉還（一月に四藩主による上奏、六月実施）、明治四年七月の廃藩置県と並んで、新政府による経済支配の徹底であり、神社も寺院もここでは差がなかった。この命令によって従来、幕府や領主からなされていた米・金の寄附も禁止されることとなった。そして、幕府から安堵されて（＝所有を認められて）いた朱印地、大名から所有を安堵された黒印地は、それぞれの境内を除き、政府の所有とされた。しかし、実際は各寺が切り開き開墾した土地も含まれていた場合には、その後も裁判などでもめ続けた。[注20]

戸籍法

明治四年四月四日には戸籍法（太政官布告第百七十号）が出される。次年の二月一日から実施されるよう詳細な作成法を伴っていた。

これによって仏寺に依存していた宗門人別改帳から「行政」が独立することになり、この年の一〇月には宗門人別改帳が廃止された。

進む神社の国家管理

明治四年五月一四日、太政官布告第二百三十四号「伊勢両宮の世襲を始め大小の神官社家を改正補任せしむ」と第二百三十五号「官社以下定額（＝定員）・神官職制等規則（定額及神官職員規則を定め神官従来の叙勲を止め地方貫属支配と為し士民の内へ適宜編籍せしむ）」が発せられる。前者では「神社の儀は国家の宗祀にて」で始まり、神社の国家管理を謳う。後者は「神社の位階化」を定め、加えて神社の給与まで政府の管掌するところとなった。「神職、社家の世襲制廃止」は以上二つの布告で明確に謳われた。

またこのときまで「神宮」として最高位に位置付けられた「伊勢神宮」を除く神社は、官社（官幣大中小、国幣大中小九七社）と諸社とに分けられ（但し諸社の名は具体的に挙げられなかった）、諸社は府社、藩社（明治四年七月の廃藩後は県社と改称）、県社、郷社、村社であると定められた（社格制度）。郷社は府県社に次ぐ郷邑の産土神（生まれた土地の守護神）を祀る神社で、村社よりも崇敬範囲が広く、一地方にわたって崇敬される中心的神社があてられた。

次いで明治四年七月四日太政官布告第三百二十一号「郷社規則（氏子改め規則）」他が発せられ、人民は郷社とされた神社の氏子となることが義務付けられる。江戸期の宗門人別改帳と同様に神社に登録するものとなったのだ。しかし、この制度はその後明治六年に中止、実際上は廃止となった。

三条の教則——神道一本槍から仏教・キリスト教容認へ

明治四年八月、神祇官を太政官の下の神祇省に格下げしたが、さらに明治五年三月一四日、神祇省が廃止され、教部省が同年四月二八日の「三条の教則」（①敬神愛国の旨を体すべき事、②天理人道を明らかにすべき事、③皇上を奉戴し、朝旨を遵守せしむべき事、以上の三条）に基づいて国民を教化することを目的に新設された。ここでは仏教勢力も取り込まれ、この三条の教訓は各社寺において僧、神官から選ばれた教導職により管内の老若男女に説教するものとされた（教部省六月九日第三号）。神仏分離、僧の還俗と江戸時代に保持していた力をそがれてきた仏教界だが、ここでやっと存在が認められ仕事が見付けられるようになった。

何があったのだろうか。林淳は「前年に平田国学派の国事犯事件がおきて、矢野玄道、角田忠行などが政界から追放されたことがおこった。この事件が背景となって、政府の宗教政策は転回し、神道国教化路線を修正し、仏教、キリスト教をも容認していく方向に向かった。それが、教導職という制度であった。（注21）」と説明している。

しかし、キリスト教容認はもう少し後、明治六年二月二四日太政官布告第六十八号によることになる。また元来禁止とはなっていなかった仏教も、ここまでの間に神仏判然令（神仏分離令とも呼ばれる）によって一体であった宗教施設から「神道」が分離され、神社の別当・社僧の還俗が命じられ、上知令によって財政基盤をも奪われていて「容認」とは程遠い状況であった。ここで「仕事」が与えられたようであるが、三条の教則発布の同日には太政官布告第百三十三号「肉食妻帯の太政官布告」が出されていて「今より僧侶、肉食、妻帯、蓄髪等勝手になすべき事。但し法用の外は人民一般の服を着用苦しからざる事」というわけで、俗人化が勧められている状況だったのである。戒律をもって僧侶の資格を認めていた仏教諸派は俗人化に与するような対応が困難で、即座に対応可能なのは戒律の存在しない浄土真宗だけであった。

この平田派国事犯事件の真相は明らかにされていない。しかし、神道を国教にしようとの神道家たちの中ですら「神道」がどのような体系の宗教なのかが一致していないことは、様々な過程で明らかになる。復古神道と呼ばれる平田篤胤の流れは律令神祇制を目指す一派と、神武天皇に倣った天皇親政への復古を目指す大国隆正の大攘夷論を継承する津和野派とに別れて論争を続けたのである。

再び神葬祭について

教導職への僧侶出身者の就職は解禁されたが、神葬祭の勧めは明治新政府の方針として変わっていなかった。

明治五年六月二八日、太政官布告第百九十二号「葬儀は神官・僧侶に頼むべし」が発せられ自葬禁止が確認される。この時点ではキリスト教徒等の自葬の執行は不可能であることが確認された。同日付で太政官布告第百九十三号「従来神官、葬儀に関係致さず候ところ、今より氏子らより神葬祭相頼み候節は喪主を助け諸事取扱い候事」が出される。しかし、この布告の読み方は、神葬祭は行っても良いが、その形式は仏式とは異なり、仏式で僧侶が引導を渡し葬儀を主導するのに対し、神式では主体は喪主である遺族であり、神官はその介助役であるというものでもある、と阪本是丸は言う。(注22)ついでながら先述の通り墓の面倒も見ない、ということである。

明治三年、東京府から青山百人町と渋谷羽根沢村の九千坪が神祇官に引き渡され、神葬用墓地が誕生していた。この墓地が明治五年七月一三日東京府に引き渡され神葬専用墓地である青山墓地が誕生し、一一月二八日には青山霊園、雑司ヶ谷墓地、染井墓地が追加された。(注23)

明治五年九月一四日、檀那寺の先祖墓地において神葬墓の設置を認める教部省通達が出される。こうして神葬祭の体制は整備されていった。

さらに明治五年九月、教部省は教導職の作成した『葬祭略式』を全国に広めるべく以下の通り薦めた。これによって神葬祭の式次第が定まり、その実施が容易になってきた。

「教部省九月四日（番外）今般教導職東西部管長より葬祭略式別冊の通り選定いたし候段申し出があった。心得の為相達し候なり。但し所望の向きは東西部管長へ申し出るべき事。」〔拙訳〕

神葬祭と火葬――火葬禁止令とその撤回

神葬祭の一般化が進められようとすると、火葬がやり玉に挙げられてくる。江戸時代の儒学者には火葬忌避の考え方があり、儒者蟹養斎は『治邦要旨』に「火葬をするは、手にかけて殺すと同じ、甚《はなはだ》悪事なり(注24)」と著し、大月履斎は『燕居偶筆』に「国々もせめて国中に火葬を禁ぜられれば、儒法までもなく、日本神明の遺徳とも申すべし。されば今にても、伊勢一国には堅き御法度なりし、神道の遺風少しは残れり。かようなことも、人主（君主）なる人しろしめさば、火葬固く禁じ給はば、人倫忠孝のはし（きっかけ）とも成るべし(注25)」と書いた。

儒者熊沢蕃山も『葬祭弁論』において「他人の父母といへ共、おのれが法にまかせて火葬にし、一所の墳にて数百人をやく（焼く）とみへたり。実に有罪の者を刑罰するにひとしく、国守たる人のゆるすべきところにあらず。たとひ埋むといへども、其地をもゑらばず、寺地なれば水近き湿地をもかまはず、ただおのれが渡世の便りにまかせ埋ませて、其ものゝ子孫他国へゆき、或はうせ絶れば、年月たたざるうちに墓をすて、其上に他人の棺を埋むとみへたり(注26)」と書いていたが、後には火葬を容認した(注27)。という訳で、熊沢蕃山の葬儀は儒教式作法によりはしたが、葬られたのは古河市の鮭延寺だという(注28)。ちなみに儒者林羅山の葬儀は儒葬であったが、義母や父の葬儀は仏式であったという(注29)。

こうして江戸期の火葬批判論を探してみると儒者のものは見つかるのだが、国学者のものは見つからない。どうも国学というより儒教系神道家を標榜する者からの火葬批判が政府の意思決定を左右したようである。顧みれば、死後の世界を想定した平田篤胤に対し本居宣長はそれを想定していないのである。火葬を良しとするかしないかが宣長の関心事になったとは思えず、国学の伝統に火葬忌避のあることはない。ここは釈奠祭祀家（釈奠は孔子の祭りでこれを執り行う人々のこと）の儒教系神道家の領分だろう。[注30]それは、他方では平田篤胤の死後の世界への関心が、国学の新領域となっていったということもできる。[注31]

かくして、「火葬の儀は浮屠の教法に出でて野蛮」[注32]の意見に基づいて明治六年七月一八日 太政官布告第二百五十三号「火葬ノ儀自今禁止候条此旨布告候事」（火葬禁止令）が出されるに至った。「浮屠の教法」つまり仏教そのものが、火葬を支持していたということはできない。確かに釈迦の火葬は涅槃経に詳しいが、インドの一般人ではガンジス川での水葬も思い起こされ、中国では土葬、チベットでは鳥葬が思い当たる。つまり仏教が入って来て火葬が一般化したという形跡は世界のどこにもない。日本では仏教が入ってくる前から火葬はあった。[注33]しかし、大化の薄葬令や日本に入った仏教思想の影響のもとで普及し、持統天皇が火葬に付されるに至った[注34]という歴史があることも間違いない。これを根拠に江戸期の反仏教思想家たちが反火葬の論を張ったのである。

しかし、この火葬禁止令は二年持たなかった。明治八年五月二三日太政官布告第八十九号は「明治六年七月第二百五十三号火葬禁止の布告は今より廃止し候こと此の旨布告候事」として火葬を解禁したのである。「葬事ノ如キハ人民ノ情ヲ強テ抑制ス可キモノニアラス」として解禁した、と森謙二は言う。[注35]

墓地用地の逼迫

この火葬禁止から解禁までの短い過程ではいくつかの論点が提起されていた。[注36]

まず、僧侶たちが火葬禁止による埋葬面積の拡大により引き起こされた墓地不足を訴え、寺院の境内に墓地を設けようとした。そこで寺院境内に墓地を設けることを認めようと明治六年七月二八日太政官達「東京府下寺院境内地ヲ墓地ニ定ム」が出された。ところがこれに大蔵省が反対をした。今後、道路付け替え等都市改造をすると、人情に忍び難い改葬が伴う、腐敗臭が都市に漂うのも首府にふさわしくない、無税の墓地が市街地に増えるのも税の公平を失するというものであった(注37)。

そこで、太政官は同年八月八日、七月二八日達を取り消し、「向後従前の墓地といえども、朱引内は埋葬禁止候つもりであるので、別段朱引外において相当の墓地を選び、大蔵省に申出るべくこの旨相達候事」とした。ちなみに「朱引内」とは江戸城を中心とした四方、品川大木戸、四谷大木戸、板橋、千住、本所、深川より内側の地である。

その延長で、明治六年一〇月二三日、以下の通りの太政官布告第三百五十五号が出される。「従来むやみに墓地を設けることはできないことであったが、今般私有地の證券を引き渡したところでは心得ちがいの者も出ないとも限らないので、耕地宅地は勿論、林藪であっても許可を得ないで新たに墓地を設け、または区域を取広げることは禁止すべきである。ついては、にわかに墓地が差支えある郷村も有るであろうから管下の諸寺院境内を始め、その永久墓地に定めるべき場所を取調べ、図面を副えて大蔵省へこの旨を伺出るよう相達すること。」〔拙訳〕

これを受けて、東京府は、墓地九ヵ所設置とその利用規則「墓地取扱規則」を定める墓地令を発した(明治七年六月二二日)(注38)。

葬儀の自由――信教の自由

また、明治七年七月二九日 教部省は通達第三十四号「葬儀については壬申の太政官達第百九十二号、本年第十三号公布の趣旨（葬儀は神官、僧侶以外に教導職も可である）もあるが、転宗又は葬儀を改める場合、その寺院の離檀状によって願い出を出す傾向もあるように聞こえる。そのようなことは必要ではない。もっぱら人民の望みに任せ、依頼をなすことは構わない。但し転宗等その都度管轄庁へ届出し候儀は無論（必要）に候事。」（拙訳）を出し、仏教か神道のどちらかではあるが「信教の自由」を認めた。[注39]

そして、先述の明治八年五月二三日太政官布告第八十九号「明治六年七月第二百五十三号火葬禁止の布告は今より廃止」の火葬解禁が出されるのである。

こうして神道推進者の一つの特徴ある主張である土葬推進、火葬仏教の排除が一敗地にまみれたのである。[注40]

火葬が解禁されると、しかし、その規則を定める必要が生じたので政府は明治八年六月二四日、内務省達乙八十号「火葬場取扱心得」を発した。焼場は東京府下では朱引外、その他の地方は市街村落の外に設置、臭烟に注意、費用は人民自弁、場内埋葬不可。といったものであった。

ここまで信教の自由が進められた結果、明治八年十一月、教部省は神仏各管長に「信教の自由」保障の口達（口頭での通達）を発した。これは他方では天皇と神社の宗教的権威を承認させた上で各宗教に国策への奉仕義務を負わせるものでもあった。[注41]

墓地に関してはその後、明治一三年一〇月二七日の内務省指令によって新設墓地は全て共葬墓地となり神葬専用ではなくなるようにした。

この間の明治一〇年一月一一日には教部省が廃止され、事務の全ては内務省に移されていたのである。非宗教化の一過程であった。

明治一三年の祭神論争と「神社崇敬は宗教に非ず」

その明治一三年一二月、神道内部で重要な動きがあった。神仏共存であった教部省が明治一〇年一月廃止されるに至る過程で、神道側は神道事務局を創設、ここに神殿を建設する。ここで出雲大社宮司の千家尊福は祭神に、従来大教院(注42)で奉斎されていた造化三神(古事記で万物生成化育の根源とされる天御中主神、高皇産霊神、神皇産霊神の三神)と天照大神に加え大国主神を合祀することを提起した。これに伊勢神宮宮司田中頼庸が反対、神道界を二分する祭神論争が起こった。これに対し明治政府は明治一三年一二月神道大会議を開き懸案事項の審議をするように命じ、神道界は一四年二月、神道大会議を開催し、祭神論争を天皇の勅裁で決着願うことにした。勅裁は宮中三殿(注43)の遥拝(遥かに拝みなさい)で、神道事務局神殿に祭神は祭らないこととなり、名を挙げての大国主神の合祀はならなかった。

この神官らが国家の宗祀に奉仕するのでなく論争に明け暮れた事態を深刻に見た政府は明治一五年一月二四日、神官と教導職を分離、官社の神官は教導職を兼務できず、葬儀に関与することもできない、としたのであった(注44)。政府は、①国家祭祀の担い手としての神官に葬儀への関与を禁止し、②神社を一般宗教、教派神道あるいは府県社から区分し、いわば「神社崇敬は宗教にあらず(注45)」としたのだ。諸宗教の比較の対象とはならないというものだ。

それは、神道は天皇のまつりごと（政治）の要諦であって宗教ではないという理論、これを主張していた浄土真宗の島地黙雷の理論を素地にしていた。他方では宗教とは少なくとも神社崇敬から外された教化（教導職）と葬儀に関与するものであるとした、とも言える。

当然のことながら『葬祭略式』を全国に広める等神葬祭普及の努力もここでほとんど終止符を打ったのである。

明治一五年の信教の自由公式化と神社信仰の非宗教化

しかし、明治一五年の内務省達丁第一号によって教化活動や葬儀の執行が禁止された伊勢神宮や出雲大社の神官の方では神官を辞し、国家神道から独立した教派として神道神宮派（後の神宮奉斎会、本院は現在の東京大神宮）、神道大社派（現・出雲大社教、本宮は出雲大社）を立てることになった。また神道各派が神道事務局から独立、「何々教」といった名称となっていった。この前の明治八年に独立した神道黒住派（現・黒住教）、神道修成派、そしてこの一五年には神道神宮派、神道大社派の他に神道扶桑派（現・扶桑教）、神道実行派（現・実行教）、神道大成派（現・神道大成教）、神道神習派（現・神習教、本祠は桜神宮）、神道御嶽派（現・御嶽教）が別派独立している。[注46]

明治一七年一〇月二日、自葬禁止が解除され公式に全面的な信教の自由が成立した。

明治一七年一一月八日太政官布告第二十五号「墓地及埋葬取締規則」は死を宗教から切り離し国家行政の管理下に置くものであった。墓地及埋葬取締規則施行方法細目標準十一条では「主治医ノ死亡届ヲ添ヘテ」と検視を医師に求めた

明治三一年二月二二日　内務省社寺局通達「教宗派の教師は神社に於て布教するを得ざる件」の中（神社の布教禁止令）でますます神社崇敬の非宗教化が進められる。

ここでは「教宗派に属する教師にして神社において布教を為す者が往々有るように相聞えるところであるが、それは神社を以って宗教に混同するきらいがある。神社の管理上甚だ不都合であるので、これ以後、神社において右等の所業はないように取り締まるよう特に注意なされたく、命によって此段申し進め候」というのである。

さらに明治三三年四月二六日には内務省神社局が設置され、官国幣大社に対する国庫支援が制度化される。

ここに国家神道、但し「宗教ではない」とされた神道が成立したのである。その後大正一五年になると、(注47)政府における宗教法案の審議のための宗教制度調査会では浄土真宗僧侶や宗教学者から、官国幣社は国家の祭祀としての神社から宗教的要素を除いた記念碑的な施設とすべきと訴えられたり、昭和四年には浄土真宗十派の連署になる神社の非宗教化を求める声明も出されたりした。また神社界からも反批判として「国家公の宗教」として官国幣社神職による葬儀関与の復活が唱えられたが、結局決着はつかずに昭和二〇年の終戦に至ることになった。

靖国神社

ここまで来て読者には疑問が湧くかもしれない。葬儀は国家神道では執り行われないというが、葬儀こそなくとも死に関与している神社、靖国神社というものがあるではないか、と。その前身であり明治二年六月に明治維新の為に殉職した者の霊魂を慰霊する東京招魂社(注48)は明らかに死者に関与していて、ここまでの説明とは齟齬するところがある。

この理由は、この神社が当初から軍の関与するもので、管轄は明治元年閏四月二一日（一八六八年六月一一日）に置かれた(注49)軍務官、その後兵部省、陸海軍両省と変遷したもので、以上の流れの全く外にあったからである。(注50)当初は「神社」の扱いも受けられず、神官をおくことも叶わなかったのであるが、明治一二年六月より靖国神社と改称。別格官幣社とされ、神官も置かれ、内務・陸軍・海軍の共管とされた。そして明治二〇年三月、陸海軍両省の管轄となったのである。繰り返すが当初は別系統であったのである。

四．明治時代に作り上げられた神道の形――その評価と共に

さて以上、その明治期に作られた過程を描いて来た新興宗教＝国家神道は、一体いかなるものだったのだろうか。少し取り上げてみよう。

（1）天皇教

まず挙げておきたいのは、それが片山杜秀のいう「天皇教」であったことである。片山はこう定義している。

「日本が鎖国をしているあいだに、西洋の科学技術は更新を重ねた。一八世紀末からの日本の海防の危機はそうして訪れた。水戸学者は武力による国防が破られたときの思想による国防を考えねばなら

なくなった。もしも「愚民」にキリスト教の布教が行われたとしても、日本人の心が浸蝕されないような排他的信仰を、日蓮でも親鸞でもないかたちで作り上げる。それが藤田幽谷と東湖の父子や会沢正志斎らの作り上げた「天皇教」であったろう。……この排他的信仰はキリスト教とかなり同型的と思える。(注51)」

これは後期水戸学といわれる、彰考館総裁立原翠軒を中心として再開された『大日本史』の編纂事業の中で生まれたものであった。その代表的著述、文政八年（一八二五年）に上梓された会沢正志斎の『新論』を引いてみる。

「それ、よく万世を維持するものは、念慮永遠にして、必ずまづその大経を立つ。しこうして天命人心、物則民彝（事物の法則と人倫の道）、瞭然として火を観るごとく、しかる後に教訓化導し、序（順序）に循《したが》つてこれを施す。万世の典常（常に守るべき道）は、もとより我が胸中のことなり。昔、天祖、神道を以て教えを設け、忠孝を明らかにして、以て人紀を立て（歴史を始め）たまふ。その万世を維持する所以のものは、固より既に瞭然たり。太古に始まりて、無窮に垂れ、天孫奉承して、以て皇化を弘めたまひしは、天祖の教えを設け給へるの遺意にあらざるはなし。(注52)」

明治維新の担い手たちは、この「天祖の教えを設け給へるの遺意」を継ぐ教えである「天皇教」という新興宗教を創る必要を始終感じていた。このため、家の祖先崇拝を地元の神社崇拝（郷社）を媒介に、記紀に基づく天皇家神道に統合していった。換言すれば氏神から産土神へそして国家神へということで統合して行ったのである。

かくて教祖教典のある創唱宗教でも、自然宗教でもない、作られた宗教、被造宗教が出来上がった。

（2）「宗教としての教派神道」から切り分けられた「宗教ではない宗教」――危うくない性格

既に明らかにしたように新しい国家神道は「宗教ではない国家神道」として「宗教としての教派神道」から切り分けられた。阿満利麿が報告している二〇世紀の終わりごろでの話では徹底的な廃仏毀釈で有名な苗木藩[注53]に属する東白川村を訪ねると「村の人々が異口同音に自分たちは「無宗教」だと強調するのにであって驚いたことがある。」「神道が宗教ではないという詭弁は……明治政府の苦心の発明なのだが、「国家神道」が崩壊して久しいにもかかわらず、まだこの表現が生きていたのである。人が死ねば神道式で送り、神道祭祀によっていわゆる成仏を祈る。そして一年の節目には氏神を祭り、有名大社の神々を尊崇してやまない。にもかかわらず自分たちは「無宗教」だという。[注54]」

こういう宗教であった。

昭和二〇年の敗戦後のマッカーサーの神道指令によって国家神道が廃止され、明治一五年以来の教派神道として存続していた神道系教団が表に出てきたわけだが、多くの国民の意識では「宗教ではない」と公に認められていた国家神道の系列の社に参拝することまでは安心であるが、それ以外の系列の「宗教は危ない」あるいは「怪しい」との考え方[注55]が国民の中に定着してしまったのではないだろうか。

この危なさがなく、怪しくもない宗教というものは元来江戸期にあった仏教のあり方のようでもある。公儀（幕府）が宗門改に用いた寺請制度、檀家制度は担い手である仏教を行政組織的なものにさせ、また民衆にもそういうものと認識させ非宗教と看做されやすくしていたと思われる。明治以降も「葬式仏教」として生き残った仏教に対してもかなり危なさや怪しさは減っていたのだろう。

逆に言えば、官許でなければ怪しい等とするのが日本人の考え方の典型なのであろう。

(3)死を取り扱わない宗教と言い難い宗教

神道は神葬祭をしないことから宗教ではないということで、国家の統一維持機能を保ち得たが、国民の人生に「揺り籠から墓場まで」寄り添うものではなくなった。現在、冠婚葬祭の内の冠(元服、成人式)は地方自治体に、婚(結婚式)は一部、神道に残ったが、葬(葬式)、祭(祖先祭祀)は神社の仕事に大方戻らず、今でもかなりの程度仏教によって担われている。

この分裂的状況、あるいは分業制度はそれ自身悪いという訳ではないが、私のひそかな願いは、慶弔を共に担う宗教としての神仏習合路線への復帰である。習合の形は、願わくは「寛容を礎とする自由主義への信仰」であらんことをと願いつつである。

今日、日吉大社西本宮で行われる例祭(山王祭)では「七基の山王神輿の前で厳粛な神事が執り行われますが、この時に天台宗総本山比叡山延暦寺より天台座主が参拝され、ご神前に五色の奉幣、般若心経の読経を奉納されます。古くより縁の深い日吉大社と延暦寺。明治以降廃絶した神仏習合の名残を色濃く残す、文化的にも大変貴重な神事といえます。(注56)」とホームページにある。あの激しい廃仏毀釈の始点(注57)となったこの場所で今日こうした神仏習合の行事の行われていることは印象的である。

こうした再度の神仏習合が望まれている。部分的宗教を克服し人生に寄り添う場を提供する宗教というものとしてである。

五．その後――神道指令など

今日拝礼作法とされている二拝二拍手一拝（二礼二拍手一礼）も明治期では一般的ではなく、その後普及したものであり、一説には定着は戦後に入ってからだと言われる。(注58) 拝む姿も定まっていない新興宗教であった時期が長い国家神道であった。

しかし、敗戦後すぐの昭和二〇年一二月一五日、連合軍総司令部GHQが覚書「神道指令」を発した。いわく「国家指定の宗教ないし祭式に対する信仰は信仰告白の（直接的あるいは間接的）強制より日本国民を解放する為に戦争犯罪、敗北、苦悩、困窮及び現在の悲惨なる状態を招来せる「イデオロギー」に対する強制的財政援助より生ずる日本国民の経済的負担を取り除く為に神道の教理並びに信仰を歪曲して日本国民を欺き侵略戦争へ誘導するために意図された軍国主義的並びに過激なる国家主義的宣伝に利用するが如きこと再び起ることを防止する為に再教育によって国民生活を更新し永久の平和及び民主主義の理想に基礎を置く新日本建設を実現せしむる計画に対して日本国民を援助する為にここに左の指令を発す云々」として細かく財政支援禁止、公文書での「大東亜戦争」「八紘一宇」の用語の禁止等並べ立てている。

これによって、水戸学以来の天皇教は禁止されたのである。僅か半世紀で国家神道は滅び、世界の多くの世俗国家と共通の無信仰国家となった。しかも、これが百年の間で二回目の宗教改革、つまり神仏分離・廃仏毀釈の後にやって来た国家神道禁止であった訳で、我々日本人の精神に大いに懐疑主義を吹き込み、無宗教を自認する人の多い国となったのである。そして、信仰なき社会では宗教は消費されるものとなっていて定めなく揺れ動いている。

佐々木閑は宗教の作用の一つとして「見ず知らずの大量の人間を、一つの世界観でまとめあげるという働き」(注59)を挙げる。開国を求める外国が日本にやって来た時代の中でこの作用を働かせようとしたのは神道を担ぐ神仏分離論者であった。そして日本人の心の統一には効果があった。

そして今、世界で権威主義国家が武力行使をし始めている。(注60)この中で多くの日本人は再び国家武装の再構築が必要であると考えている。この段階で「思想・良心の自由、信教の自由、集会・結社・表現の自由、学問の自由」を保ち得る日本国の姿を維持すべき強固な信念、寛容を基礎にした自由主義への「信仰」、あるいはイデオロギーを再確認する必要を感じる。そう、ハラリの言うように信仰はイデオロギーと分けられないのである。(注61)

六．おわりに

明治の宗教改革の道筋は、直線的なものではなかった。一旦、律令期の神祇官を復活させはしたが、明治期の神祇官は次第にその地位を下げられ、消し去られた。神葬祭の方は火葬禁止が主に墓地用地の不足を理由としてなのであろう、力を失い、撤回され、挙句に葬儀は神社神道の扱いから外れた。また、神道の中心的祭神について大国主神を加えるかどうかについての内輪の争いが起こるぐらいであるから、教導すべき教えも統一されない。最後には神社崇敬は宗教ではない、とされ、宗教の自由と両立することにされたのであった。

明治初めの神仏分離から始まった鳴動の至ったところが、この程度のものであったにも拘わらず、敗戦後国家神道はマッカーサーによって禁止された。強い国民統合の原因とみられたのである。戦後の宗教の動きがそれによって益々静かなものになったことは、日本における「宗教」への国民の関心が元来低いものであるように思わせる。

三・一一の津波で二万人近くの人が亡くなった後、東北地方では弔いを求める声が聞こえたが、他方では無宗教葬も広まっている。これが日本の今の姿である。

注

1 ちなみに寺の和尚によると過去帳は明治維新時に失われたらしく、存在しないという。
2 岡田荘司、小林信彦編（二〇二一年）二九七頁では全国七九、三三五社のうち七、八一七社を名称から判断して「八幡信仰」としている。
3 逵日出典（二〇〇七年）一三一頁
4 以下、括弧内は西暦を表す。
5 逵日出典 前掲書一二七頁に引く『建立縁起』による。
6 佐伯恵達（二〇〇三年）一四〇頁に引く『大日本史』による。また、宇佐神宮ホームページの年表（http://www.usajingu.com/history/ 二〇二二年三月一三日閲覧）は「小椋山（現在の本殿地）に八幡大神一之御殿を遷座する。また、東方の日足に弥勒禅院を建立する。」とする。

7　遠日出典　前掲書六八頁にある『豊前国風土記』逸文を引いての講究を参照。
8　こちらは全国七九、三三五社のうち二、九二四社で、八幡、伊勢、天神に次ぐ四位とされている。（岡田荘司、小林信彦編（二〇二一年））二九七頁
9　弘法大師、智証大師との関りについては近藤喜博（一九七八年）八―一二頁参照。
10　村山修一（二〇〇六年）三九頁
11　村山修一　前掲書五五頁
12　水野善文（二〇一六年）による。
13　井上順孝（二〇二一年）三二九頁には、後に扶桑教を組織した宍野半の行ったこととして紹介されている。また、廃仏の様子については山梨県富士山世界文化遺産保存活用推進協議会発行『世界遺産富士山信仰の対象と芸術の源泉――構成資産をつなぐ・公式ガイドブック』（二〇一六年）二九頁
14　村山修一　前掲書七〇頁
15　国家神道とは「戦前の国家によって管理され、国家の法令によって他の神道とは区別されて行政の対象となった神社神道を指すが、広義には皇室神道と神社神道とが結合した『国教』的地位にあった神道であるとか『明治維新から第二次世界大戦の敗戦に至るまで、国家のイデオロギー的基礎となった宗教』といった概念規定もある。」（國學院大學日本文化研究所編『神道事典』）一二九頁
16　以下の太政官布告の原文は国会図書館デジタルコレクションを参照。これを私が表題のあるものの表題部を除き、現代文風にした。また、引用文中の（　）は引用者の付した注である。https://dl.ndl.go.jp/info:ndljp/pid/787946（二〇二二年三月一三日閲覧）
17　つまり慶応四年。明治への改元は旧暦の一八六八年九月八日、新暦の一八六八年一〇月二三日である。こ

の新暦への切り替えは明治五年一二月三日を明治六年一月一日とすることでなされた（明治五年一一月九日の太政官布告第三百三十七号）。当論稿の日付もその日以降は新暦＝太陽暦に合致させている。

18　森謙二（二〇一四年）一一八頁

19　阪本是丸（二〇一四年）一二一頁　土葬、火葬を巡る論議については後述。

20　林淳（二〇一八年）二八八頁以降参照。

21　林淳（二〇一八年）二九五頁

22　阪本是丸　前掲書一二三頁

23　この神葬墓地の指定から現在までの推移については飯塚義博（二〇一二年）が詳しい。

24　森謙二　前掲書一二七頁

25　森謙二　前掲書一二七頁

26　西野光一（二〇〇〇年）八八―八九頁に引く『葬祭弁論』（寛文七年（一六六七年）刊行。執筆年不明（『増訂蕃山全集』第五冊「解題」）」による。

27　西野光一　前掲論文九〇頁

28　阿満利麿（一九九六年）六二頁

29　阿満利麿　前掲書六二頁

30　森謙二　前掲書一二六頁では「国学思想のなかでの火葬禁止」との表題で論じているが、そこでは国学系の論者の名を挙げていない。

31　末木文美士（二〇二二年）一六五頁――ここでは、宣長の弟子服部中庸によって天＝太陽、地＝地球、黄泉＝月という図式による国学の新しい方向性が示されたとされている。

32　火葬禁止に熱心であった正院（明治四年に正院、左院、右院と分けられた太政官職制の最高機関。）庶務課の意見、として阪本是丸（二〇一四年）一二四頁に引かれている。
33　新谷尚紀（二〇〇九年）四一頁、森謙二（二〇一四年）一二七頁
34　森謙二前掲書一二七頁
35　森謙二前掲書一二八頁
36　以下は専ら森謙二　前掲書に拠る。
37　森謙二　前掲書三一頁
38　飯塚義博　前掲論文二二四二―二二四三頁
39　既述（一五一頁）、明治五年「葬儀は神官・僧侶に頼むべし」。
40　土葬、火葬について二〇一一年の東日本大震災によって引き起こされた大量死に際して起こった混乱は、わが国での火葬の定着を示している。二〇二二年三月四日の読売新聞の記事「東日本大震災一一年・火葬の備え広域連携」は、火葬能力が足りずドライアイスも確保が困難な事態にあって土葬する「仮埋葬」策を取るしかなかった行政の困惑を描いている。
41　森謙二　前掲書一四四―五　なお口達の本文は国会図書館デジタルコレクション、明治八年の教部省の部の最後、コマ番号九一四から五にある。
42　元来「大教宣布運動の中央機関。明治五年三月の教部省設置に次いで九月に開設……神官・僧侶が常時会同して教義の講究、教書の編集、教導職の人選、教会・講社の取り締まりに当たった。……明治八年解散」（『角川日本史辞典第二版』一九七四年）であった。しかしその明治八年、本願寺教団が大教院から独立した機会に、神道の教導職は大教院に代わる機関として神道事務局を発足させた。明治一九年神道事務局は神道

本局と呼称を変え、昭和一五年には神道大教と改称し、これは現在も西麻布に存続している。（國學院大學日本文化研究所編『神道事典』一九九四年　一三五頁及び四六八頁）

43 皇居吹上御苑東南にある賢所（皇祖天照大神）・皇霊殿（歴代天皇、皇族）・神殿（天神地祇）の総称である。

44 岡田荘司、小林信彦編　前掲書二七六頁、阪本是丸・石井研士編（二〇一一年）七八頁、但し「府県社以下神官は当分従前の通り」であった。

45 Wikipedia 神社非宗教論の項。そこではこの考え方を洗建『国家と宗教——宗教から見る近現代日本 上巻』の説だという。

46 教派神道、さらに神道系新宗教の動きについては井上順孝（二〇二一年）を参照。

47 以下は岡田荘司、小林信彦編前掲書　二八二頁に基づく。

48 その源は幕末の長州藩で殉職者の霊魂を祀るものとして創始された招魂社にある。

49 太政官布告第三百三十一号「政体を定む」国会図書館デジタルコレクション『法令全書』内閣官報局　一八八七年、慶応四年の項（慶応三年の頁から入る）一三七頁からの項一四二頁に（コマ番号一二二）

50 岡田荘司、小林信彦編　前掲書二六六頁

51 片山杜秀（二〇二一年）二六一頁

52 会沢正志斎（一九七三年）一四〇頁、『新論』「長計」の一節である。

53 「がらくた置場」s_minagahttp://www7b.biglobe.ne.jp/~b_naegi.htm（二〇二二年三月二日閲覧）

54 阿満利麿　前掲書一八—一九頁

55 杉平敦「一九九〇年代以降の日本における宗教観」https://gendaikenkyukai.amebaownd.com/posts/11

321335（二〇二二年三月二日閲覧）
56　日吉大社ホームページ　http://hiyoshitaisha.jp/event/sannou/　（二〇二二年三月一二日閲覧）
57　鵜飼秀徳（二〇一八年）六四頁以降
58　國學院大學日本文化研究所編『神道事典』（一九九四年）二三六頁「参拝方法」
59　佐々木閑、小原克博（二〇二〇年）三九頁
60　これを書いている二〇二二年二月ロシアがウクライナへ宣戦布告なく攻め入った。また尖閣列島領海内には中国艦が遊弋《ゆうよく》している。
61　ユヴァル・ノア・ハラリ（二〇一六年）三二頁のイデオロギーと宗教の分別否定論を参照。

参考文献

会沢正志斎『新論』（今井宇三郎・瀬谷義彦・尾藤正英編『水戸学』所収）一九七三年
阿満利麿『日本人はなぜ無宗教なのか』筑摩書房　一九九六年
飯塚義博「明治期東京における共葬墓地の成立過程と市区改正委員会案」『日本建築学会計画系論文集』第七七巻六七九号　二〇一二年
井上順孝『神道の近代——変貌し拡がりゆく神々』春秋社　二〇二一年
今井宇三郎・瀬谷義彦・尾藤正英編『水戸学』日本思想大系五三　岩波書店　一九七三年
鵜飼秀徳『仏教抹殺——なぜ明治維新は寺院を破壊したのか』文藝春秋　二〇一八年
宇佐神宮ホームページ「年表」http://www.usajinguu.com/history/　（二〇二二年三月一三日閲覧）

大久保良峻『日本仏教の展開――文献より読む史実と思想』春秋社　二〇一八年
岡田荘司、小林信彦編『日本神道史【増補新版】』吉川弘文館　二〇二一年
岡本亮輔『宗教と日本人』中公新書　二〇二一年
小野和輝監修・禮典研究會編『神葬祭総合大事典〈普及版〉』雄山閣　二〇一四年
片山杜秀『尊皇攘夷――水戸学の四百年』新潮選書　二〇二一年
『角川日本史辞典第二版』一九七四年
がらくた置場　s_minagahttp://www7b.biglobe.ne.jp/~s_minaga/b_naegi.htm（苗木藩）（二〇二二年三月二日閲覧）
國學院大學日本文化研究所編『神道事典』弘文堂　一九九四年
国会図書館デジタルコレクション　https://dl.ndl.go.jp/info:ndljp/pid/787946『法令全書』内閣官報局　一八八七年
近藤喜博『稲荷信仰』塙書房　一九七八年
佐伯恵達『廃仏毀釈百年――虐げられつづけた仏たち【改訂版】』鉱脈社　二〇〇三年
阪本是丸「近代の神葬祭の歴史と墓地の問題」二〇一四年（小野和輝監修『神葬祭総合大事典』二〇一四年所収）
阪本是丸・石井研士編『プレステップ神道学』弘文堂　二〇一一年
佐々木閑、小原克博『宗教は現代人を救えるか――仏教の視点、キリスト教の思考』平凡社新書　二〇二〇年
新谷尚紀『お葬式――死と慰霊の日本史』吉川弘文館　二〇〇九年

末木文美士、頼住光子編『日本仏教を捉え直す』放送大学教材　二〇一八年
末木文美士『死者と霊性の哲学――ポスト近代を生き抜く仏教と神智学の智慧』朝日新書　二〇二二年
杉平敦「一九九〇年代以降の日本における宗教観」https://gendaikenkyukai.amebaownd.com/posts/1132
1335（二〇二二年三月二日閲覧）
逵日出典『八幡神と神仏習合』講談社現代新書　二〇〇七年
西岡和彦「明治以前の葬送儀礼」（『神葬祭総合大事典』二〇一四年所収）
西野光一「熊沢蕃山の火葬容認論と近世の火葬論」『佛教文化学会紀要』第九号　二〇〇〇年
林淳「近代における仏教の変容と学知」（大久保良峻『日本仏教の展開――文献より読む史実と思想』所収）春
秋社　二〇一八年
日吉大社ホームページ　http://hiyoshitaisha.jp/event/sannou/　（二〇二二年三月一二日閲覧）
水野善文「故地のクンビーラ」智山勧学会　智山学報第六十五輯　二〇一六年
村山修一『神仏習合の聖地』法蔵館　二〇〇六年
本居宣長『玉くしげ』（大久保正校注、日本古典文学大系九七『近世思想家文集』岩波書店一九六六年所収）
森謙二『墓と葬送の社会史』吉川弘文館　二〇一四年
山梨県富士山世界文化遺産保存活用推進協議会『世界遺産富士山信仰の対象と芸術の源泉――構成資産をつな
ぐ・公式ガイドブック』山梨県富士山世界文化遺産保存活用推進協議会　二〇一六年
ユヴァル・ノア・ハラリ『サピエンス全史（下）』柴田裕之訳　河出書房新社　二〇一六年

第六章

私の宗教

桑原真弓

日々宗教を意識することなく生きてきた。自分は仏教徒であるとは思っていたが、父方の祖母が亡くなった二十代前半までは、その宗派が何かまでは考えたことがなかった。法事の時、母が「浄土宗はいろいろ準備しなければいけないから大変だけど、うちは浄土真宗でその必要がないから楽だ」と言っているのを聞いて、宗派によってしきたりが違うのか、うちは面倒でない宗派で良かった、と思ったのを覚えている。

日本人は宗教に関心がないと言われる。日本人は自身の信仰する宗教は何かと聞かれると「無宗教である」と答えるかもしれない。「強いて言えば、神道と仏教」と答える日本人も多いであろう。では、その仏教の宗派は何かと問われると、身内の葬儀に出席した経験でもなければ、答えに窮するというのも少なくない。

だが、それは決して『神』を否定しているわけではない。正月には神社に初詣に行くし、子どもが生まれた時や七五三には神社にお参りし、亡くなれば僧侶に経をあげてもらう。しかし、それがあまりに生活に密着しているので、宗教儀式というより年中行事と捉えているのかもしれない。もしくは、他宗教のように宗教上の理由でできないことがあるわけでもないため、信仰しているという意識がないのかもしれない。それで、『宗教』と聞くと『テロを起こす団体』『しつこく勧誘してくる人たち』がまず頭に浮かび、「いえいえ、私はそのような危険な人間ではありません」という意味で「無宗教です」と言ったり、「強いて言えば（おかしな新興宗教ではなく、人畜無害の昔ながらの）神道と仏教です」と答えたりするのではないかと思う。

その一方で、自分たちの宗教に関する無知と節操のなさを自覚して密かに恥じてもいる。クリスマスを祝い、それから一週間後、今度は神社に初詣に行く。受験前にはこの神社、商売繁盛ならあそこが有名という程度の知識で、そこに祀られている神様が誰かはあまり気にしない。日本人のキリスト教徒は人口の約一パーセントしかいないにもかかわらず、多くのカップルがウエディングドレスやバージンロードに憧れ、キリスト教式で結婚式を挙げる。亡くなると仏教の寺の世話になるが、やはり宗派の違いをほとんど知らないのだから何となく決まりが悪い。しかし、無理もない。神道には一神教のようにはっきりしたルーツがなく、あとから入ってきた仏教との境さえ曖昧にしてきた歴史もあるからだ。

私は神式で結婚式を挙げたが、それは「将来、外国人に結婚式の写真を見せる機会ができた時、日本にしかない神道スタイルであるほうが外国人には受けるだろう」と予想してのことで、何か神道に強い思い入れがあったわけでは全くなかった。おまけに「せっかくの機会だからついでに」と披露宴ではウエディングドレスも着たし、チャペル風セットをバックに写真も撮った。

子どもが生まれると、義母が段取りをしてくれ、夫の実家の近所の神社にお宮参りに行った。私の父は「触らぬ神に祟りなし」が口癖で、私自身はお宮参りも七五三もしてもらわなかった。それでも無事に育ってきたので特に必要なものとも思わなかったが、我が子のために率先して準備をしてくれた義母の気持ちは有り難かった。日頃子育てと家事に追われ、ゆっくり座る暇もない日々であったが、その時だけはその非日常の空間でゆっくりと心を落ち着け、子どもを授かったことに感謝し、今後の健やかな成長を祈ることができた。ちなみに、この時は私の両親も喜んで同席した。

婚家は浄土宗だった。義母が言うには、元々は浄土真宗だったそうだ。義父はかなり若い頃に両親を亡くし、その後、故郷を離れて働いていたので、どこの檀家というような縛りがなかった。そこで義父が亡くなった時、義母は後々のことを考えると、自宅の最寄りの寺の世話になったほうが便利だろうと思ったそうだ。ところが、そこは浄土宗の寺だったので、宗派を変えたそうである。その際どのような手順を踏んだかは聞かなかったが、そんな理由で変えていいものなのかと驚いた。いや実際それで変えたのだ、しかもどうやら案外簡単に。そのせいで寺は近いが手間はかかるようになったと義母は苦笑いをしていた。義父の法事の際、遠方に住む私たちは当日参上するだけ。その準備を手伝えないことは申し訳なかったし、その様子を見ていない私たちが将来きちんとした供養をすることができるのか不安に思った。その後、高齢となった義母は義兄が買ったマンションに同居することになった。元の自宅から新幹線を使っても丸一日かかるところに引っ越すことになった義母は、義父の墓も持って行くことにした。義兄宅の近隣で墓地を探していると、「どちらの宗派でも構いません」と言ってくれるところが見つかり、以来、義父は浄土真宗の寺の墓地で眠っている。きっと義父は宗派など気にしてはいないだろう。そんなことより「仏ほっとけ」とはせず、いつも近くにいてほしいという義母の気持ちを喜んでいると思う。

日本人は一神教の信者とは異なり、決まった『神』を崇拝しているわけでも、また死後に自身が穏やかな世界に迎え入れられることを願って信心しているわけでもない。そんな先のことより、現世の幸福のために神仏に祈る。普段は忘れていても、苦しい時には神仏に救いを求める。こう言ってしまうと何とも現金なようではあるが、それとは別に、身近な人が亡くなった後その存在を生前より大きく感じ、常にその存在に守られているような感覚を持つことがある。これこそが日本人の宗教というものではないかと思う。

以前、偶然テレビで聞いたアメリカ人の話が印象に残っている。その女性は大好きだった祖母が亡くなった後も、その祖母がいつもそばにいるように感じていた。それは彼女にとっては祖母の愛情が感じられ、温かい気持ちになれるものだったが、アメリカ人の友人たちにその話をするといつも気味悪がられた。しかし、何かで日本人はその感覚を理解すると知り、来日して神社に参って改めて祖母の冥福を祈り、感謝の気持ちを伝えたそうである。

頻繁に派手な夫婦ゲンカをする親戚がいた。母の従妹で、思いついたらすぐに実行する妻と、その妻曰く「石橋を叩いて叩いて叩き割ってしまう」ほど慎重な夫という組み合わせで、どうしてこの二人が結婚したのか幼い頃から不思議であったが、絶対に合わないという周りの反対を押し切って大恋愛の末に結ばれたカップルだったらしい。ケンカのたびに妻は「助けて！」と近所に住む親戚に電話をしてくる。毎度大した内容ではないことは重々承知ではあるが、電話を受けた親戚は「それ見たことか」と思いつつも、出向いて彼女の気持ちが落ち着くまで話を聞いてやるのが恒例であった。たいてい彼女のわがままがケンカの原因なのだが、この夫婦が二十年あまり別れないでいるのは、この親戚たちの献身と夫の我慢強さのおかげだろうと私は思っていた。

それがある日、その夫が急死した。脳だか心臓だかが原因であっけなく逝ってしまったのだ。こういう時、あの妻はどのようであるかと皆、不謹慎ながら興味津々であった。彼女はしおらしい未亡人といった様相で喪主を務めた。立派な祭壇にたくさんの花や供物の並んだ葬儀は、おとなしいがその実直さ故に人望の厚かった故人にふさわしいものであり、また派手でにぎやかなことの好きな未亡人を満足させるものでもあった。

その後まもなく彼女は自宅の改装計画を立て始めた。おしゃれな彼女の家はもともと建築雑誌から抜け出てきたかのような外観だった。玄関先には花々が咲き誇り、窓辺には美しいカーテンがかけられている。客の出入りの少ない台所でさえ、籐のかごにあふれんばかりの果物が見栄えよく盛られていた。それがまるでインテリア雑誌の写真のようで、少女時代から私にとっては憧れの家であった。しかし、母は訪れるたびに家具が買い替えられていることに驚き、「地方公務員同士の夫婦なのに」とあきれていた。それでも彼女は「夫がうるさいから私もいろいろ我慢しているのよ」と言っていたのだが、依頼を受けたリフォーム会社のほうが「せめて四十九日が過ぎるまで延期してはどうか」とためらったほどの早い計画だった。しかし、彼女はその弔問客を迎えるためにも家を美しくしておきたいということで、大急ぎで工事をするように促したそうである。このような調子であるから、私は仏前で「いまだにこんなおばさんでごめんなさい。どうか化けて出ることだけは勘弁してやってください」と手を合わせた。

ところが、妻の中では夫の死後、何かが変わっていたらしい。ことあるごとに「彼が見守ってくれていたおかげね」と言う。庭のこれまたシャレた巣箱に小鳥が飛んでくるのが見えると「彼が会いに来てくれたみたいな気がするわ」である。散々わがままを聞いてもらってきたのだ。呪われることこそあれ、見守られることはないと思っていた私はそのたび言葉を失った。幸せな夫婦である。おじさんはおばさんのこんな面を、実は生前から知っていたのかもしれない。

友人で家庭内別居状態の夫婦がいた。我が家とは家族ぐるみの付き合いをしており、お互いの子どもが小さい頃はよく週末に二家族で出かけていたが、子どもたちが小学生になりそれぞれが異なるスポーツクラブに入ってからは、共に出かけることがなくなった。その後もその妻と私はときどき連絡を取り合っていた。いつの頃からか友人夫婦はお互いの心が離れ、言葉も交わさなくなっているようだった。そのような状態のまま数年が経った頃、その夫が急死した。看護師である妻は「私は独特の死生観を持っているんだと思う」と冷静に夫の死去を報告してくれた。弔問に伺うと「あんなに嫌いだったのにね、今はすごく愛おしく思うの。遺体がうちに帰ってきてからは、朝起きると顔を見に行って『おはよう』って自然に言えるんだよね。夫婦って、不仲でも死んだら好きになるんだね」とはにかみながら言った。私は例の親戚夫婦を思い出していた。

以来、私は夫の言動に腹が立って仏頂面になりそうになると、ひたすら念仏のごとく唱えることにしている。

「シンダラスキニナルシンダラスキニナルシンダラスキニナル……」

宗教が苦悩や死に対する姿勢であるなら、この妻たちの言葉も信仰心の表れではないだろうか。生前の夫に対する気持ちはどうであれ、亡くなった後、夫に愛情を持ち、また夫の愛も身近に感じているようである。日本人は確かに宗教を信じており、またそれによって救われてもいるのだ。

私も似たような気持ちになったことがある。夫はまだ健在であるが、それまではそれほど親しくなかったのに、亡くなってからその存在を身近に感じるようになった人がいる。

大学四年生の夏休み直前のある日、友人と学生食堂にいると、クラスメイトがニコニコとやって来た。

「あっ、さっきの授業、来なかったでしょ」

と私たちが言うと、彼は苦笑いしながら、

「夏休みの宿題、何だった?」

「この本を読んでレポートを書くの」

彼はその本のタイトルを覚えるようにゆっくりと読み上げると、

「分かった。ありがとう」

と微笑み、立ち去った。私たちが元気なY君を見たのは、それが最後だった。

ひと月ほど経った頃、友人から電話がかかってきた。

「Y君がこないだ交通事故に遭ったらしいの。今、就職のことで学校に来たら、職員さんが『あなた、

Y君と同じクラスだよね』と教えてくれたの。これからお見舞いに行かない？」

病室は個室だった。一目でY君のお母さんと分かる女性が明るい笑顔で私たちを出迎えてくれ、

「M君、お友だちが来てくれたわよ」

とベッドのほうに向かって声をかけた。「まるでお家に遊びに来たみたい。そう言えば、Y君の下の名前はM君だったな」と思いつつ病室に入っていった。ベッドの傍らのお父さんらしい男性がやはり温かい笑顔でおじぎをした。Y君はおとなしい人で口数は少ないがいつもニコニコしていた。入学時から同じクラスで大半の授業を一緒に受けてきた仲間のひとり。会えば挨拶はしていたが、もしかしたら会話らしい会話をしたのは「夏休みの宿題」の話が初めてだったかもしれない。Y君は身体中に管がつけられていた。笑顔のY君しか知らない私は、眠っているY君を見てもそれがY君だとは認識できないでいた。ベッドに付けられた名札を確認した。やっぱりY君だった。間違いなくY君なんだ。まさかこんなにひどい状態だったとは。「大変だったね。あの宿題やった？　どうせまだなんでしょ？本、持ってきてあげようか？　ここにいたら他にすることないからできるでしょ？」そんな話をするのだろうと何となく思っていた。絶句している私たちにお母さんは終始明るい笑顔で話してくれた。

「夜中に電話がかかってきてね。もうびっくりして飛んできたのよ」

そう言えば、一年生の時の自己紹介で長崎出身だと言っていた。長崎は中学生の時に旅行で行って、異国情緒たっぷりなところが好きだったので覚えていた。

「バイクが欲しいと言っていたからね、バイク屋さんの前を通るたびに、どんなのが欲しいのかな、あんなのを買ってやろうかな、とか思って見ていたんだけどね、知らないうちにバイト代を貯めて買っ

ていたのね」

お母さんはY君の手を取った。保冷剤が握られていた。

「熱があるからね。ねえ、この手のマメ、見てやって」

初めて見るY君の手のひらには大きなマメがいくつもできていた。こんな硬そうなマメ、逆上がりの練習を必死でしていた時にできたのとは比べ物にならないと思った。

「うどん屋さんでバイトしていたのね。毎日おうどんを打っていたんだって、こんなになるほど真面目にね。だから、のれん分けしてもいいくらいだったって言われてたのよ」

お見舞いに来たバイト先の人たちから聞いたそうだ。そう、Y君の手は職人の手だった。

「加害者の人にも見せたのよ。この子はこんな手になるくらい一生懸命働いていたのよって。その帰りだったのよって」

深夜まで働いた帰り道、飲酒運転の車が赤信号を無視して交差点に入ってきて、Y君のバイクを跳ね飛ばした。人通りの絶えた時間帯だったが、偶然Y君のバイクの後ろを一台の車が走っていて、その運転者がすぐに通報し、こちらは青信号だったと証言してくれたそうだ。その証言がなければ、相手が飲酒運転だったことは明らかだが、Y君が信号無視をしたと加害者に言われても仕方がなかった。それが不幸中の幸いだったとお母さんは笑った。「真面目に生きてきたからね、最期にそこは神様が気を遣ってくれたのね」

Y君はその事故の瞬間から意識がない状態が続いているらしかった。お母さんは諦めていた。だが、私はまた目を覚ますだろうと思っていた。けがの具合や医学的なことはよく分からないが、彼は体力ある若者なのだ。このまま亡くなるなんて有り得ない。

気の利いたことを何も言えないまま、私たちは病室を後にした。友人とは数日後にまたお見舞いに行く約束をして別れた。

そんな時テレビで、事故で意識不明になっていた小学校教師の枕元で教え子たちの合唱のテープを流し続けたところ奇跡的に意識を取り戻した、という話を聞いた。意識はなくても亡くなる直前まで耳は聞こえていると確か聞いたことがあった。そうだ、やっぱり諦めちゃいけない。Y君を応援しなくちゃ。Y君は聞いている。私はこの話をすぐにY君のご両親に伝えたくて、病院宛てに手紙を書いた。次のお見舞いの日まで待てなかった。

二度目のお見舞いに行った時、「諦めないでください」と強く言ったが、お母さんは「ありがとう。でもね、もうだめなのよ」と微笑んだ。お医者さんから詳しい説明を聞いて、そのようなことが起こるのは本当に『奇跡』であると分かっていたのだろう。そして、日々見舞客と話すことで、その日を迎える覚悟と心の整理をしようとしていたのかもしれない。

三回目のお見舞いの日、家を出ようとした時、友人から電話がかかってきた。

「今、学校に寄ったら……Y君亡くなったって……」

「何で?!」

私の頭の中にY君が亡くなるという考えは全くなかった。完全に奇跡を信じ切っていた。奇跡というより、意識不明でも必ず回復するものだと思い込んでいた。だから、なぜ亡くなったのか理解できなかった。

通夜に行った。生まれて初めてだった。生まれて初めての通夜がまさか同級生のそれになるとは想像すらしたことがなかった。急遽知人に借りた喪服を着て緊張しつつ訪れると、座敷にY君にそっくりな男性が座っていた。思わず声が出そうになるほど驚いた。先に来ていたクラスメイトが言うには、年子の弟さんだそうだ。

Y君は棺の中で眠っていた。やっぱり見慣れないY君だった。

「こんな顔で寝てたよな」

「こいつ、まつげ長いな」

「結構鼻も高いよな」

同級生の男の子たちはずっと棺を囲んでいた。

通夜の席もそうであったが、告別式も様々な人々でいっぱいだった。顔見知りの大学生だけでなく、バイト先やそのお店のある繁華街の飲食店の従業員と思われる大人たち。おとなしいY君の交友関係の広さに驚いた。優しいY君、関わる人たちみんなに可愛がられていたのは当然である。携帯電話などほとんど普及していなかった頃のこと。しかも夏休みとあって、同級生たちには実家に帰っている者も多く、連絡を取ることは難しかった。クラスメイトの一人は泊まっていた友だちの家で当日知ったとのことで普段着のまま駆けつけていた。

出棺の時、それまで何も話さなかったお父さんが
「M！」

と叫んだ。お母さんも続いた。

「M君、お母さんたちもすぐに行くからね！　待っててね！」

こんな悲しい光景があろうか。自分の葬儀の喪主を親に務めさせるのは究極の親不孝だ。いや、Y君は立派な息子だ。そのY君をこんな親不孝者にした加害者が憎かった。

その後も私はすぐには帰宅する気にはなれず、やはり同様の気持ちであるようなクラスメイトたちと一緒にぼんやりと座っていた。再び出てきたY君を見て、お母さんは信じられないといった表情で、あんぐりと口を開けた。

「これがノド仏です。仏様が座禅を組んでいる姿に見えることからこう言われます」

説明を聞きながら、Y君の骨を私が見ることになるとはね……と思いつつ、全身を眺めた。これがあの手だ、とマメを思い出していた。どんな小さな骨も灰も残らず全て拾いたいと思った。骨壺に入れやすいようにと大きな骨が打ち砕かれているのを見るのは胸がつぶれる思いだった。


私はそれまで身近な人の死を経験していなかった。いずれ経験するだろうとは思っていた。それは親族の中で最年長だった父方の祖母のはずだった。それが同級生だったとは。人は死ぬんだ。それは必ずしも年功序列ではないのだ。初めて自分の死もいつ来ても不思議ではないのだと気づいた。

当時はバブルが弾けて数年経った頃。その後、長期にわたって続く、いわゆる「就職超氷河期」に入ったところだった。二年上の先輩たちは簡単に希望の職に就いたようだったが、一つ上の先輩たちはとにかく大変そうだった。どうやら傾向が変わったらしいとは感じながらも、井の中の蛙も驚くほどの世間知らずの私は、自分の実力を過信したまま、憧れの業界に果敢に挑んでは落ちる毎日を過ごした。そのうち、もうどんな仕事でもいいやと投げやりになり、そんな気持ちで受けるものだからまたどこにも拾ってはもらえない、そんな状況のまま、夏休みも後半に入ろうとしていた。

Y君の夢が何だったかは知らない。当時のクラスメイトの大半と同様、その時までに就職先は決まっていなかったかもしれないが、漠然とでも自分の将来を思い描いてはいただろう。バイトの仕事でさえあれほど熱心な人だ。もしかしたら何か大きな野望を抱いていたかもしれない。しかし、それは叶わなかった。

「私にも夢があった。叶わぬ夢だった。しかし、私は生きている。なぜY君は死んで、私は生きているのか。Y君は死にたかったわけではない。でも、死んだ。私も死にたくない。そして、今生きている」

そんなことをぐるぐる考えていると、自分は生きているのではなく、生かされているのだという心境になった。「生かされている」というのは珍しい概念ではないと思うが、それが腑に落ちた瞬間だった。

せっかく生かされているのに私は何をしているのだろう。あるはずだった未来を奪われたY君は今の私をどう思うだろう。

私はもう一度夢に向かうことに決めた。一度きりの人生、いつ終わるともしれないのだ。やれるだけ頑張ってみよう。Y君に恥じないように。

そう思ったせいかもしれないが、私は常にY君の存在を意識していた。高いところからいつも見られているような感覚があった。行動だけでなく心の中までもY君には隠せない、生きている人たちを騙すことはできてもY君にはバレてしまう、そんな気がした。

実はその後、大学の友人に裏切られたことがあった。彼女が自分の都合の良いように歪曲して周りに話したため、私はすっかり悪者になってしまっていた。一時は信じた周囲も、徐々にその話には彼女の誤解が含まれているのかもしれないと思い始めたようであったが、この時も「みんなはあの子が嘘をついていることに気づかなくても、Y君は事実を知っているんだから」と強気でいた。

Y君が亡くなってひと月あまり経った頃、父方の祖母が亡くなった。老衰だった。私の予想では初めての体験になるはずだった葬儀である。別れは悲しいが、最年長の者が子や孫、ひ孫たちに送られる葬儀はむしろ祝儀ではないかと思った。

夢を叶えようにも求人さえ見かけない状況の中、年が明けた。年末からひどい風邪を引いていた私は、冬休みが明けても学校に行けないでいたのだが、ようやく行けると思っていたその日の朝、阪神・淡路大震災が起こった。大学は兵庫県にあり、私はその近所に住んでいた。それまでに感じたことがないくらいの強い揺れだと思ったが、そこは震度四とのことだった。大学は無事だったが、交通がマヒして先生方が来られそうにないということで、しばらくは休講となった。確か残りの授業はレポートに振り替えられたように記憶している。久しぶりに友だちに会えると思っていたのに、固定電話が主な連絡手段の時代、その友だちともなかなか連絡が取れないので、とりあえず学校に行ってみた。何人かの友だちに会うことができ、その時点で知っている安否情報を交換した。幸い、身近な人たちで大きな被害に遭った人はいなかった。それでも常に不安で緊張していて、しばらくは毎朝地震の起こった時刻に自然に目が覚めた。
授業はないし、何もしないでいるのもつらかったので、ボランティア活動に参加した。よく遊びに行っていた神戸の街ががれきの山と化していた。焼野原になっているところもあった。日本史の教科書の白黒写真で見た東京大空襲後の光景のようであった。それが今、目の前に広がっている。焦げたにおいもする。もう世の中が終わってしまったような気すらした。この時もまた、自分は生かされていると強く感じた。Y君と、私を生かしてくれている何者か、キリスト教徒であれば『神』であろうか、私にとってのそれが何かは皆目見当もつかなかったが、何かそういったものに感謝した。そして、生かされているこの命を無駄にしないよう生きていく覚悟を新たにした。

果たして就職先も決まらないまま卒業式を迎えたが、クラスメイト六人と卒業旅行に行くことになった。行き先は長崎である。Y君の墓前に卒業（と内二名の留年）の報告をするのだ。男の子の一人がY君のご両親にその旨を連絡すると「ぜひ我が家に泊まって」と言われたと言う。こんな大人数で伺うとは知らずに気安く誘ってくれているのではないかと心配したが、Y家は大豪邸であった。普通の家の二軒分、いやそれ以上か。しかも、まだ建って間がないように見える。私たちが驚いていると
お母さんは、
「Mが結婚したら一緒に住もうと思ってね、私が思い描いていた通りの家を建ててもらったんだけど」
と困ったような顔をして笑った。

広い二間続きの仏間に通された。壁には見覚えのある茶色い革ジャン、横に置かれた椅子の上には懐かしいバッグ。

「Y君の！」

「これ、いつも着てたよな！」

と皆、懐かしいY君に会ったような気持ちになっていた。

仏壇に手を合わせていると、ご両親が次々と料理や飲み物を運んできてくれた。

「どうぞ皆さんで楽しんでくださいね」

と、ご両親は別室に行き、ときどき顔を出しては私たちの話に加わった。お邪魔したお宅の主がいないところで飲食をしているというのはおかしな心持ちであったが、友だちの実家に遊びに来ていて、その友だちもここにいる、そして、その家族も時折顔をのぞかせる、まるでそんな雰囲気だった。きっとご両親はそういうつもりだったのだろう。もしY君が生きていたら、私はここに来ることはなかった。ご両親と会うことも、卒業後に彼を思い出すことも一生なかっただろう。そして彼もまた。不思議な気持ちになった。

ふと、そこに置かれているテープレコーダーが動いていることに気づいた。私たちの会話を録音しているようだった。あとで聞いてY君の学生生活の追体験をするのだろうか。今後も仏前で再生してY君に聞かせるのかもしれない。Y君はいつも私たちの様子を見てくれているのだけれど。

六人のうち、女の子とは今でもつながりがあるが、他の五人の男の子たちとはそれっきりである。

卒業後、何とか夢だった仕事に就くことができ忙しくなったが、Y君のご両親とは年賀状を送り合う程度のお付き合いをしていた。しかし、結婚してすぐの正月は年賀状を出すのを控えた。Yさんからはもちろん届いたが、自分だけが幸せになっているのが申し訳なくて出せなかったのだ。その年の夏、長男が誕生した。ますますYさんに連絡することができなくなった気がした。秋頃だったか、Yさんから私からの年賀状が途絶えたことを心配するハガキが届いた。まさかそれほど気にしてくれているとは思わず、大変失礼なことをしてしまったと慌てて手紙を書いた。実は結婚して長男が生まれたこと、私だけがどんどん幸せになっていくことが心苦しく、年賀状を出すことができなかったことを書いて、親子三人で撮った写真を同封した。すぐに返信が来た。実の両親に負けないくらいの喜びようで、続けてたくさんの絵本やおもちゃが届いた。クリスマスにも初節句にも、飾り物やおもちゃ、洋服が届いた。きっとあのY君そっくりな弟さんにはまだ子どもはいなくて、この子を初孫のように思ってくれているのだと思った。そして、自分が子育てをしていた頃を思い出し、こんなので遊んでいたなと思うものを次々と買ってくれていたのだろう。奇しくも、私も年子の男の子の母となった。ますますY君のお母さんのお気持ちを思うことが増えた。息子たちには「本当のおじいちゃんおばあちゃんの他に、長崎にもおじいちゃんおばあちゃんがいるんだよ。大きくなったらお礼を言いに行こうね」と話していた。

次男が高校二年生の冬、修学旅行で九州に行くことになった。長崎にも一泊することを年賀状で伝えると、すぐに日程と宿泊先を教えてほしいとの手紙が来た。次男に「あの長崎のYさんが会いに来ると思うので、しっかりお礼を言うように」と言って送り出した。

ホテルでくつろいでいると、先生が「おじいちゃんとおばあちゃんが来てるよ」と呼びに来たそうだ。お母さんはまず自分たちがどういう関係の人間であるかを話し、次男もYさんのことは小さい頃から聞いて知っていることと、これまでのお礼を言ったそうだ。お母さんは「真弓ちゃんの面影があるわ」と嬉しそうに次男を見ていたそうである。Y君が生きていたら、私の子どもまでもがY君のご両親に会うことは決してなかった。そして、このように温かい愛情を示してくれることなど。何とも有り難いことである。ちなみに、次男は丁重にお断りしたと言うが、二人分のお小遣いをもらって帰ってきた。

生前のY君には「夏休みの宿題が何か」を教えてあげた以外、何もしてあげたことはない。しかし、Y君にもらったものは限りない。いつもそばにいて私のことだけではなく息子たちのことも見守っていてくれていると、亡くなって三十年近く経った今でも感じている。生きている限りめいっぱい人生を楽しみ、どんな困難にあっても簡単に諦めないことでY君のご恩に報いようと思っている。

これを『信仰』と呼ぶのは飛躍が過ぎるだろうか。Y君は教祖ではないし、もちろん彼が実際に語った教義はない。だが、私は常にその存在を身近に感じ、見守ってくれていることに感謝し、恥じない行動をすることを意識している。密かにY君に謝ることもよくある帰依者ではあるが、これが先祖崇拝に近い私の『宗教』である。

第七章　占いにハマる人たち

――宗教より占いを選ぶということ

細川啓子

一．はじめに

私は東京都内で占いの鑑定に従事して十年の占い師です。占いの館や事務所で占いの鑑定を続けています。占いの鑑定や講座、それに関連するスピリチュアルな仕事に携わる人たちとの交流を踏まえて「占いにハマる人たち——宗教より占いを選ぶということ」をテーマに書いていきます。

二．占いにハマった訳

まず、私がどのようにして占いにハマったかを書いていきます。

小さい頃から不思議な世界が好きで、おまじないや魔女っ子の本を読んで過ごしていました。おまじないに関しての最も古い記憶は、「空を飛べるおまじない」です。小学一年生の時にクラスで空を飛べるという話題になり、就寝時枕元に傘を置いて寝るというものでした。もちろん飛べるはずはありませんでしたが、クラスの中では飛べたと言っている子たちがいたような記憶があります。

同じく小さい頃父方の田舎に遊びに行った時、毎朝祖父が仏壇に向かいお祈りしているのを目の当たりにしました。母方の祖父母の家ではお盆の用意くらいでしたので非常に不思議な光景だったのを覚えています。後に父方の家が信仰しているのは浄土真宗だと知ります。父親は就職で東京にでてきていたのですが、祈りの習慣は受け継いでいませんでした。

中学からは聖公会というキリスト教の女子校（中高一貫教育）に進学します。毎朝の礼拝、週一宗教の授業、クリスマス礼拝などキリスト教の行事が盛りだくさんでした。しかし生徒は誰もそれにこだわっている気配はなく、学校の授業に宗教があり、礼拝に参加しているという感じで違和感はありませんでした。なお、大学も同じく聖公会の大学でしたが構内に教会やキリスト教学科があり、クワイヤーやクリスマスツリーの点灯式など行事がありましたが特段その意味を深く考えることはありませんでした。

思春期は勉強や進学・就職の話もしましたが、異性関係の話題が多かったように思います。人からどう見られているのか、自分はどういう人間なのか、何が合っているのか、将来何をすればよいのか、好きになるとはどういうことかなど。恋愛や異性とのコミュニケーションの取り方は教科書には書いてなく先生も教えてくれません。友人や雑誌などの情報に頼り試行錯誤していました。未だに明確に答えることができるものはありません。

その思春期あたりから雑誌や漫画の最後に必ず記載されている占いを読み始めたと思います。なぜならそこにはいつも楽しそうな未来が書いてあったからです。例えば、「今月は身近な人から告白される」などとあったとすると、女子校でその気配すらないのは重々承知していたのですがワクワクしながら過ごしていました。

悩みながらも中学・高校生活を楽しく過ごしていましたが、高校の卒業式間近に父親が他界しました。あまりにも突然でいろいろなことが起こり、受け入れるのには時間がかかりました。今でも完全に受け入れているとは言い難いです。大学には複雑な心境の中で入学したので、いわゆるドラマのようなキャンパスライフは楽しめませんでした。女子校出身ということもありましたが、父親の死を迎えて、異性を友人として、また人として信頼するという対象になりませんでしたし、純粋にどう交流してよいかわかりませんでした。父親は待っても帰ってこないわけで、大学一年生の間は父親がどんな生活をし、どんな仕事をして、どんなことを考えていたかなど答えが出ない問いかけをしながら過ごしていたと思います。時が解決すると昔から言いますが、大学生活後半になるとそこまで深くは考えなくなっていたのも不思議な話です。

社会に出ても学生の頃と変わらず異性に対する複雑な心境が残っていたので、真面目であった父親の代わりにバリバリ働きたいと考えていたし、母親も働いていたので社会に出て働くのが当たり前だと思っていました。自分の性格や資質、就職氷河期、転職、リーマンショックなどが重なり、労働の対価が減額され、社会に必要とされていない感が募りました。そしてなぜ私はここにいるのだろうか、私がここにいる意味はあるのだろうか、このまま働いて父親と同じ運命を辿るとしたら人生は楽しいのだろうかなどとまた考えるようになりました。そんな時に通っていた整体で不思議な人たち、いわゆるスピリチュアルな仕事に携わる人たちと出会い、それから自分はどんな性格か、何をしたいのか、どんな人間か、何が好きなのかなどと、基本的なことを真剣に考えるようになりました。そして私の固有の青写真的なものはないかと、ふと占いを好きなことを思い出し独学で勉強を始めました。その過程で『完全マスター西洋占星術』（*The Series of Perfect Master*）（松村潔　説話社二〇〇四年）と出会い感銘を受け、占いを勉強し提供する側になろうと緩く決意しました。この本を購入した時が単なる「星座占い」から「西洋占星術(注1)」へと認識が変わった時でした。

その後もいろいろな占いを勉強しましたが、西洋占星術以上にハマるものはありませんでした。天体の配置などさまざまな組み合わせを考えると無限にあるからかもしれませんし、自分自身や友人を鑑定すると腑に落ちることが多いのは他にないと感じたからかもしれません。占いの鑑定をしている目的は、たくさんの人に西洋占星術を知ってもらいたいという理由もありますが、本当は自分がどんな人間かを知りたい、亡くなった父がどんな人間だったかを知りたいという理由の方が大きいかもしれません。

三．占いの種類

占いは大きく命術（命占）・卜術（卜占）・相術（相占）に分けられます。

命術（命占）とは、誕生した生年月日・時間・場所など、生まれた時に定められた不変的な情報を使い、その人の性質・運命・宿命を占います。例えば、西洋占星術、数秘術[注2]、四柱推命[注3]、算命学[注4]、宿曜占星術[注5]などです。

卜術（卜占）とは、事件や事態を偶然の要素を用いて占います。例えば、周易[注6]・タロット[注7]・水晶[注8]・花びら占い[注9]・ダウジング[注10]などです。

相術（相占）とは、姿や形など目に見える事象や環境から対象となる人への現在の影響や今後の運勢を占います。例えば、姓名判断[注11]・手相[注12]・人相[注13]・夢[注14]・風水[注15]などです。

四．西洋占星術で鑑定する【占い】ホロスコープ（注16）と鑑定の流れ

西洋占星術では、天体は一定の影響を地上にもたらすというマクロコスモスとミクロコスモスの照応という考えに基づいて、一般的に、占う対象に影響を及ぼすとされる諸天体が、出生時などの年月日と時刻にどの位置にあるかをホロスコープに描き出し、それを解釈する形で占います。ここでは西洋占星術の歴史ではなく、占いの現場で使われている実用的な側面をお伝えしていきます。

　西洋占星術ではまずホロスコープを作成するところから始めます。ホロスコープとは天体配置を示した図（チャート）のことです（図1）。ホロスコープには生まれた時の出生図以外に経過図（今現在の天体図）などがあり、その図を観て、その人の性格、資質、仕事やお金、恋愛や結婚など、運勢・タイミングをリーディングしていきます。ホロスコープは自ら計算して作成することもできますが、今はインターネットのサイトやパソコンのソフトで簡単に作ることができます。

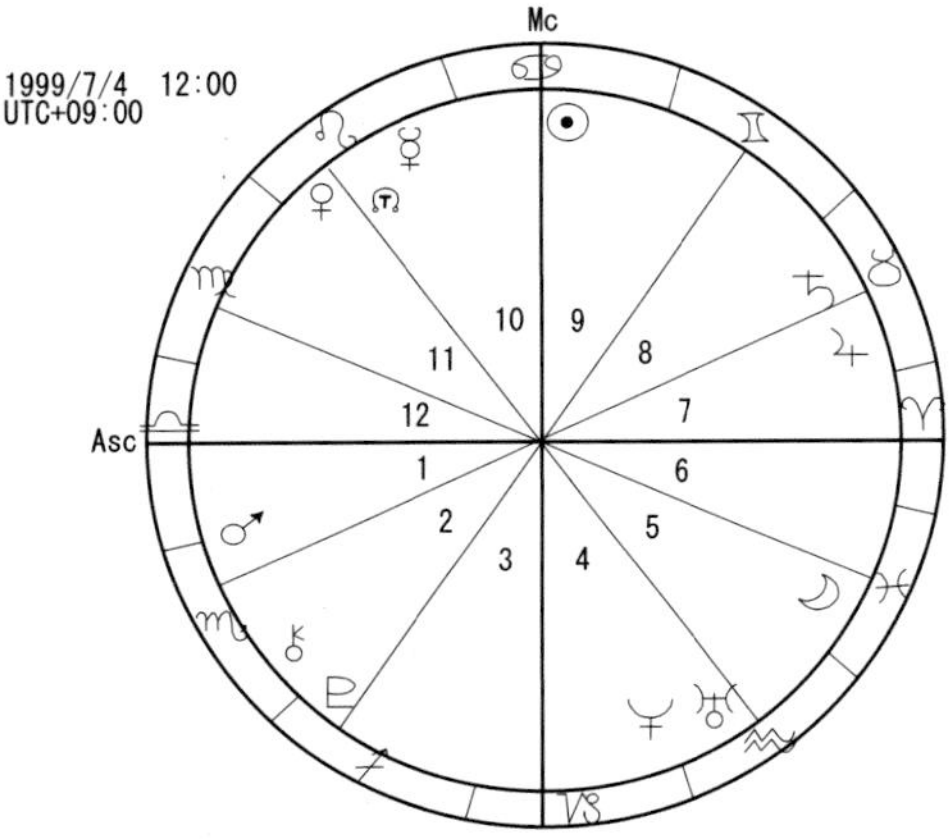

図１　ホロスコープ（小村明子作図）

ホロスコープには、基本的に十天体（月☽・水星☿・金星♀・太陽☉・火星♂・木星♃・土星♄・天王星♅・海王星♆・冥王星♇）、十二の星座（牡羊座♈・牡牛座♉・双子座♊・蟹座♋・獅子座♌・乙女座♍・天秤座♎・蠍座♏・射手座♐・山羊座♑・水瓶座♒・魚座♓）、十二の部屋（ハウス）が描かれており、どの天体がどの星座にあるのか、天体同士の角度などを読んでいきます。角度は主に〇度・九〇度・一二〇度・一八〇度です。非常に簡潔に書いていますので、仕組みについて詳しく知りたい方は西洋占星術の入門本や、先に述べた『完全マスター西洋占星術』を読むことを勧めます。

ホロスコープと鑑定の流れ

①生年月日（できれば時間・場所含む）を聞いてホロスコープ（出生図）を作成する。

（例）一九九九年七月四日　一二時〇分　東京都生まれ（図1）

②出生のホロスコープは、性格や資質に関わるので、最初に読み解く。

③現在動いている天体図（経過図）を観て、被鑑定者の悩みと運勢やタイミングを読み解く。

ホロスコープのどこにフォーカスするかは占い師の好みやスタイルがあります。基本的には太陽に近い天体から見ていくことが多いですが、鑑定も時間刻み（一〇分千円など）、一問カウント（仕事についてなど）などさまざまなので、細かく観る場合以外は鑑定内容に沿ったものを観ていくことが多いでしょう。

私の鑑定の手順についてお話すると、最初の申込みの時に悩みをこちらからは聞かないようにしています（被鑑定者から言ってくる場合は別です）。どんな悩みだとしても生まれた時のホロスコープを細かく読んでいきます。特に大切にしているのはホロスコープの第一印象です。知識からの情報と感覚からの情報を混ぜて、理解してもらえるような言葉を準備して鑑定に臨みます。最初にホロスコープを細かく読んで鑑定に臨むのは、その人の資質をホロスコープから知り、鑑定時の被鑑定者の言葉や雰囲気、身振りなどからその人を知ることが重要という私の「こだわり」だからです。悩みを聞かないのは、あまり本人が言う悩みは重要なポイントではないからです。また、鑑定では時間の制限は設けていません（今まで最長で二時間程度です）。それは本当の悩み、その人が引っかかっている部分を浮き彫りにすること、それを被鑑定者の言葉で表現するには多少の時間が必要だからです。人から言われるのではなく自分で理解していくことが生きていく上でとても重要で、これから先、占いに投資して占い師に答えを導き出してもらうのではなく自分を知り、自分で答えを出していくという方法を身につけて欲しいと考えています。「当たる」・「当たらない」などに囚われていると、悩む度に占い師に聞きに行くという「依存的関係」が成立してしまいます。メディアでよく取り上げられているのは、占い師がその「依存心」につけこみ、金銭を搾取するというスタイルです。依存と信仰、言葉は違うのですが、私はどうしてもその区別があまりつきません。どこからが信仰でどこまでが依存になるのか。詳しくは第六節に取り上げます。

占い師として、鑑定では良いタイミングや聞かれたことに関する回答をします。再度私の「こだわり」ですが、世の中の事象に良い悪いという基準はあまりないと考えています。極端に申し上げますと、その人にとって良い「死」も存在するということです。世の中の良い悪い基準で回答しないのは、被鑑定者が自分の考えに沿って行動し、成功も失敗も経験して欲しいからです。例えば、感情的になるのが悪いこととされていますが、果たしてそれが本当に悪いことだとは言い切れるでしょうか。理論的に建設的に考えることは仕事面ではとても大切かもしれませんが、人間関係の面ではどうでしょう。その人の気持ちが見えないということは、真の関係性を築くことはできないのではないのか、そして、もし感情的になり本音でぶつかりそれが理由で人間関係が壊れたとしてもそれは未来を考えると良いことではないのかと思います。

具体的な質問の例として、「いつ死にますか?」という質問があります。この問題は非常に難しいですが、結論から申し上げますと、ホロスコープで観た天体図の状態がハード（凶）な時期とは限りません。ソフト（吉）で非常に良いとされている時でも「死」となる例もあります。苦しい時に考えていることを溜めておかずに自身にあるエネルギーを放出すると、苦境に立ち向かうことで生きる活力になるのかもしれません。世の中的に「してはいけない」ということにこだわらず、自分を知り社会に打ち出すことでハードな時期を乗り越えていきます。逆に幸せで良いことがたくさん起こる時期は、無防備すぎてここで人生を終了しても良いという気持ちになるのかもしれないということです。

また、「悪いことを言われたら怖いから占いには行かない」と言う人がたまにいるのですが、悪いことを主張して怖がらせて従わせる手法の占い師や胡散臭いグッズなどの購入を求める占い師を昨今のメディアで流しているのが原因でしょう。占い師はたくさんいるので、対面で鑑定を希望する場合は人伝いの口コミを推奨します。

五．占い・宗教についての意識

一般的に占いや宗教に対してどのような感情を抱いているのか、人はどのくらい占いやまじないなどを信じているのか、NHK放送文化研究所が調査した「第十回「日本人の意識」調査（二〇一八）結果の概要」[注17]から日本人の信仰・信心を検証していきたいと思います。

表二（第二十七問）・表三（第二十八問）の二問（両問ともに複数回答可）を通して次のようなことがわかります。宗教を信じない人は約三十パーセント（第二十八問ク）、神や仏の存在は信じる人と比べて経典などは信じている人は少なく（第二十八問ア・イ・ウ）、易や占いよりはお守りやお札を信じる人が多く（第二十八問カ・キ）、安全祈願や合格祈願などには行く人（第二十七問オ）が約二、三十パーセント程度で、年に一、二回お墓参りは約七十パーセントいます（第二十七問ウ）。

たとえ仏の存在を信じたとしても教えには従わず、初詣やお葬式の際には神社仏閣に行き、個人的なお願いごとがある場合には足を運び、参拝の際にはおみくじを引いてお守りを買い大切に持つという一連の行動は非常に矛盾しているように思われますが典型的な日本人の印象を受けます。お祈りやお勤めをしている（第二十七問イ）人は少ないですが、休日には有名な神社やお寺に人がたくさん集まるので、「参拝」としてではなく「観光」や「散歩」として捉えている人が多いのかもしれません。

この占い・宗教についての意識調査で一番割合が高かったのは「墓参り」です。「墓参り」の他では現代ではほとんどの人が初詣とお葬式しか宗教に触れる機会がないのでしょう。「葬式仏教」[注18]という言

表１

1973年	1978	1983	1988	1993	1998	2003	2008	2013	2018
4,243	4,240	4,064	3,853	3,814	3,622	3,319	3,103	3,070	2,751

注　表記について（第27・28問）
1.　表中の数字は、各選択肢の回答数を、下記の有効数で除した結果をパーセント（%）で示したもの。（小数点以下第２位を四捨五入）
2.　表中の不等号（＞＜）は、両側の数字を比較した検定結果（信頼度95%）であり、左側（前回）が高ければ「>」で、低ければ「<」で示した。
3.　右端の不等号は左端の数字と'18年との検定結果である。（例えば、第３問の表では'73年と'18年との検定結果）
4.　調査を実施した時に、選択肢がない場合には「−」で示した。

葉もあるようですが、近年ではライフスタイルや意識の変化、葬儀の在り方の多様化などにより「葬式仏教」も成り立たなくなる寺院も増えているようです。

私の身近を考察してみると、宗教とのかかわりはやはり初詣とお墓参り（法事）が多いです。経典を読みお勤めをしている友人はいません。最近は「御朱印巡り[注19]」をしていると聞きますが、信仰心や神仏とのご縁というよりはスタンプラリー的にどれだけ集めたかという感覚のような気もします（御朱印は第二十七・二十八問カに相当か）。ただ、スタンプラリー感覚でも神社仏閣に触れたいという気持ちは、どこか今の世の中の悲壮感や先が見えない不安を解消して欲しい、目に見えない存在から見守られたいというような無意識からの行動なのではとも考えられるでしょう。先に出した有名神社への参拝ですが観光や散歩感覚で訪れるのも同様ではないでしょうか。

憲法で保障されている通り、宗教は自由で義務ではないのに敢えてこだわるということは、深層心理に個人の力を超えるなにか大きい力を生きている上で感じているのかもしれません。現代の日本で普通に生活していて神の存在を信じる・信じないは話題にあがりませんし、どこかそれをタブー視しているということもあります。タ

表 2

宗教的行動　第27問　宗教とか信仰とかに関係すると思われることがらで、あなたがおこなっているものがありますか。ありましたら、リストの中からいくつでもあげてください。(複数回答)

	(略称)										
ア. ふだんから、礼拝、お勤め、修行、不況など宗教的なおこないをしている	礼拝・布教	15.4	16.0	17.0>	14.9>	13.2>	11.4	12.4	12.3	11.4>	9.7>
イ. おりにふれ、お祈りやお勤めをしている	お祈り	16.6	15.8	15.8>	14.2	14.1	12.7	12.0	12.4	11.8	10.6>
ウ. 年に1,2回程度は墓参りをしている	お墓参り	62.0<	64.8<	67.7>	65.0<	69.7>	67.5	67.6	68.4<	72.0	70.9<
エ. 聖書・経典など宗教関係の本を、おりにふれ読んでいる	聖書・経典	10.7	10.6	10.4>	8.9>	7.4	6.8	6.4	5.4	6.0	5.3>
オ. この1,2年の間に、身の安全や商売繁盛、入試合格などを、祈願しにいったことがある	祈願	23.0<	31.2	31.6	32.2>	28.4	29.1<	31.3	29.7	28.7>	25.4<
カ. お守りやおふだなど、魔よけや縁起ものを自分の身のまわりにおいている	お守り・おふだ	30.6<	34.4	36.2	34.6	32.8>	30.6<	35.0	34.9	34.7>	30.4
キ. この1,2年の間に、おみくじを引いたり、易や占いをしてもらったことがある	おみくじ・占い	19.2<	22.8	21.9	20.5	22.2	22.7	23.4	25.3	24.8	24.4<
ク. 宗教とか信仰とかに関係しているとおもわれることがらは、何もおこなっていない	していない	15.4>	11.7>	9.6	9.9	8.8<	11.4	10.2>	8.7	7.5<	11.5>
ケ. その他		0.2	0.3	0.4	0.5	0.4<	0.8	0.6	0.7	1.0	0.7<
コ. 無回答	NA	1.4	1.8>	1.0<	1.9<	2.6>	1.7<	3.0	3.3	2.5>	1.1

表 3

信仰・信心　第28問　また、宗教とか信仰とかに関係すると思われることがらで、あなたが信じているものがありますか。もしあれば、リストの中からいくつでもあげてください。（複数回答）

	（略称）										
ア. 神	神	32.5<	37.0	38.9>	36.0	35.2>	31.5	30.9	32.5	31.9	30.6
イ. 仏	仏	41.6<	44.8	43.8	44.6	44.1>	38.7	38.6<	42.2	40.9>	37.8>
ウ. 聖書や経典などの教え	聖書・経典の教え	9.7	9.3	8.9>	7.5	6.4	6.6	6.4	6.4	5.8	5.7>
エ. あの世、来世	あの世	6.6<	9.0<	11.7	11.9<	13.4>	9.7	10.9<	14.6	13.4>	10.8<
オ. 奇跡	奇跡	12.8<	14.9	15.1	14.4>	12.6<	14.3	15.3<	17.5	16.4>	14.0
カ. お守りやおふだなどの力	お守り・お札の力	13.6<	15.8	15.5	14.4	15.8>	13.7	15.0<	17.4	16.7	15.7<
キ. 易や占い	易・占い	6.0<	8.3	8.3>	7.0	5.9	6.0<	7.4	6.6>	5.3	4.6>
ク. 宗教とか信仰とかに関係していると思われることがらは、何も信じていない	信じていない	30.4>	23.9	23.3	25.8	24.3<	29.5>	25.6	23.5<	25.9<	31.8
ケ. その他		0.2	0.3<	0.6	0.4<	0.8<	1.4>	0.9	1.3	1.6>	0.2
コ. わからない無回答	DK, NA	5.3	5.8>	4.3<	5.4<	6.8	5.8<	8.0	7.9>	6.4	5.6

ブーなのに住んでいる街に必ず神社仏閣があることを考えると、初詣やお墓参りなどとは関係なく、潜在意識的に神や仏的なものを信じるということが刷り込まれているのかもしれません。また、日本の歴史から、国家神道(注20)や敗戦(注21)など、先祖の遺伝子に刷り込まれているものが現代の私たちに影響しているということは否定できません。ちなみに私は御朱印をもらった後の管理ができないので、今後も御朱印巡りをすることはありません。

占いに関していうと、家族や友人、近しい人に対して自ら占いをすることはありません。生業としての占いをしているプライドというのもありますが、感覚で友人になったことに対してあまり占いでの判定をしたくないという気持ちが大きいです。占いに興味がある友人は積極的に聞いてきますが、普段はあまり話しません。興味はあるけれども占いの鑑定に行くほどではない、信じるとか信じないとかいう問題ではなく、話題にするにはおもしろいという感覚を持っている人は多いのではないでしょうか。占いをまったく信じないという強い意志がある人には今まで出会ったことがありません。日常を別の角度から楽しむものとして聞いても支障はないとどこかで判断しているようにも思います。

最後に、第二十八問のクに「宗教とか信仰とかに関係していると思われることがらは、何も信じていない」とありますが、これは生死に関わるような大きなできごとがなく今まで普通に過ごしている、またはその逆で、家族や自分が苦しい時に祈っても助けてもらえなかった、という二つのパターンが考えられるのではないでしょうか。私が今までに出会った占いに従事している人たちは、家族や自分自身がどうしようもできない状況に陥ったことのある人たちが多く、その苦しみの答えを探しに、またはその苦しみを他の人に味わわせたくないという思いから占いを鑑定する側にいるとも考えられます。

六．なぜ占いにハマるのか――宗教より占いを選ぶということ

ＮＨＫの調査を通して、占いや宗教に関して無意識的にタブーとして刷り込まれているような気がするので、たとえ学術的な調査であっても正確に数字を把握するのは難しいのではと思いました。私の年齢的に一九九〇年代からの記憶しかありませんが、オウム真理教[注22]や統一教会[注23]、また占い師に有名人が洗脳されるなど、メディアで取りあげられるのは悪い話題しかありません。令和三年の宗教統計調査[注24]によると、文部科学大臣所轄及び都道府県知事所轄を合わせると約十八万の宗教法人が存在しています。この数字から考えると、公言せずに宗教を信仰している人は多そうです。

占い業界ではここ数年でインターネット上のサイトが激増していて、スマホやパソコンなどがあれば簡単に占い鑑定を依頼できるようになりました。また近年の世界状況[注25]を踏まえると、家にいる時間が増えて、例えば一人暮らしの人は誰とも話せずに不安を抱え、興味本位にインターネット経由で占いを試している人が増えたのだとも考えられます。ホームページのコンテンツや仕組みを個人で簡単に作成することができ、同様にブログやＳＮＳを個人で持つ時代なので、有名占い師から個人占い師までのサイト数を把握するのは困難でしょう。

神社仏閣でもインバウンド[注26]から始まり近年の世界状況を踏まえてインターネット上のオンライン参拝やお賽銭に対応していると聞きますが、占いとの一番の違いは、オンラインの占いに限らずですが、

個別の悩みを相談し「回答がある」ことではないでしょうか。神社仏閣への参拝や祈願で、スッキリとした気持ちになり自ら答えを出せることはあると思いますが、個別に回答をもらえるというわけではありません。占いの回答も「正しい」のかはわかりませんが、一応の回答をもらうことができます。

第四節で触れた「依存」と「信仰」について考察します。言葉の意味としては違う言葉ですが、現実的な行動として考えるとさほど変わらない印象です。例えば有名な占い師はセミナーを開催し本を出版します。熱心なファンはセミナーに出て話を聞き、本を買い、時にはグッズなどを購入するでしょう。一方神社仏閣では、説法を聞き、経典を勉強して、お守りを購入します。「信じる」という感情に関してはさほど変わらないのではないでしょうか。曖昧で不確定要素の多い占いや新興宗教を信じる時には「依存」という言葉を使い、格式高い神社仏閣を信じると「信仰」という言葉を使う。「信仰」の意味は神や仏などを信じることですが、占いの鑑定をしていて、私を含め絶対的信頼を置く占い師を信じ、助言に従う場合も同様のエネルギーを使っているのではないのか。その信じる心を詐欺や搾取に利用するのが占いや新興宗教に多いのは事実ですが、実際、神社仏閣へ毎年祈願してお賽銭も入れ、お守りも購入しても良い方向に行かない場合はどうなのでしょう。参拝などの行動が、良い方向に直結しない場合は神社仏閣の存在意義とは何なのか。むしろ個別の問題に真摯に向き合おうとする（悪事を働く人もいますが）占いがなぜそこまで世間的に認められていないのが謎でしかありません。

宗教より占いにハマる理由は、宗教より単純で親しみやすく理解が「容易」で個別の相談を聞いてもらえるからでしょう。私もですが日常生活の上で難しいことを考えたくない人はたくさんいると思います。宗教の経典がごく一部の人しか理解できない言語で書かれていたりするように、門戸が開かれていると言いつつも特権階級感があり習得するのに時間がかかります。たとえ勉強しても「悟り」は開けないかもしれないのです。

スマートフォン、インターネットなどのツールは今後も進化し続けるでしょうが、人間の感情は昔から変わらないし今後も変わらないでしょう。また、すべての人が素晴らしいといった世界はこれから先も存在しないと思うので、基本的な歴史ある宗教の教えはこれから先も存続するでしょう。占いも人間の感情がある限り人々の心の拠り所であり続けることを望みます。私は占いに救われました。

七．おわりに

近年人間関係の希薄さ、コミュニケーション能力のなさなどが取り上げられていますが、きちんとした人間関係を築いていたとしても身近な人間にすべてを相談できるとは限りません。行き場がない時、何を選ぶかはわからないのです。

はじめに述べた父親の死の件ですが、亡くなったのは私が高校生の頃でしたので父親のことはほぼ何も知らないまま現実的な関係性は終了しています。父親とまた話をしたいとは思わないのですが、どんな人間だったのかは非常に興味があります。占いの鑑定でホロスコープを観て相手を想像することから始めると記載しましたが、その想像とまったく違う人はいませんでした。二十年以上経った今も父親のホロスコープを観るという心の準備はできていませんが、近い未来、おそらく父親が亡くなった年齢に追いついた時に観ることになるでしょう。誰に相談しても理解してもらえない気持ちを、ホロスコープと向き合うことで消化できると考えています。

注

1 占う対象の日付（場所・時間を含む）に、影響を及ぼすとされる諸天体がどの位置にあるかをホロスコープ（注16参照）に描き出し解釈する形で占う。
2 生年月日や姓名などから固有の計算式に基づき運勢傾向や先天的な宿命を占う。
3 中国で陰陽五行説をもとにして生まれた人の命運を推察する方法。（中国の原書には四柱推命という呼称は見られない。）英語ではFour Pillars of Destiny（Four Pillars Astrology）。
4 中国に発祥した干支暦をもとに、年と月と日の干支を出して、人の運命を占う中国占星術、中国陰陽五行を土台とした運命学の一流派。
5 宿曜占星術 弘法大師の空海が翻訳、もたらした宿曜経を密教徒などが研究した占星術。
6 易経（古代の中国の書物）に記された、爻辞《こうじ》、卦辞《かじ》、卦画《けかく》に基づいた占術。
7 タロットを用いたカード占い。
8 水晶を見つめて、幻想を得る技法の総称（スクライング）。
9 花びらを用いて、例えば好き・嫌い、来る・来ないなどと占う。
10 地下水や貴金属の鉱脈など隠れた物を、棒や振り子などの装置の動きによって発見できると謳う手法。
11 姓名を調べてその人の運命、吉凶を判断し、運勢を占う。
12 手の平に現れる線（掌線）や肉付きをはじめとする手の形態から、その人の性格や才能、資質、健康状態、運勢を占う。
13 顔相、骨相、体相など、人体のつくりから性格や生涯の運勢を割り出す占いまたは学問の一種。
14 夢に出てきたものや状況をもとに、現在の心理状態や近い未来に起こる出来事などを判断して占う。
15 古代中国の思想で、都市、住居、建物、墓などの位置の吉凶禍福を決定するために用いられてきた、「気の流れを物の位置で制御する」という思想。堪輿《かんよ》。
16 西洋占星術における各個人を占うための天体の配置図。
17 NHK放送文化研究所「第十回「日本人の意識」調査（二〇一八）結果の概要」の第二十七・二十八問。この調査は一九七三年から五年ごとで二〇一八年は十回目。同じ質問、同じ方法で世論調査を重ねることによって、日本人の生活や社会についての意見の動きをとらえるという調査で、調査対象は全国の十六歳以上の国民五、四〇〇人です。今回は占い・宗教にあたる第二十七・二十八問を抽出。
18 圭室諦成（一九六三年）
19 御朱印は、神社への参拝やお寺への参詣の証としていただく神仏とのご縁の記録。
20 近代天皇制下の日本において作られた一種の国教制度、あるいは祭祀の形態の歴史学的概念。
21 第二次世界大戦〔太平洋戦争（大東亜戦争）〕における敗戦。日本の降伏。
22 麻原彰晃を教祖とするかつて存在した日本の新宗教団体。
23 ムン・ソンミョン（文鮮明）によって韓国で創始された世界基督教統一神霊協会の略称。
24 宗教法人数等について調査し、宗教法人及び宗教団体の名簿（当該法人及び団体の概要の作成）等、宗務行政上の基礎的資料を得ることを目的とする文部科学省による調査。https://www.e-stat.go.jp/stat-search/files?page=1&layout=datalist&toukei=00401101&tstat=000001018471&cycle=0&tclass1=000001160766&tcl

ass2val=0 （二〇二二年九月一〇日閲覧）

25 新型コロナウイルス感染症（COVID-19）によるパンデミック。

26 外国人が訪れてくる旅行。

引用文献

ＮＨＫ放送文化研究所「第十回「日本人の意識」調査（二〇一八）結果の概要」二〇一八年 https://www.nhk.or.jp/bunken/research/yoron/20190614_1.html （二〇二二年九月一〇日閲覧）

圭室諦成『葬式仏教』大法輪閣 一九六三年

松村潔『完全マスター西洋占星術Ⅰ・Ⅱ』（*The series of perfect master*）説話社 二〇〇四・二〇一六年

松村潔『精神世界の教科書』アールズ出版 二〇一二年

松村潔『アスペクト解釈大辞典』説話社 二〇一七年

第八章　なぜ「宗教はアブナイ」と言われるのか
——我々自身の宗教観の再考に向けて

杉平　敦

一・はじめに

現代の日本社会で「宗教」と言えば、そこには「アブナイ」「アヤシイ」といったイメージが常につきまとう。宗教はアブナイ。宗教はアヤシイ。さも当然のことのように思われるかもしれないが、実は、この日常感覚こそが曲者である。本稿で問題にするのは、(一)そこで言われている「宗教」とは何か、(二)なぜそれが「アブナイ」「アヤシイ」と思われているのか、以上の二つである。

まずは、我々が「宗教」と名指すものが、宗教というもの本来の意味と比べて非常に狭い範囲に限られていることを指摘する。その上で、本来の意味での宗教の中で、「宗教」と呼ばれているものと呼ばれていないものの違いを検討する。具体的には、「身近なもの」「自分に関係のあるもの」は「宗教」とは呼ばれず、そうでないものが「宗教」と呼ばれやすいということを指摘する。その上で、宗教を何とか解釈可能な形に持ち込んで二〇世紀の日本社会を総括しようと試みた知識人たちの迷走と失敗と、そして、相変わらず宗教を自分とは縁遠いものの位置に遠ざけつつ、それでも何とか宗教を受け入れ和解しようとする市井の人々の試みとを対置し、この社会における宗教のあり方を探っていく。

二．我々は宗教を実践している

現代日本社会における「宗教」の意味を問う上で、本稿は一九九〇年代以降を考察の対象とする。そのもっとも大きな理由は、日本社会における「宗教」のイメージが決定的に悪化した時期が一九九〇年代であると考えられているということだ（この部分は非常に誤解を招きやすいので、二節・三節であらためて詳述する）。例えば、島田裕巳『日本人の信仰』（二〇一七年）には、次のように書かれている。

「一九九五年にはオウム真理教による地下鉄サリン事件が起こり、新宗教に対するイメージは決定的に悪化した。それは、新宗教だけではなく、宗教全般にも及び、宗教はいかがわしいもの、危険なものだというとらえ方が広がった。[注1]」

実際、それ以前から「新宗教」「新興宗教」の中には社会との軋轢《あつれき》を引き起こすものは少なくなかったが、とりわけ一九九〇年代には、様々な教団をめぐって数多くの事件がマスメディアに取り上げられ、それらの教団や教祖・信者たちの言動が世間の耳目を集めることになった。[注2]そうした事件の数々を振り返ると、この時期に「宗教はアブナイ」という印象が定着したのも、無理がないように思われるかもしれない。

だが、よく考えてみると、この社会において「宗教はアブナイ」という感覚が広く共有されるようになった理由として、それらの事件が十分な説明になっているとは思えない。確かに、いくつかの宗教団体は事件を起こしたが、大多数の宗教団体は何も事件など起こしていない。それに、事件を起こした団体には、「宗教団体である」という以外にも様々な特徴があるはずだ。それなのに、事件を起こした宗教団体と事件を起こしていない宗教団体を一括りにして「宗教はアブナイ」と判断するのはなぜか。事件を起こした団体について、殊更に「宗教団体である」という特徴だけを抜き出し、その他の特徴をすべて無視して「宗教はアヤシイ」と判断するのはなぜか。

このように考えたとき、我々が「宗教」と呼ぶものの範囲が、宗教という言葉の辞書的な意味に照らして、非常に狭い範囲に限定されているということに思い至る。つまり、我々が「宗教はアブナイ」「宗教はアヤシイ」と言うとき、そこで言う「宗教」という言葉は宗教全般を指しているのではない。我々の意識に上った特定の宗教団体・宗教活動を指しているに過ぎない。

それでは、宗教という言葉の辞書的な意味は、どのようなものか。

「(religion) 神または何らかの超越的絶対者、あるいは卑俗なものから分離され禁忌された神聖なものに関する信仰・行事・制度。また、それらの体系。帰依者は精神的共同社会（教団）を営む。アニミズム・自然崇拝・トーテミズムなどの自然宗教、特定の民族が信仰する民族宗教、世界的宗教すなわち仏教・キリスト教・イスラム《原文ママ》教など。多くは経典・教義・典礼などを何らかの形でもつ。教祖がいる場合は創唱宗教と呼び、自然宗教と区別する。(注3)」

「神仏などの超自然的・超人間的なものを信仰・畏怖・尊崇することによって、心のやすらぎを得ようとすること。また、その信仰の体系的なまとまり。(注4)」

以上二つの辞書の記述には、微妙な差異がある。しかし、細部における違いを捨象すれば、宗教という言葉の意味する大体のところは「神聖なもの、人間や自然を超えた何かを、信じたり畏れたり敬ったりすること」くらいのものだろう。ならば、寺社への参拝、おみくじ・お守りの購入、果ては「そんな罰当たりなことはできない」「ご健康とご多幸をお祈り申し上げる」「皆様の日頃の行いのおかげで晴天に恵まれた」といった、我々の日常に根付いた感覚・発想・発話の数々に至るまで、あらゆることが「宗教」と呼ばれて良いはずだ。(注5)

このことは、我々の大多数が何らかの形で宗教を持っている、もしくは行なっていることを意味している。実際、二〇一三年一〇月に全国一六歳以上の国民五、四〇〇人を対象として三、〇七〇人から回答を得た「日本人の意識」調査によれば、年に一、二度は墓参りをしている人が全体の七二パーセント、お守りやおふだを身の周りに置いている人が三五パーセント、一、二年以内に身の安全などの祈願をした人が二九パーセントであるのに対し、宗教や信仰に関わることは何もしていないという人は八パーセントに過ぎなかった。(注6)

にもかかわらず、我々が初詣を行う神社や墓参りを行う寺院は、「宗教はアブナイ」と言われる時の「宗教」には含まれていないし、一人一人の日常における信心や祈願は「宗教はアブナイ」と言われる時の「宗教」としては意識されない。したがって、ここで問題となるのは、「〇〇宗はアヤシイ」「××教はアヤシイ」などといった、個別具体の宗教や宗派に対する忌避ではない。宗教全体を一括りにして「宗教はアブナイ」「宗教はアヤシイ」と忌避することである。それも自分たちが日々実践しているはずの宗教活動をそのままに、まるで自分たちは何の宗教も持っていないかの如く、「宗教はアブナイ」「宗教はアヤシイ」と感じ、そのように語る、そうした我々自身の辻褄の合わない感覚・行動こそが問題である。

三．何が、どうして、「宗教」と呼ばれるのか

まずは、本来の意味での宗教と、一九九〇年代以降、殊更に「宗教」と呼ばれて忌避の対象となってきた宗教とは、何が違うのかを検討する。

ただ、その前に、再度注意を促しておかなければならないことがある。本稿は、前節で述べたとおり、「宗教はアブナイ」「宗教はアヤシイ」という感覚が広く共有されるようになったのは一九九〇年代以降であるとの前提に基づいて書かれている。この前提に対しては、次のような反論が考えられる。「一九五〇年代には〇〇宗の強引な勧誘が物議を醸したし、一九八〇年代には××教の霊感商法やマインドコントロールが社会問題になった。さらに、もっと昔から、『アブナイ』『アヤシイ』と言われる宗教はたくさんあった。だから、『宗教はアブナイ』『宗教はアヤシイ』という感覚は、一九九〇年代よりもずっと前から存在していた。」

だが、本稿が問題にしているのは、これも前節で述べたとおり、「〇〇宗はアブナイ」「××教はアヤシイ」などといった、個別具体の宗教や宗派に対する忌避では**ない**。自分たちが日々実践しているはずの宗教活動をそのままに、まるで自分たちは何の宗教も持っていないかの如く、宗教全体を一括りにして「宗教はアブナイ」「宗教はアヤシイ」と忌避する、その辻褄の合わなさである。

実際、「〇〇宗はアブナイ」「××教はアヤシイ」という個別具体の宗教・宗派に関する感覚と、「宗教はアブナイ」「宗教はアヤシイ」という宗教一般に関する感覚とでは、根本的に次元が異なる。例え

ば、イスラーム主義を標榜する過激派組織が欧米でテロ事件を起こした時、欧米社会で「イスラームはアブナイ」という感覚が広く共有されることは（世界各地で一九億人の信仰を集めるイスラーム全体に対する、かなり暴力的な一般化ではあるものの）全く理解できないことではない。しかし、もし仮に、「イスラームはアブナイ」ではなく「宗教はアブナイ」という感覚が共有されたとすれば、これは日本の我々から見ても奇妙なことである。なぜなら、欧米のほとんどの地域では伝統的にキリスト教が信仰され、以前よりは「宗教離れ」が進んだとはいえ、今でも多くの人が宗教を実践しているからだ。もし欧米社会が、自分たちの実践する宗教をそのままに、イスラームなどを念頭に置いて「宗教はアブナイ」「宗教はアヤシイ」という感覚を共有したら、それは奇妙なことである[注7]。しかし、それと全く同じように、日々自分たちの宗教を実践しているはずの日本社会において、一部の新宗教などを念頭に置いて「宗教はアブナイ」「宗教はアヤシイ」という感覚を共有することは、なぜか奇妙なこととは見なされない。

　あらためて繰り返す。本稿の前提、つまり、「宗教はアブナイ」「宗教はアヤシイ」という感覚が広く共有されるようになったのは一九九〇年代以降であるとの前提は、「〇〇宗はアブナイ」「××教はアヤシイ」という個別具体の宗教や宗派に関するものではなく、あくまで「宗教はアブナイ」「宗教はアヤシイ」というように宗教全体を一括りにしたものを対象としている。そのことに十分注意した上で、あらためて、本来の意味での宗教と、一九九〇年代以降、殊更に「宗教」と呼ばれて忌避されてきた宗教とは、何が違うのかを検討していこう。

（1）新宗教が「宗教」なのか

はじめに思いつくのは、日常において殊更に「宗教」と名指されるものは「新宗教」のことではないか、ということである。確かに、長く地域に根ざし、広く日常に根付いた宗教団体・宗教行為は、何ら不安をもたらさない。「宗教はアブナイ」「宗教はアヤシイ」というように不安や忌避感をもって語られるのが「新宗教」のことだというのは、いかにもありそうなことだ。

だが、それではイスラームはどうか。國學院大學の第一三回学生宗教意識調査（二〇二〇年実施）では、「モスク（イスラム寺院《原文ママ》）が近所にできることになったとするとあなたは不安を感じますか」という質問に対し、「不安は感じない」五五・七パーセント、「少し不安を感じる」三五・七パーセント、「かなり不安を感じる」八・六パーセントというように、全体の四割以上が多かれ少なかれ不安を表明している(注8・9)。これほど不安視されているイスラームは、一、四〇〇年の歴史を持ち、全世界一九億人の信仰を集めており、「新宗教」であると決して言えない。ゆえに、「宗教はアブナイ」「宗教はアヤシイ」と言われる時の「宗教」は、おそらく「新宗教」のことではない。

もちろん、イスラームは日本社会と接触して日が浅いため、多くの日本人にとっては実質的に「新宗教」であると言うこともできる。だが、「実質的な新宗教」という概念を導入するのは、ここではやめておこう。日本人にとってのなじみの有無、日本社会への定着度を基準として論じるのであれば、直接にそれらの基準で論じれば良いのであり、それを無理に「新宗教／伝統宗教」という区分と重ね合わせる必要はない。

（2）創唱宗教が「宗教」なのか

では、創唱宗教と自然宗教の違いはどうか。阿満利麿は、多くの日本人が墓参りなどの宗教的行為を盛んに行いながら、自分のことを「無宗教」と標榜している現状をめぐり、日本人の言う「無宗教」とは「特定の宗派の信者ではない」という意味であると述べる。その上で阿満は、「創唱宗教」と「自然宗教」の区別が日本人の宗教心を分析するための手がかりになると述べている。「創唱宗教」とは、特定の人物が特定の教義を唱えてそれを信じる人たちがいる宗教のことで、それらは教祖・教典・教団によって成り立っているとされる。他方、「自然宗教」は、いつ誰によって始められたかもわからない自然発生的な宗教のことで、教祖・教典・教団を持たないものとされている。そして、阿満によれば、日本人の「無宗教」とは、創唱宗教に対して自然宗教、すなわち、先祖を大切にする気持ちや村の鎮守に対する敬虔な心の方が、民衆の生活の隅々に行き渡っていることを示すものであるということだ。(注10)

阿満はまた、日本人が「無宗教」を標榜する原因の一つとして、風俗や習慣になった宗教は「宗教」ではないという思い込みがあることを挙げている。風俗・習慣として日本社会に浸透した宗教行事として、阿満はクリスマスや仏式の葬儀という例を示している。確かにそれらは、あえて殊更に「宗教」と呼ばれることはない。その上で、「宗教」は怖いという意識については、そこで言われている「宗教」が自然宗教ではなく創唱宗教、つまり特定の教祖・教義・教団であると指摘する。創唱宗教は日常生活とは異なる考え方に立脚点を置き、それを信じる上では、日常生活の論理を手放して宗教の論理に帰依するという「決断」「回心」が必要である。この点は、自然宗教が創唱宗教に優越してきた日本社会、日常生活の中で年中行事を繰り返すことで心の平安を得てきた日本人の宗教観にはそぐわない。こうして、阿満の論に従えば、日本人が殊更に「宗教」と呼んで忌避するものは、特定の教祖や教団を持ち、決断や回心を迫る「創唱宗教」であり、日本人が「宗教」であるとは意識せずに行っている宗教は日常に根付いた「自然宗教」である、ということになる。[注11]

だが、阿満のこの見解もまた、「宗教」と呼ばれているものと呼ばれていないものの差異を十分に説明し尽くしているとは言えない。阿満の挙げたクリスマスや仏式の葬儀、それらはいずれも日本流に大幅なアレンジがされているとはいえ、阿満の分類では「創唱宗教」に当たるキリスト教や仏教に基づいている。にもかかわらず、それらは日本社会に広く浸透しており、殊更に「宗教」として意識されることもなければ、「宗教」であることを理由として忌避されることもない。

このうちクリスマスについては、日本社会におけるクリスマスは単なる娯楽であり、宗教行事として行われているわけではないという指摘もあるだろう。だが、ここで問題にしているのは、クリスマスが宗教行事として行われているかどうかではない。日本人は創唱宗教に対して本当に忌避感を持っているのか、そして、「宗教はアブナイ」「宗教はアヤシイ」と言われる時の「宗教」とは創唱宗教を指しているのか、ということである。この観点から考えるべきことは、多くの日本人が創唱宗教であるキリスト教に対して忌避感を持っているかどうかである。先に「近所にモスクができることになったら不安を感じるか」という質問を取り上げたが、「モスク」に代えて「キリスト教会」について質問すれば、そこで示される忌避感はモスクに対する忌避感と比較してずっと軽微なものに留まるだろう。それが「仏教寺院」であれば（寺院に付随して墓地や斎場が造営される場合などを除いて）忌避感はさらに軽微であろう。おそらく、多くの日本人は、創唱宗教である仏教やキリスト教、少なくともそれらの日本における主流の宗派・教派に対しては、ほとんど何の忌避感も持っていない。

クリスマスの例は、キリスト教の宗教行事が日本社会に定着していることを示すものではない。日本社会はキリスト教の宗教行事を娯楽として取り入れてしまうくらいキリスト教に対して忌避感がないということ、すなわち、創唱宗教に対して必ずしも忌避感を持っているわけではないということを示すものである。もう一つの例として挙げられた仏式の葬儀についても同様である。仏式の葬儀が厳密に宗教行事として行われているかどうかは問題ではない。日本社会は仏教に対して忌避感がないということ、すなわち、創唱宗教に対して必ずしも忌避感を持っているわけではないということが確認できれば、それで十分である。

阿満の論には、他にも難点がある。例えば、一九九〇年代から「宗教はアブナイ」「宗教はアヤシイ」と言われることになった理由についても、阿満の論（日本人が忌避する「宗教」とは創唱宗教のことである）からは説明がつかない。日本人と創唱宗教との関わりは、仏教伝来以来、約一、五〇〇年に及ぶし、一神教との関わりについても、キリスト教伝来以来、約五〇〇年に及ぶ。創唱宗教が日本人の伝統的な宗教観にそぐわないというのであれば、そうした日本人と創唱宗教の長きに渡る交流の歴史の中で、「宗教はアブナイ」「宗教はアヤシイ」という考え方が、いつ出てきてもおかしくないはずだ。「宗教」という言葉自体が明治期に作られた「翻訳語」であるという事情（注5を参照）を考慮しても、その「宗教」なる言葉が作られた明治期以降、そうした考えが日本社会に広く行き渡る契機などいくらでもあった。それなのに、なぜ一九九〇年代までそうした考えは生じなかったのか。

なお、ここで「宗教はアブナイ」「宗教はアヤシイ」という考え方が出てきたのは一九九〇年代であると述べたが、これは前節末尾と本節冒頭で述べたとおり、「〇〇宗はアブナイ」「××教はアヤシイ」などといった、個別具体の宗教や宗派に対する忌避について述べているのではない。宗教全体を一括りにして「宗教はアブナイ」「宗教はアヤシイ」と忌避することについて述べているのだということを、ここでも確認しておこう。その上で、この「宗教はアブナイ」「宗教はアヤシイ」という意識について、それが一九九〇年代以前の日本社会に存在しなかったことを証明するのは難しい。ただ、一九九〇年代以降に始まった宗教に関する意識調査では「宗教はアブナイと思うか」「宗教はアヤシイと思うか」という質問項目が散見されるのに対し、それ以前の意識調査では、そもそもそうした項目自体が見当たらないことから、そうした意識の発生は一九九〇年代と見て、まず間違いはないだろう。(注12)だとすれば、「宗教はアブナイ」「宗教はアヤシイ」という今日の我々の意識について、その原因は日本人の伝統的な宗教観よりは、一九九〇年代という時代、その当時（あるいは、その少し前から）の日本社会に対して、求められるべきではあるまいか。

（3）破局を前にした不安と高揚

それでは、日本の一九九〇年代は、どういう時代だったのか。それを問う前に、ここで一つの注意を促しておきたい。本稿は、一九九〇年代の世相を紹介し、その特異な世相がオウム真理教関連事件をはじめ数々の宗教団体による異常な事件（注2を参照）を引き起こしたと主張するものではない。冒頭から述べているとおり、本稿は「アブナイもの」「アヤシイもの」としての宗教を問題にしているのではなく、「宗教はアブナイ」「宗教はアヤシイ」という考え方・論じ方の方を問題にしている。しかし同時に、一九九〇年代の特異な世相が「宗教はアブナイ」「宗教はアヤシイ」という考え方・論じ方を導いたと主張するものでもない。一九九〇年代の世相が当時の宗教団体による事件の原因だとする主張も、一九九〇年代の世相が「宗教はアブナイ」「宗教はアヤシイ」という世論の原因だとする主張も、もしかすると正しいかもしれないし、もしかすると間違っているかもしれないが、いずれにせよ本稿の射程範囲外である。ここではただ、おおよその時代背景を紹介し、本稿の内容といくらか関係があるかもしれない事柄を記述するに留める。

　まず、一九九五年に行われた「第一回学生宗教意識調査」を見てみよう。すると、宜保愛子や前田和慧といった当時人気のあった「霊能者」に加え、「ノストラダムスによる一九九九年の終末予言」などについて問う項目が見られる。[注13]「ノストラダムスの終末予言」というのは、一六世紀フランスの占星術師の予言書に、一九九九年、人類が滅亡すると読み取れる箇所があり、それが本当に実現するのではないかと、二〇世紀末の当時、世界中で広く噂されていたことを意味する。「第一回学生宗教意識調査」で「ノストラダムスの終末予言」を「信じる」と答えた学生は全体の二・二パーセント、「ありうると思う」と答えた学生は二二・〇パーセントに過ぎない。[注14]しかし、たとえ人類が本当に滅亡するのでなくとも、二〇世紀の終わり、二千年紀《ミレニアム》の終わりという節目に、何かが終わるのではないか、何かが変わるのではないかという、漠然とした不安感・高揚感が広く行き渡っていたことは確かである。

　ただ、日本においてノストラダムスが広く知られるきっかけとなった五島勉『ノストラダムスの大予言』（祥伝社）が著されたのが一九七三年であることからわかるとおり、世界や人類の破滅に関する言説は、一九九〇年代に入るより、もう少し前から台頭してきていた。そして、それと同時期に、オカルティズムや精神世界に対する新たな関心もまた高まってきていた。オウム真理教の幹部だった上祐史浩の著作『オウム事件　一七年目の告白』（二〇一二年）を引用する。

「一九八六年の夏、私はオウム真理教の前身団体である「オウム神仙の会」に入会した。当時は早稲田大学大学院の修士課程の二年目。二三歳だった。入会した動機は単純で、以前から超能力や超常的なことに関心があり、ヨーガにも興味を持っていたからだ。

私が子どものときは、ユリ・ゲラーなどの超能力が大ブームで、テレビや書籍で盛んに取り上げられ、『ムー』や『トワイライトゾーン』『UFOと宇宙』といった精神世界系の雑誌が多く発行されていた。私は、そういったものが大好きだった。ヨーガや禅の本もよく読み、高校生のとき、あるヨーガの指導者に会った。振り返ると、子どものときから神秘主義で、誇大妄想の傾向があったと思う。(注15)

「出家に傾いていった背景には、麻原（引用者注：オウム真理教教祖の麻原彰晃）の影響もあるが、そもそも私たちがそういった世界を求めていたことも関係している。

私が子どもの頃、先ほど述べた超能力ブームとともに、「大破局」というテーマも社会現象となっていた。大ブームを巻き起こした「ノストラダムスの大予言」をはじめとするさまざまな終末予言や、地球滅亡をテーマにした「宇宙戦艦ヤマト」などのアニメ、さらにはこの種の精神世界の雑誌や書籍などに、私は相当にのめり込んでいた。

その多くに、日本を中心とした何かが世界の危機を救うという主張やイメージがあった。麻原の説いたオウムの救済活動は、当時の私たちにそういった世界が現実にあると期待させたのだ。(注16)」

ここで挙げられている雑誌や書籍、アニメ作品などの題名は、文中に「ブーム」と書かれているとおり、当時の人なら誰もが見聞きしたことがあるものばかりである。上祐のこの証言は、それゆえ、全く特殊なものではない。上祐自身の回想と告白でありながら、オカルティズムや精神世界への新しい関心、世紀末に向けての漠然とした不安感と高揚感、そうした時代の状況を示す、かなり客観的で中立的な資料にもなっているように見える。

さらには、オウム真理教関連事件もまた、そうした不安感と高揚感に触発されてハルマゲドン（世界の終末における善と悪との最終戦争）を不可避と見なすことから生じたという見方もある。事件直後の一九九五年七月の『週刊文春』で、立花隆は、麻原彰晃が予言するハルマゲドン到来の時期がどんどん早まっていったことに触れつつ、こう指摘している。

「なぜハルマゲドンの時期が早まったのか。麻原自身は、それはノストラダムスの研究をすすめた結果、そこにハルマゲドンは九七年に来ると記されているのがわかったからだと説明しています。そして、自分がハルマゲドンを機に世界の救世主としてあらわれることをノストラダムスはちゃんと予言していたというのです。（注17）」

「麻原の書いたものをずっと読んでくると、麻原が本気でノストラダムスの予言を信じているということがわかります。（中略）自分の予言が外れると困るからハルマゲドンを起こそうとしたのではなく、ノストラダムスがそう予言したからには、歴史はその通りに動くにちがいないし、また自分は、歴史をそのように動かす歴史的使命を与えられていると思い込んだのではないでしょうか。（注18）」

先に引いた上祐も、自らの回想・告白において、立花のこの記述を引用している。（注19）さらに続けて、

「教団はアニメの『宇宙戦艦ヤマト』をいろいろな面で取り入れた[注20]」というように、オカルティズムや終末論に関する当時のサブカルチャーとの関係を証言している。

とはいえ、先に述べたとおり、ここでの目的は、世紀末の高揚感・不安感がオウム真理教による一連の事件を引き起こしたと主張することではない。また、仮にそう主張したところで、検証はほぼ不可能である。とにかく当時の日本社会では、二〇世紀の終わり、二千年紀《ミレニアム》の終わりという節目に、何かが終わったり変わったりするのではないかという、漠然とした不安感・高揚感が広がっており、それに関連した「オカルト」「超能力」「大破局」などのブームがあった。そして、それらは一九七〇年代頃から、雑誌や漫画・アニメを通じて人々を惹きつけていたらしい。ここで確認できるのは、せいぜいその程度までだろう。

これから見ていくのは、オウム真理教の事件を受けて、世論がオウム真理教について、あるいは宗教について、どのように考え、どのように論じたかということである。その手がかりとして、オウム真理教関連事件と同時代の事件として並べて取り上げられることもある「東京・埼玉連続幼女誘拐殺人事件（一九八八～一九八九年）」「神戸連続児童殺傷事件（一九九七年）」をめぐる世論について見てみよう。

これら三つの事件を並べて取り上げたものとしては、例えば、吉岡忍による「宮崎　オウム　酒鬼薔薇　次の不安」というエッセイがある。吉岡のエッセイは三つの事件に共通の要素を指摘し、そうすることを通じて同時代の日本社会が抱える不安について考察するものである。[注21]しかし、本稿の狙いは全く異なる。三つの事件が同種のものであるとか、共通する要素を持っているということではなく、あくまで同時代の世論がどのように受け止めたかということに焦点を絞る。社会を不安にする事件を前にして、世論はどのように対応したか。共通点が見出されるのは、むしろ、その「世論の受け止め方」の方である。

（4）過度の一般化（「オタクはアブナイ」「子どもがわからない」）

本項では、「東京・埼玉連続幼女誘拐殺人事件」「神戸連続児童殺傷事件」を取り上げる。繰り返しになるが、それら二つの事件の犯人像がオウム真理教関連事件の犯人像と類似しているということではない。また、二つの事件とオウム真理教関連事件がいずれも共通の時代背景や社会情勢から引き起こされたと主張するものでもない。注目すべきはあくまでも、これら相次いで生じた三つの事件に対する「世論の受け止め方」である。

「東京・埼玉連続幼女誘拐殺人事件」は、一九八八年から一九八九年にかけて、四歳から七歳の女児四名が誘拐・殺害された事件である。遺族宅に被害者の遺骨を届けたり、新聞社に犯行声明を送りつけたりといった「異常な行動」で耳目を集めた末に逮捕されたのは、当時二六歳の青年であり、一連の事件はこの男の氏名から「宮崎勤事件」と呼ばれることもある。宮崎の逮捕後、漫画雑誌やロリコン雑誌、アニメや映画のビデオが山積みになった宮崎の自室の様子がテレビニュースなどで報道されると、宮崎はいわゆる「オタク」であると判断され、「オタクはアブナイ」と見なす風潮が広まっていった。（注22・23）

「神戸連続児童殺傷事件」は、一九九七年二月から五月にかけて、小学三年から六年の五名が襲撃され、うち二名が死亡した事件である。被害者の頭部を切断し、口に犯行声明をくわえさせて、中学校の校門に放置するといった「異常な行動」で注目を集めた末に逮捕されたのは、当時一四歳の少年であった。この男が犯行声明に記した名前から、この事件は「酒鬼薔薇事件」と呼ばれることもある。(注24)

容疑者が一四歳の中学生であったという意外性に対して、育児や教育に関する不安、社会情勢や各種メディアからの影響などに関する指摘が、新聞・雑誌・テレビなどで連日報じられ、「今の子どもたちは、よくわからない」という不安が社会に広まっていった。(注25)

一九九四年の「松本サリン事件」や一九九五年の「地下鉄サリン事件」など、オウム真理教による一連の事件の多くは、これら二つの事件の間の時期に起きている。そして、一連の事件に対する世論の受け止めは、「オタクはアブナイ」「子どもがわからない」に対して、「宗教はアヤシイ」というものであった。

しかし本稿は、「一九九〇年代前後には、オタクや宗教や子どもが事件を起こした」と主張するものではない。本稿冒頭での指摘を繰り返すと、オウム真理教など、いくつかの宗教団体は事件を起こしたが、大多数の宗教団体は事件を起こしていないし、事件を起こした団体には「宗教団体である」という以外にも様々な特徴があるはずだ。これを「宮崎勤事件」や「酒鬼薔薇事件」にも適用すると、次のようになる。「宮崎勤というオタクは事件を起こしたが、大多数のオタクは事件を起こしていないし、事件を起こした宮崎には『オタクである』という以外にも様々な特徴があるはずだ。」「少年A(酒鬼薔薇聖斗)という子どもは事件を起こしたが、大多数の子どもは事件を起こしていないし、事件を起こした少年Aには『子どもである』という以外にも様々な特徴があるはずだ。」

ここで注意すべきは、「過度の一般化」である。事件を起こしたのは「オタク」「宗教」「子ども」のごく一部であるにもかかわらず、すべての「オタク」「宗教」「子ども」が一括りにされて「オタクはアブナイ」「宗教はアヤシイ」「子どもがわからない」と論じられた。さらに、事件を起こした特定の個人や団体については、殊更に「オタク」「宗教」「子ども」という特徴だけが注目され、それ以外の特徴は無視された。つまり、「オタクや宗教や子どもが事件を起こした」というよりは、「事件を起こしたものとして、『オタク』や『宗教』や『子ども』が見出された」という方が適切である。では、なぜ他の特徴ではなく「オタク」「宗教」「子ども」という特徴が見出されたのか。

おそらく、「オタクはアブナイ」「宗教はアヤシイ」「子どもがわからない」などと論じた人々は、「オタク」「宗教」「子ども」などの特徴を故意に選び出したわけではない。それは無意識の働きによるものであり、ゆえに、その意図を推し量るのは難しい。ただ、人の失敗や欠点をあげつらう時に「これだから女は」「これだから若い者は」「これだから外国人は」というふうに、「自分とは違う部分」に原因を帰する一般的な傾向から推測するに、事件を起こしたものとして「オタク」「宗教」「子ども」という特徴が選び出されたのは、それらが「自分たちとは違う部分」だったからだろう。人は評価の高い他者を見た時には、とかく「自分たちと同じ部分」を探し出すものであり、評価の低い他者を見た時には、とかく「自分たちとは違う部分」を探し出すものである。この観点からは、事件を起こした人がたまたま「自分たちとは違う人たち」だったというのではなく、事件を起こしたものとしてわざわざ「自分たちとは違う部分」が選び出されたというのが正確だろう。

それでは、「自分たち」というのは誰のことか。これは漠然と「多数派」とでも言うしかない。新聞・雑誌・テレビといったメディア、それらのメディアで見解を述べる知識人、それらの主要な購読者・視聴者など、日本社会全体の世論形成の中核を担う漠然たる「多数派」である。「オタク」というあり方が現在ほど市民権を得ていなかった当時、新聞報道やテレビニュースに触れる人の多くは「オタク」ではなかっただろう。また、「子ども」が新聞を読んだりテレビニュースを見たりすることもあるだろうが、基本的に報道は「大人」に向けてなされるものであり、主要な購読者・視聴者もまた「大人」であろう。そうした彼ら漠然たる「多数派」から見た時、雑誌やビデオがうずたかく積まれた「オタク」の自室の光景は、いかにも「自分たちとは違うもの」であり、「子ども」という身分もまた「自分たちとは違うもの」である。言い換えれば、そうした「自分たちとは違う部分」に原因を帰することで、自分たちの良識は無傷で保たれるということだ。

それでは、「宗教」についてはどう捉えれば良いだろう。二節で述べたとおり、日本人の大多数は多かれ少なかれ何らかの形で宗教行為を行なっており、その意味で、「宗教」が「オタク」「子ども」と並んで「自分たちとは違うもの」に位置づけられるのは、もしかすると違和感があるかもしれない。だが、これは三節二項で述べたとおり、現代の日本社会では、自分たちの日常に根付いたものは殊更に「宗教」として意識されることはない。つまり、現代の日本社会で「宗教」と呼ばれるのは、自分たちにとってなじみのないものだけであり、そのなじみのなさゆえに「オタク」「子ども」と並んで「自分たちとは違うもの」と見なして、自分たちの良識の外部に置くことが可能であったということだ。

しかし、これも二節で述べたとおり、我々が「宗教」をそのような意味で捉える限り、それは宗教という言葉の本来の意味と比べて非常に狭いものに留まる。その結果、我々は「宗教」を「自分たちとは違うもの」の領域に追いやり、自分たちの日常に根付いた様々な宗教的行為や宗教的感情には気づきもせず、何の疑いもなく「宗教はアブナイ」「宗教はアヤシイ」と言って済ませてしまうことができる。

四．知識人たちの迷走

「宗教はアブナイ」「宗教はアヤシイ」という感覚が世に広まったのは、我々自身の宗教に対する意識・関心の低さゆえであったとして、そもそも「宗教はアブナイ」「宗教はアヤシイ」という感覚はどこから出てきたのか。なぜ「教祖麻原彰晃や一部の信徒たち」でも「オウム真理教という特定の教団」でもなく、また「閉鎖的な集団」でも「独裁的な組織」でも「秘密主義的な組織」でもなく、特に「宗教」が問題であるとされたのか。なぜそうした偏見がリアリティを持ったのか。そうした問題には、これまで全く答えていない。

本節では、当時の世間一般の受け止め方から少し離れて、当時の言論界の状況を概観する。具体的には、その当時において「宗教」に関する言論活動を盛んに行なった、吉本隆明、柄谷行人、島田裕巳の三名を取り上げる。この三名を取り上げる目的は、彼らの見解が我々の宗教理解に役立つからではない。また逆に、彼らの見解を間違ったものとして批判しようというものでもない。あくまで、「宗教はアブナイ」「宗教はアヤシイ」という感覚について、それが当時の世論だけでなく、言論界もまた同じ状況であったという事実を指摘するに留める。

（1）吉本隆明

吉本隆明は、オウム真理教の教祖である麻原彰晃を修行者・思想家として高く評価しており、事件発覚後もその評価を変えなかったことで知られている。彼の発言には数多くの批判がなされたが、彼は事件発覚の直後から、「オウム真理教」や「宗教」に関する著作を、毎年次々に刊行し、これらの批判に反論した。

例えば、事件直後の一九九五年に出版された『尊師麻原は我が弟子にあらず』は、吉本その他の数人による論考や対談の集成であるが、吉本はその中で、次のような主張を展開する。曰く、「事件の責任を問うことと、麻原彰晃の思想を評価することは別である」「オウム真理教に見られる生と死の区別の希薄化は、ほとんどの日本仏教に共通の傾向である」「オウム真理教関連事件は時代の曲がり角で起きた事件だから、市民社会の倫理（高度資本主義消費社会の倫理）を超えた普遍的な倫理の考察が必要である」「市民社会の価値観・倫理観を無責任に反復し続けるマスコミは間違っている」「宗教を迷妄として忌避するなら、いかなる個人や国家をも迷妄として忌避しなければならない」等々。これらの主張は、同書に収録された複数の論考や対談で、何度も繰り返されている。[注26]

こうした主張のうち、オウム真理教関連事件を日本仏教全体の問題、さらには宗教全体の問題として捉えようとする姿勢は、翌年の『世紀末ニュースを解読する』に詳しい。

「宗教団体、特に仏教各派がなにをいっているかというと、オウム真理教は凶悪、劣悪な集団であって、とても宗教と呼べるようなものではない、これは特別であり、宗教団体自体は悪くないのだから、宗教法人法の改定には反対であるという言い方です。ただ一つの宗派も、宗教がまっ正直に、まっすぐに突っ走れば、そこには危険な要素があり得るんだ、法的には犯罪にいく可能性だってあるんだ、同じ宗教教団として寛容でありたいという言い方をした団体はひとつもありません。どこもオウムのようにきついところまで追いつめられたことはないのですが、その宗教教義は自分たちとは無縁であると片付けています。

これは僕にいわせれば、宗教家として失格であると思います。特に仏教徒として失格です。アイツは特別に悪いんで、俺のところとは違うんだという言い方は宗教家としては全然なっていないと思います。(注27)」

吉本は、この記述において、特定の教団・教祖でなく宗教一般が犯罪に行き着く危険性を持つという見方を示す。続いて、他の教団が「自分たちも同じ宗教教団である」という観点から、オウム真理教に理解を示すべきだとの考え方を述べる。もちろん、これらの見方・考え方は吉本による創作であり、実際にそのような見方・考え方を実践した宗教家・宗教団体は(吉本の知る限りでは)現れなかったのだが、吉本は、そうした宗教家・宗教団体が現れなかったことを、「仏教徒として失格」「宗教家として全然なっていない」と非難している。

こうして、問題の所在を日本仏教全体に、さらには宗教全体にまで拡大していく(過度の一般化)。さらに後の記述で、浄土教、特に親鸞の悪人正機説だけは、日本仏教の中でも「普遍の倫理」を唱えたものとして例外化され肯定されるのだが、やや細かい話になるので省略する。とにかく、ここでは、「日本仏教全体の問題」「宗教一般の問題」というように、問題の所在がどんどん拡大されていることだけ確認しておこう。

また、オウム真理教関連事件を時代の曲がり角で起きた事件と見なし、そしてそれゆえに、より普遍的な倫理の考察が必要であると見なす姿勢については、『世紀末ニュースを解読する』と同年に出版された芹沢俊介との共著『宗教の最終のすがた』に詳しい。

「今年（九五年）は震災のほかに、オウム真理教による地下鉄サリン事件が起きたり、不況回復のめどがなかなか立たなかったり、いくつかの銀行や信用組合が解体しかかったりなど、十年分くらいの出来ごとが次々に起きています。そして、これらの出来ごとによって、二十世紀のあいだぐらいは平穏無事にもつかなとおもっていたさまざまな価値観、〈善悪〉の基準、社会・経済的な枠組みといったものが揺らいできています。ぼく自身も、震災とオウム事件で相当衝撃を受けました。これらの出来ごとに対応できる考え方をつくりだしていかないと、日本の世紀末の社会全体が駄目になるのではないかという感じがしています。

（中略）

オウムの事件は、価値、価格、それから〈善悪〉というものが本体を離れて、なにが〈善〉か、なにが〈悪〉かわからなくなっていることのひとつの現れで、根源を解決しなくては、いくらだって第二、第三のオウムのような事件が起こりうると、ぼくはおもいます。いままで市民社会がなにげなく保留なしに是認してきた倫理観や〈善悪〉の基準というのが、だれからも潜在的には疑われてあぶなくなっていることのひとつのラディカルな現れだとおもいます。ですから、もっと包括的な倫理観というものを探して確立していかなくてはならないと、ぼくはかんがえます。

単に個人の問題とか、思想とか、文化だけではなくて、社会・経済的にも、政治的課題としても再検討を要するとかんがえて解決の方向にむかうべきです。これが二つめの解決法で、そうでないと、世紀末を乗り超えることはできないとおもうのです。(注28)」

吉本が述べるのは、概ねこういうことだ。オウム真理教関連事件が起きたのは、時代が移り価値観が変わりつつあることの現れである。だから、これまでの市民社会の倫理観を超える、より普遍的な倫理観を考えなければならない。そうでないと「世紀末」を乗り超えることができない。

ここで言う「世紀末」というのは、先に述べたノストラダムスの終末予言のことでは、まさかあるまい。ただ、とにかく、ここでの問題の所在が、前書での「日本仏教全体」「宗教全体」をさらに超えて、「日本社会全体」「世紀末」にまで拡大されていることを確認しよう。そしてもう一点、当時、何らかの「時代の曲がり角」に来ているという意識があり、二〇世紀を総括するとともに二一世紀に向けて何か新しいものを提示しなければならないという意識もあったこと、それが吉本ただ一人でなく、当時の知識人の間に割と広く見られた傾向であったことを確認しよう。(注29)

以上のように吉本は、問題を麻原彰晃やオウム真理教といった特定の個人や団体の問題とはせず、「日本仏教全体の問題」「宗教界全体の問題」「日本社会全体の問題」さらには「世紀末の問題」というように、問題の所在をどんどん拡大していく。そうした上で、これまで市民社会が無批判に前提としてきた倫理観、善悪の基準を相対化するような、より普遍的な新しい善悪の基準を「全体で」考えるよう呼びかけている。しかし、彼がオウム真理教を「日本仏教全体の問題」「宗教界全体の問題」などと見なす根拠は、「宗教は生死の区別を希薄化する」「宗教には市民社会の倫理を超える部分がある」という点に尽きている。それだけを理由として、他の宗教にオウム真理教との連帯責任を負わせることは、妥当か否か。その判断は読者に委ねたい。

（2）柄谷行人

柄谷行人は、オウム真理教関連事件に関して特に積極的に発言したというわけではないが、二〇〇〇年に刊行された『倫理21』という著書は二〇世紀末の日本における様々な出来事（神戸連続児童殺傷事件、東京・埼玉連続幼女誘拐殺人事件、小説における表現の自由をめぐる騒動・裁判、大企業の不正・破綻など）を下敷きにしており、その中にオウム真理教関連事件も含まれている。「宗教は倫理的である限りにおいて肯定される」という章である。

この章において柄谷は、世間や共同体の道徳である「道徳」と、世界市民的な道徳である「倫理」とを区別する。そして、これと同様に、宗教を「共同体の宗教」と「世界宗教」とに分け、カントに倣って後者のみを肯定する。ある宗教が普遍的な倫理に通じ、他人に対して倫理的であるよう説く限りにおいて、その宗教を肯定するということだ。そして、これも詳細は省くが、そうした普遍的な倫理に通じるものとして挙げられるのは、またしても吉本の時と同じ、親鸞の「他力本願」「悪人正機」の教えである。(注30)

親鸞の教えが本当に普遍の倫理に通じた「世界宗教」と言えるのか。そうしたことは、ここでは論じない。ここでの問題は、吉本や柄谷といった知識人たちが、特定の時代や地域に限定された倫理を超えて、何か「普遍的な倫理」を呼び出すべきだとした点である。さらに柄谷は、宗教をもその「普遍の倫理」の枠組みの中でのみ肯定すべきだとした。しかし、そんな「普遍の倫理」はこれまでも存在したことがないし、これからもほとんど想像することさえできない。もし仮にそんなものが存在するとしても、そうした「普遍の倫理」に従うものを宗教と呼べるだろうか。

宗教の役割は、柄谷の説くような「普遍の倫理」に従うことではない。むしろ、共同体の「道徳」であれ、普遍の「倫理」であれ、そこからどうしようもなく漏れてしまう人たちを救うことこそ、様々に異なる宗教が、それこそ「普遍的に」持っている役割ではなかったか。誰もが従う「普遍の倫理」があり得るなら宗教は必要ないし、その「普遍の倫理」に従うものはもはや宗教ではない。

(3) 島田裕巳

島田裕巳は、事件発覚前にオウム真理教を高く評価する発言をしており、事件発覚後には多くの批判や責任追及にさらされた。その後、いくつかの著作で当時を振り返り、自らの発言や行動について説明するとともに、オウム真理教や宗教をどう捉えるべきかを考察している。

その最初のものは、一九九七年の『宗教の時代とは何だったのか』であろう。同書において島田は、宗教の持つ暴力性・残虐性はオウム真理教に限ったことではないと説く。

「オウムが、宗教教団であったことは、否定できない客観的な事実である。宗教とは、人間の幸福に貢献するものでなければならないという見方もある。そういった見方からすれば、オウムは宗教から逸脱していると考えられるかもしれない。だが、人類の歴史は、宗教のもつ暴力性や残虐性を証明している。オウムは、修行に力を入れ、出家を奨励し、教義の体系化を行っていた点で、日本の他の宗教教団以上に、宗教らしい宗教であったとも言える。オウムが宗教であったからこそ、あれだけの事件が起こったと考えるべきであろう。[注31]」

二〇〇一年に刊行された『オウム』でも、このように述べている。

「宗教は本来、現実を超越した特異な論理をもっている。そして、その論理にもとづいて現実の社会のあり方を糾弾し、その社会に生きる人間の生き方を厳しく批判する。宗教は、腐敗堕落した現実の社会が遠からず終わりを告げることを予言する。その宗教の論理によって支配された世界の出現には、現実に存在する世界の崩壊が前提とされる。宗教は、社会の価値観や常識をはるかに超えていく。これまでの歴史をみれば、宗教は時に、その論理にしたがって、宗教を受け入れない人間を抹殺することをも正当化していくことが明らかになってくる。その宗教が説く信仰を受け入れない人間は、許すべからざる悪魔的な存在としてとらえられる。その宗教を信仰している人間には、宗教は幸福をもたらす絶対的な存在である。しかし、その宗教を信仰しない人間にとっては、宗教は自分たちの生活を脅かす危険な存在になることがある。[注32]」

ここで述べられている「特異な論理」「社会への厳しい批判」「現存する世界の崩壊が前提」といった要素は、とてもすべての宗教に共通するものとは思えない。宗教が社会と対立し、社会に対して暴力性や残虐性を向けることもなくはないが、それを宗教全体に適用するのは無理がある。

さらに、同書の別の箇所では、このように述べる。

「オウム事件は、本来なら日本の社会のあり方を問い直す絶好の機会であったはずである。いったいなぜオウムという宗教が日本の社会に生み出されてきたのか。そこには日本の社会に存在する矛盾がかかわっている。その点を分析していけば、日本社会がかかえている問題の重要な一部が明らかになり、その問題にどうしたら対処できるかが明確になったはずである。

オウム事件は宗教の問題であるとともに、日本的な組織の問題でもある。オウム事件は、日本の組織がかかえている根本的な矛盾を露呈することになった。その点について考察を進めていかないかぎり、現在の日本社会がかかえている問題への展望は開かれていかない。[注33]」

ここで述べられている「根本的な矛盾」というのは、かねて言い古されてきた「無責任」というものである。ことの真偽はさておくとして、「宗教全体」の次は「日本社会全体」へと問題の所在を拡大し、そこに含まれる何らかの問題を解決することで新時代への展望を開こうとする点は、吉本と同じである。

(4)「全体の問題」には要注意

以上の通り、吉本隆明、柄谷行人、島田裕巳の三名とも、オウム真理教関連事件を特定の教祖や教団の問題ではなく「宗教全体の問題」(さらには「日本社会全体の問題」や「世紀末全体の問題」)と捉えている。しかし、だからといって、「宗教はアブナイ」「宗教はアヤシイ」という世間一般の日常感覚が、当時の知識人らの言論から影響を受けて作られたものだとは言い切れない。世間一般の方が先に「宗教はアブナイ」「宗教はアヤシイ」という偏見を持っており、知識人らはその枠組みの中で語っていただけかもしれない。どちらが先で、どちらが後か。あるいは、どちらにも共通する別の原因があるのか、たまたま同じ時期に同じような偏見が発生したのか。そうしたことは、今後、さらなる検討が必要である。

また、それとは別に、我々自身の日常感覚を問い直す観点から三名の見解を見ていくと、宗教が市民社会の常識や倫理を超えていくものである点では三名とも一致している。しかし、宗教そのものが本来的に危険性・暴力性・反社会性を持っていることを認める向き（吉本・島田）と、そうした宗教をも倫理の管理下に置こうとする向き（柄谷）がある。また、宗教と市民社会とを同時に包含するような、より普遍的な倫理の必要性を訴える向き（吉本・柄谷）と、そうした普遍的倫理の必要性については言及しない向き（島田）がある。

これらの著作は我々に、自分自身の属する市民社会の常識や倫理感が絶対ではないこと、我々自身の「宗教」概念が非常に偏って狭いものであることなどへの気づきを促す。しかし、これらの著作が「オウム真理教だけでなく宗教界全体の問題」「麻原彰晃だけでなく我々自身の問題」というふうに、安易に「全体」へと還元しようとする傾向には、注意しなければならない。

五．知恵ある人々の態度

前節までに見てきたとおり、一九九〇年代後半から二〇〇〇年代初頭にかけて、内容は微妙に食い違っているのだが、市井の人々と知識人らは、宗教を危険と見なす意識において一致していた。前節で見たのは、知識人らがその危険性を「全体」へと拡大したり、それに対処すべく「普遍の倫理」を要請したりする傾向であった。それでは市井の人々は、その危険性にどう対処していったのか。

まずは、次の四つの図を見ていこう。図1（出典：井上順孝「宗教の境界線」五六頁）を見ると、「宗教はアブナイ」という意識は、この質問項目ができた一九九八年から現在にかけて、少しずつ薄れてきていることがわかる。最新の調査である第一三回（二〇二〇年実施）では、「そう思う」一二・一パーセント、「どちらかといえば思う」四二・九パーセント、「どちらかといえば思わない」三一・九パーセント、「思わない」一三・〇パーセントというように、さらにその傾向は強まっている。(注34)

次に、図2（出典：井上順孝「宗教の境界線」五六頁）を見ると、「宗教は必要」という意識は、第一回調査の一九九五年から現在にかけて、少しずつ強まってきていることがわかる。第一三回（二〇二〇年実施）では、「そう思う」三一・九パーセント、「どちらかといえば思う」四五・三パーセント、「どちらかといえば思わない」一五・〇パーセント、「思わない」七・八パーセントというように、さらにその傾向は強まっている。(注35)

さらに興味深いのは、図3と図4（出典：いずれも井上順孝「宗教の境界線」五七頁）である。これは二〇一二年の第一一回調査における「宗教は必要」と「宗教はアブナイ」という二つの調査項目の回答をクロス集計したものであり、調査者自身が「やや矛盾(注36)」と述べるとおり、「宗教は必要」と考える人でも半数以上が「宗教はアブナイ」と考えていることがわかる。また、全体で見ると、「どちらかといえば宗教は必要だと思うが、どちらかといえば宗教はアブナイと思う」という組み合わせが突出している。二〇二〇年に実施した第一三回調査でも、同様の傾向が見られるだろう。

これを「矛盾」と見なすこともできるが、おそらく宗教への忌避感を克服することは、「宗教はアブナイ」というイメージを払拭することを、必ずしも意味しない。宗教全体を一括りにして「アブナイ」と忌避することはできないが、特定の宗教が危なくなる場合はある。そうした警戒感を保持し、これ

図１　宗教はアブナイ

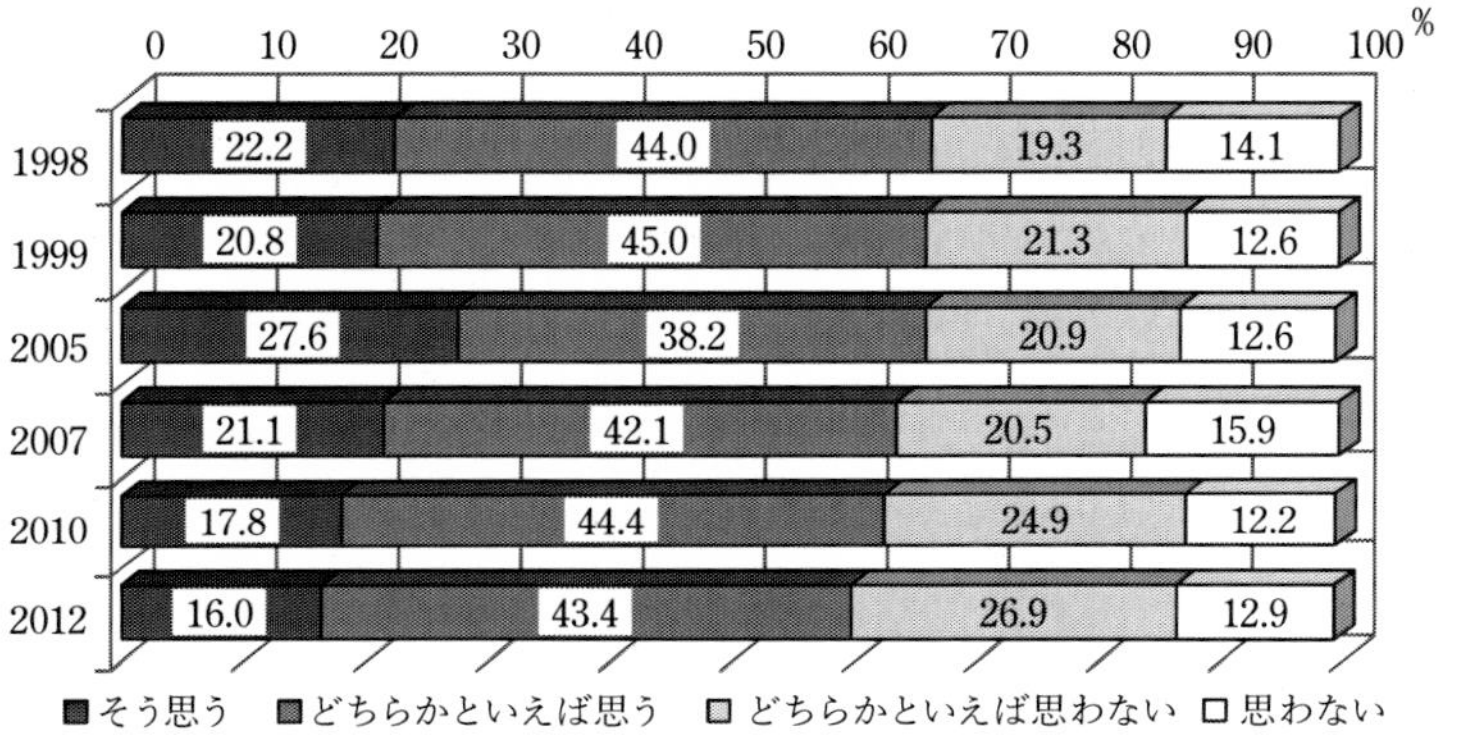

出典　井上順孝著「宗教の境界線」p. 56

図２　宗教は必要

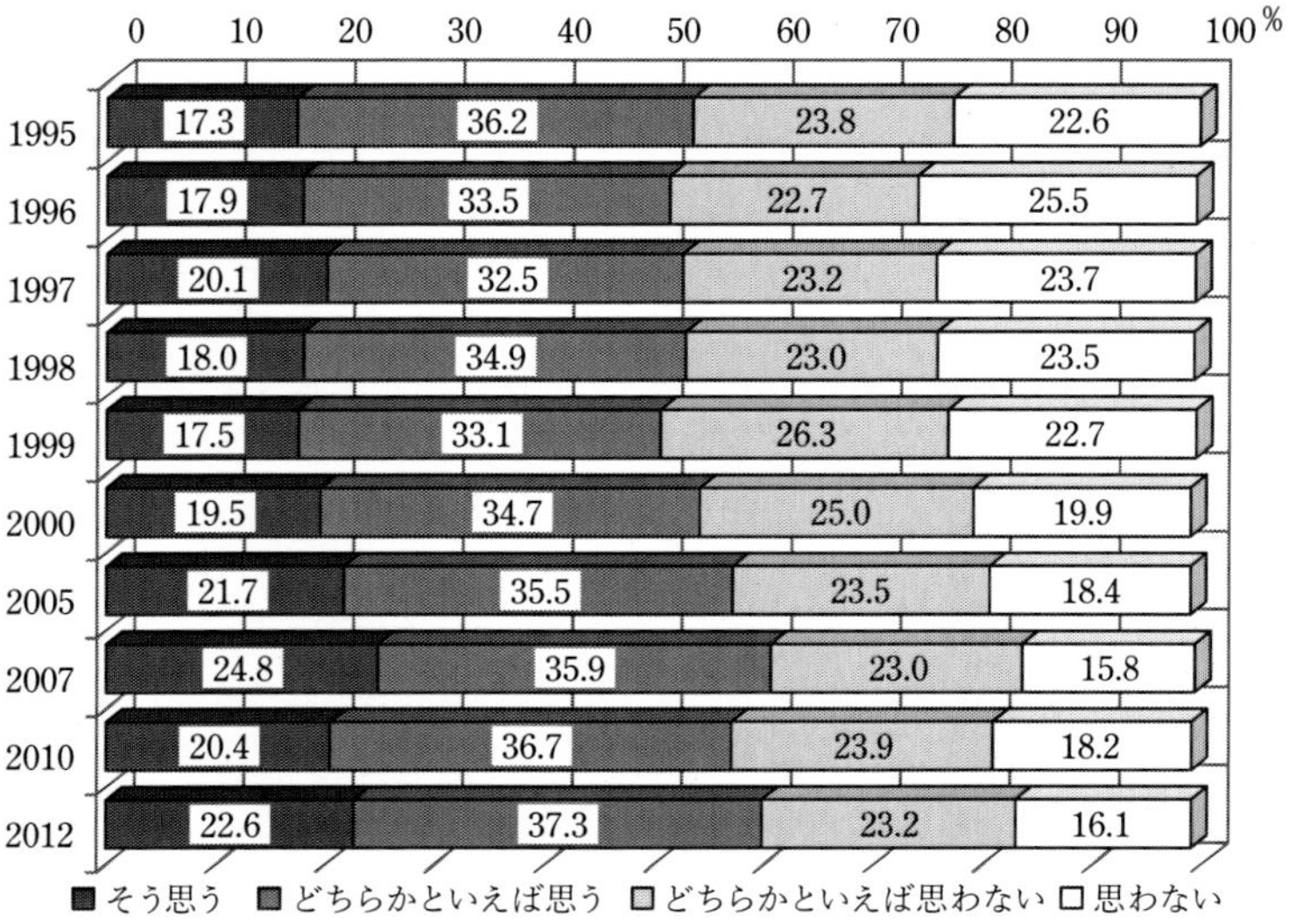

出典　井上順孝著「宗教の境界線」p. 56

図3　宗教は必要と宗教はアブナイ（2012年）

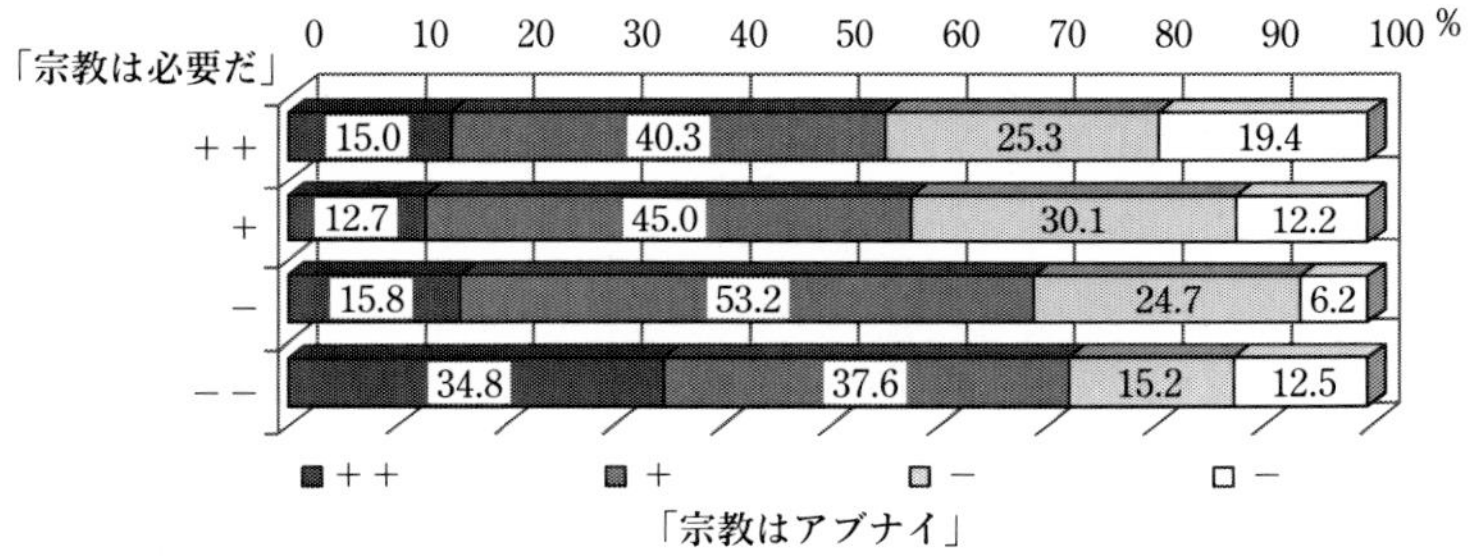

出典　井上順孝著「宗教の境界線」p. 57

図4　クロス（2012年）

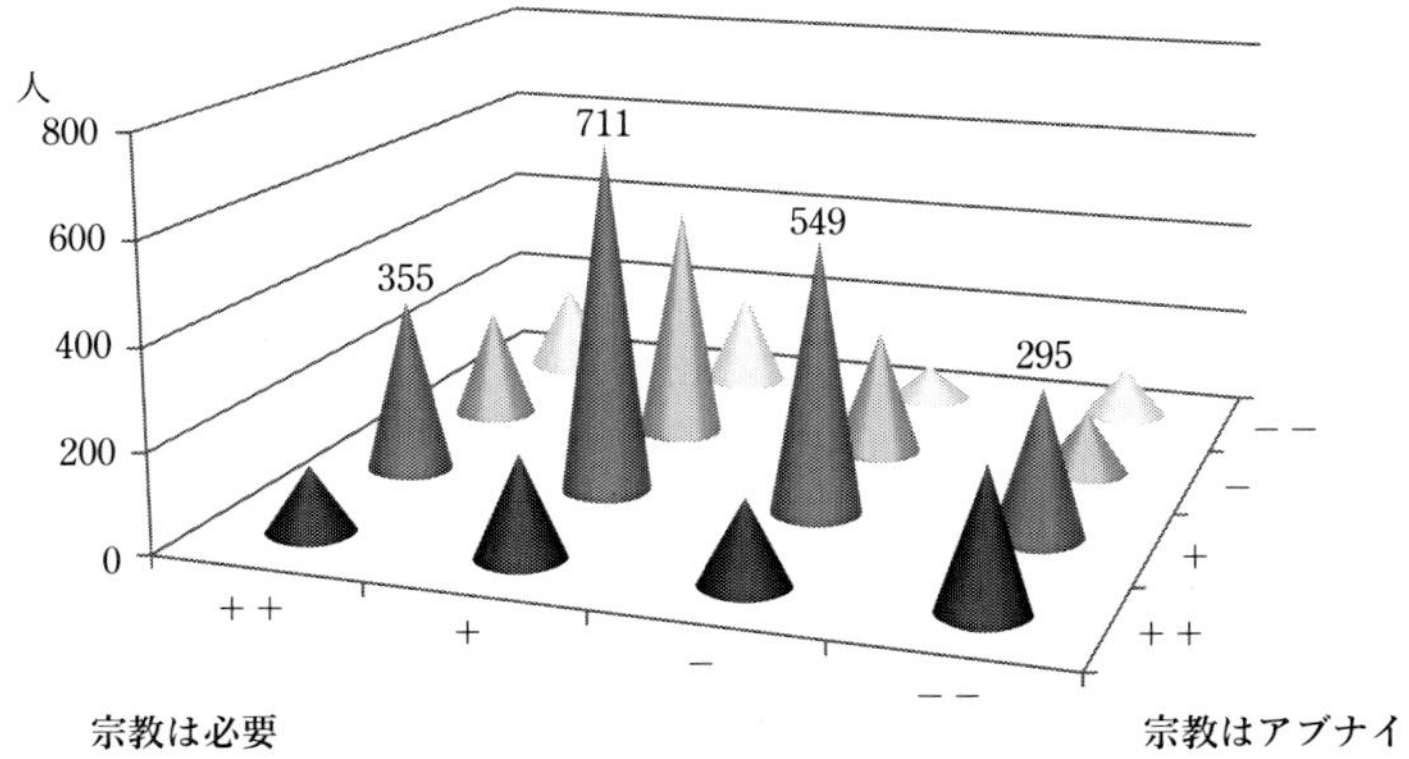

出典　井上順孝著「宗教の境界線」p. 57

を遠ざける構えは維持したまま、「それでも宗教は必要だ」と認識し、何らかの形で宗教を受け入れ、和解できる道を探っていくことはできる。できる、というより、既に我々の大多数は、二節で述べたとおり宗教を実践しているのだから、そうした我々自身の姿を直視するのであれば、当然、そうした道へ進まなければならなくなるはずだ。

六．我々が本当に恐れていたのは何か

以上に見てきたとおり、日本社会で「宗教はアブナイ」「宗教はアヤシイ」と言われる場合、そこで「宗教」と言われるものは宗教という言葉の本来の意味と比べて非常に狭い範囲を指している。また、多くの人々が日々宗教活動を実践しながら、それを宗教としては意識せず、宗教を自分たちとは縁遠いものと感じている。それゆえにこそ、宗教家や宗教団体が事件を起こすと、自分たちとは関係ない（ことになっている）「宗教」という特徴が、まるでそれが事件の原因であるかのように抜き出され、かつ、事件を起こした宗教家・宗教団体だけでなく「宗教」を一括りにして忌避する「過度の一般化」が生じる。こうして、自分たちとは関係ない（ことになっている）「宗教」を恐れ、憎むことで、自分たち（世論を形成する漠然たる「多数派」）の良識と日常は無傷に保たれる。

他方、知識人らは、宗教が我々にとって縁遠いものであるとの立場はとらない。むしろ、宗教団体や宗教家による個別具体の事件を、「日本社会全体の問題」「世紀末の問題」というように問題の所在を拡大し、我々をその内部に取り込もうとさえする。世紀末の世相を不思議な不安感と高揚感に包み

込んだ「ノストラダムスの大予言」とはまた別に、「時代の曲がり角」という意識を何となく共有し、本当に終わるともわからぬ古い時代に決別し、本当に来るともわからぬ新しい時代への展望を開こうとして、「普遍の倫理」などというものまで求め始めたりもする。結果として、「宗教はアブナイ」「宗教はアヤシイ」という世間一般の基本的な偏見からさえ出られていない。

だが、知識人らがそのように迷走している間、市井の人々は「宗教はアブナイ」との意識は保ちつつ、「宗教は必要だ」との意識も強め、一見矛盾する両者を両立させることで自分たちなりに受け入れ可能な方向を模索し始めた。本当の「展望」は、過度に問題を拡大することでも、なんでもかんでも「自分たち全体の問題」に引き受けることでもなく、もっと地道なやり方で開かれるのかもしれない。自分自身が何者であり、自分自身が何をしているのか。本当に不安や恐怖を感じている相手は誰で、それはなぜなのか。そうしたことを誠実に考えていくことで、いつか「自分たちが恐れていたのは『宗教』ではない」「自分たちは宗教を実践しているし、それは必要だ」ということにも気づけるのではあるまいか。

それでは、我々が本当に恐れていたのは何か。我々は「宗教」を、「オタク」や「子ども」と同様に、わざわざ「自分たちとは違うもの」の位置にまで遠ざけ、様々な事件や問題の原因と見なしてきた。だから、本当に不安だったのは、我々とそれらとの意外な近さ、我々自身の中にある危険性や予測不能性だったのかもしれない。二節で述べたとおり、現代日本社会に生きる大多数の人々にとって、宗教は身近である。そもそも宗教と我々が近くなければ、我々が宗教をわざわざ遠ざける必要もない。そして、おそらく、我々は自分たちの宗教活動を通じて、宗教が自分たちの何を支え、何を引き受けているかということに、気づいている。だからこそ、「宗教はアブナイが必要である」というアンケート結果になるのではないか。

宗教には、四節二項で述べたとおり、共同体の「道徳」であれ、普遍の「倫理」であれ、そこからどうしようもなく漏れてしまう人たちを救うという役割もある。であれば、宗教を自分たちのものとして引き受けるということは、単に我々が宗教を実践していると認めることだけでは済まない。宗教が引き受けてくれていた人間の危険性や予測不能性、より具体的には、どうしようもなく悪へ走ってしまったり、見たくないものから目を背けてしまったりするような、弱さ、愚かさ、罪深さを、自分自身の中にも少しずつ認めていくことが必要なのではあるまいか。

注

1 島田裕巳（二〇一七年）九九頁

2 オウム真理教による「松本サリン事件」（一九九四年）や「地下鉄サリン事件」（一九九五年）の他にも、統一教会における「マインドコントロールの告発」（一九九三年）、ライフスペースによる「成田ミイラ化遺体事件」（一九九九年）、法の華三法行に対する「詐欺容疑での摘発」（一九九九年）などが、代表的な事例である。

3 『広辞苑』（第七版）（二〇一八年）一三七三頁

4 『学研現代新国語辞典』（改訂第五版）（二〇一二年）六四四頁

5 前述の『広辞苑』（第七版）（二〇一八年）に「（religion）」という注記があるとおり、現代日本語において使われる「宗教」という語は religion の訳語である。島田裕巳『日本人の信仰』（二〇一七年）によれば「宗教ということばは、英語の“religion”の訳語として、明治時代に入ってから使われるようになった」（同書一九頁）ということで、*The Oxford English Dictionary 2nd ed.* に当たってみると、「神の支配力に対して、これを信じたり、畏れたり、喜ばせようと願ったりすることを示す行動や行為。そうした意味を持つ儀式や行事の実践。」「特定の信念や崇拝の体系。」「何らかの超越的な見えない力が自分の運命を支配しているとか、それは服従や畏敬や崇拝を受けるべきものであるということについての、人間の側での認識。この信仰から帰結する一般的な心的・道徳的態度。」（いずれも引用者訳）などの定義が見られ、いずれも現在の意味での「宗教」が日本語に導入されたとされる明治期前後、及び、より古い用例が確認された（*The Oxford English Dictionary 2nd ed. Vol. XIII.*, pp.568-569）。このこともまた、宗教という言葉の辞書的な意味を「神聖なもの、人間や自然を超えた何かを、信じたり畏れたり敬ったりすること」とする本稿の記述の傍証となろう。

6　NHK放送文化研究所編（二〇一五年）一三九―一四四頁、付録Ⅰ一頁

7　キース・ウォードは、二〇〇八年に、「近年、多くの著者が宗教を危険なものとして攻撃している」（引用者訳）と記しており、実際には欧米社会でも「宗教はアブナイ」という感覚が広まりつつあることが見て取れる。そして、その直後の段落には、「こうした主張の基本的な問題点は、『宗教』というものが定義されておらず、それゆえ、何が攻撃されているのか正確に知るのが難しいということである」（引用者訳）と書かれており、この点も日本社会の宗教意識と類似している。〔Keith Ward (2008) p.413〕

8　『第一三回学生宗教意識調査報告』（二〇二一年）一八頁

9　なお、そのわずか五年前の「第一二回学生宗教意識調査」では、同じ質問に対して、「不安は感じない」三六・四パーセント、「少し不安を感じる」三九・七パーセント、「かなり不安を感じる」二一・三パーセント、

「無回答」二・六パーセントであった。その時点と比較すれば、日本社会におけるイスラームへの忌避感は和らいできているとも言える（「学生宗教意識調査　総合報告書（一九九五年度〜二〇一五年度）」中の「第一二回学生宗教意識調査（二〇一五年）」三四二頁）。

10 阿満利麿（一九九六年）八一一七頁

11 同書一七—二九頁

12 例えば、NHK放送文化研究所が一九七三年から五年ごとに、基本的に同じ質問項目・選択肢で実施している「日本人の意識」調査では、「宗教はアブナイ」「宗教はアヤシイ」という意識の有無を問う項目は存在しない（NHK放送文化研究所編（二〇一五年）付録I二〇頁）。統計数理研究所が一九五三年から五年ごとに、長期にわたる継続質問項目と新しい質問項目を併用しながら実施している「日本人の国民性調査」でも、「宗教はアブナイ」「宗教はアヤシイ」という意識の有無を問う項目は存在しない（日本人の国民性調査とは）。他方、國學院大學日本文化研究所が一九九五年から不定期に、かつ部分的に質問項目を変えながら実施している「学生宗教意識調査」では、「一般的に宗教は、アブナイというイメージがある」という項目が、一九九八年の第四回調査から登場した（学生宗教意識調査　総合報告書（一九九五年度〜二〇一五年度））。

13 「学生宗教意識調査　総合報告書（一九九五年度〜二〇一五年度）」中の「第一回学生宗教意識調査（一九九五年）」一二一—一二三頁

14 同書一三一—一四頁

15 上祐史浩（二〇一二年）三四頁

16 同書三七—三八頁

17 立花隆（一九九五年）一六四頁

18 同書一六五頁
19 上祐史浩（二〇一二年）一四七―一四八頁
20 同書一四九頁
21 吉岡忍（一九九七年）六一―六三頁
22 一橋文哉（二〇一二年）一八―二〇頁
23 都市のフォークロアの会編『幼女連続殺人事件を読む』（一九八九年）は、この事件が「マス・メディアによってどのように語られていったか」（同書二頁）に焦点を絞り、新聞や雑誌での有識者のコメントなどを多数掲載している。その中には、「若者がアニメやゲームとの関わりの中で現実の人間関係を構築できなくなっている」というように、犯人が「若いオタク」であることを重視するものもあれば、そうした見解は「若者」や「オタク」への差別であるとして批判的な目を向けるものもある。
24 一橋文哉（二〇一二年）二〇頁
25 例えば、事件翌年の一九九八年には雑誌『ＡＥＲＡ』が、その名も「子どもがわからない」という題名の臨時増刊号を出し、そこでは有識者たちが、育児や教育、子どもを取り巻く時代状況や社会情勢について語っていた（『ＡＥＲＡ』（第一一巻第四八号）（一九九八年））。
26 吉本隆明＋プロジェクト猪（一九九五年）
27 吉本隆明（一九九六年）一一〇頁
28 吉本隆明＋芹沢俊介（一九九六年）一〇―一三頁
29 この立場をとる論客として、まずは、ここで引用した吉本と次項で述べる柄谷がいる。その他、例えば、宮台真司「「良心」の犯罪者」（一九九五年）では、一神教的な神を持たない日本社会を律していた共同体の

「道徳」が、ムラ社会の崩壊や家族の変容とともに失われてきた結果、件の時代に二種類の終末論が生じたとされる。その一方がオウム真理教の「ハルマゲドン」とされ、もう一方が今後我々のとるべき道であるとされる。

30　柄谷行人（二〇〇〇年）九三―一一一頁
31　島田裕巳（一九九七年）一二頁
32　島田裕巳（二〇〇一年）四二八―四二九頁
33　同書四九四頁
34　『第一三回学生宗教意識調査報告』（二〇二一年）一一頁
35　同書一一頁
36　井上順孝（二〇一三年）五五頁

引用文献

［日本語］
『ＡＥＲＡ』（第一一巻第四八号）一九九八年
阿満利麿『日本人はなぜ無宗教なのか』ちくま新書　一九九六年
一橋文哉『人間の闇』角川ｏｎｅテーマ21　二〇一二年
井上順孝「宗教の境界線」『國學院大學研究開発推進機構日本文化研究所年報』（第六号）四〇―六六頁　二〇一三年

ＮＨＫ放送文化研究所編『現代日本人の意識構造』（第八版） ＮＨＫ出版 二〇一五年
「学生宗教意識調査 総合報告書（一九九五年度〜二〇一五年度）」 https://www.kokugakuin.ac.jp/research/oard/ijcc/ijcc-publications/p01（二〇二二年二月二八日閲覧）
『学研現代新国語辞典』（改訂第五版） 学研教育出版 二〇一二年
柄谷行人『倫理21』 平凡社 二〇〇〇年
『広辞苑』（第七版） 岩波書店 二〇一八年
島田裕巳『宗教の時代とは何だったのか』 講談社 一九九七年
島田裕巳『オウム』 トランスビュー 二〇〇一年
島田裕巳『日本人の信仰』 扶桑社新書 二〇一七年
上祐史浩『オウム事件 一七年目の告白』 扶桑社 二〇一二年
『第一三回学生宗教意識調査報告』 國學院大學研究開発推進機構日本文化研究所 二〇二一年
立花隆「殺人を正当化するオウム「金剛乗」とは何か」『週刊文春』（第三七巻第二九号）（通号第一八四二号）一五八―一六五頁 一九九五年
都市のフォークロアの会編『幼女連続殺人事件を読む』 ＪＩＣＣ出版局 一九八九年
日本人の国民性調査とは https://www.ism.ac.jp/kokuminsei/index.html（二〇二二年二月二八日閲覧）
宮台真司「「良心」の犯罪者」『別冊宝島』（第二二九号）一〇四―一一七頁 一九九五年
吉岡忍「宮崎 オウム 酒鬼薔薇 次の不安」『ＡＥＲＡ』（第一〇巻第三三号）六一―六三頁 一九九七年
吉本隆明＋プロジェクト猪『尊師麻原は我が弟子にあらず』 徳間書店 一九九五年
吉本隆明『世紀末ニュースを解読する』 マガジンハウス 一九九六年

吉本隆明＋芹沢俊介『宗教の最終のすがた』 春秋社 一九九六年

［外国語］

The Oxford English Dictionary Second Edition Volume XIII: Quemadero-Roaver. (1989) Oxford: Clarendon Press.

Ward, Keith (2008) Is Religion Dangerous? *Studies: An Irish Quarterly Review*, Vol.97 No.388, pp.413-419.

第九章　日本語からみる日本人の精神性

――英語との対照からみえること

平　明子

一．はじめに

本稿の目的は、日本語と英語を対照的に観察することからその共通点と差異を見つけ、日本語に表出する日本人の精神性を考察することである。言語を分析するアプローチは様々あるが、ここでは、語彙（単語）、文（一文、文頭から文末までのまとまり）、表現方法にみられる特徴という点を中心に観察と分析を行う。そしてそこから見えてくる日本語の特徴から、日本人らしさ、日本人が保持する文化的価値観、認識の構造、日本人の精神性を考察することを試みる。

言語、思考、文化の関係についてはこれまで様々な研究や議論が行われてきている。そのひとつに、「言語相対論 / Theory of Linguistic Relativity」がある。(注1) これは、言語が思考を決定するという「強い仮説」と、言語は思考に何らかの影響を与えるという「弱い仮説」に大きく二分されている。人間は言語を通して思考や情報伝達を行うので、ある言語（その文法構造）がある特定の思考パターンを強制的に決定するかについても議論がなされうるのだが、言語と話者の思考パターンの関係や言語と話者の気質に関する結び付けを証明することは極めて困難であり、またその因果関係を説明することもできないということから、どの程度影響を及ぼしているのかという点に関して見解が様々であると理解すべきである。本論では、言語と思考、言語と文化の関係性については慎重な立場を維持しつつ、日本語と英語における言語の運用面を分析する。言語としての日本語を改めて観察してみることから、日本人の精神性を考察し、合わせて見えてくる言語学の課題についても考察したい。

二．形態的側面から見る日本人の精神性

言語学における形態論とは、語彙（単語）の構成の仕組みを研究する分野である。本節では、日本語と英語の語彙について比較と検証をする。形態論的観察においてよく論じられる点であるが、あるものを、ある言語では区別して異なる語彙を用いていても、別の言語では区別していないということが頻繁にある。「水」という語彙がその例である。

（1）　water：水
　　　hot water：お湯

日本語では水の温度に応じて「水」と「お湯」を使い分けている一方で、英語では温度による分類は存在しない。その違いを表すには「hot water / cold water」といった複合表現を用いて区別する。また日本語では「ぬるま湯・微温湯」と言えば、たいていお風呂の湯温を言及していると理解される。「ぬるま湯」は複合表現であるが、このように用途に応じた表現も存在し使い分けを行っている。これに類似した使い分けが、「uncle」に対して「伯父・叔父」、「sister」に対して「姉・妹」などの親族用語、身体の部位、「米」など食べ物の名称にも多く存在する。

動詞についても同様の差異を見出すことができる。英語の「wear」は 衣類や装飾品を主語の意思を

持って身に着けている状態が続くことを意味する。一方、日本語でそれに対応する語彙は七つ、またはそれ以上存在する。

（2）　**wear a coat**：コートを着る（着ている）
wear shoes：靴をはく（はいている）
wear a ring：指輪をはめる（はめている）
wear a seat belt：シートベルトを装着する（装着している）
wear a gun：銃を携帯する（携帯している）
wear a wig：かつらをかぶる（かぶっている）
wear perfume：香水をつける（つけている）
wear flowers in one's hair：髪に花をつける（つけている）
wear a mask：マスクをする（している）

上半身に身に着ける衣服については英語の「wear」と日本語の「着る」は合致する。しかし下半身に身に着けるものの場合は「着る」より「はく」が自然であるし、銃や髪飾りとして花を身に着ける行為にいたっては「着る」という語彙の概念とは離れているように感じる。マスクについては、「マスクをつけて」と言うこともできるが、「離席の際はマスクをしてください」という張り紙を見かけるし、日常の会話では「マスクして」などと言うことも多い。

ある言語において、あるいはある文化において、語彙の形成には、もの・出来事・行為を表現するにあたってそれを一語の単語として確立するメリットがあるかどうかという点が大きく影響している。記憶の容量には限りがあるので語彙が多ければ多いほど良いというわけではない。ひとつの単語として確立されるには、その必要性が問われる。そういった観点から、一般にその民族が日常で深くかかわり、身近に感じるものほど細かい区分が存在すると言われる。例えば、日本は地勢的に海に深い関わりがあり、日本人は魚をよく食べる民族である。したがって、日本語は魚に関する語彙が豊富であることが推察できる。以下、英語：一般名称：日本語での分類の順に示し、いくつかその例をあげる。

(3) 英語：　一般名称：日本語での分類(注2)：

tuna：「マグロ」：クロマグロ、ミナミマグロ（インドマグロ）、メバチ、キハダ、ビンナガ、イソマグロなどがある。

sardine：「イワシ」：マイワシ、ウルメイワシ、カタクチイワシの三種の漁獲量が多いため主だが、オグロイワシ、カタボシイワシ、ギンイソイワシなどの分類もある。代表的な三種には別名も多く、カタクチイワシの仔魚は「シラス」とよばれる。

sea bass：「スズキ」：スズキ、ヒラスズキ、タイリクスズキなどの分類がある。いわゆる出世魚の一つで、関東地方では大きさが二〇センチ未満のものをコッパ、二五センチくらいのものをセイゴ、三五センチくらいのものをフッコ、六〇センチを超えるものをスズキと分類する。
cod / haddock：「タラ」：マダラ、スケトウダラ、ヒタチダラ、トウジンなどの分類がある。

あげればきりがないが、ここに示す分類は日本のスーパーの鮮魚売り場で目にすることができる語彙である。マグロは種類によってその味や価格に違いがあるし、出世魚と言われる魚は大きさによってその味が異なる。したがって、別の語を用いて言及するのはごく自然なことである。なお、「タラ」は英国の魚料理フィッシュ・アンド・チップスで使われる魚であり、cod は「タラ」、haddock は「タラ科の食用魚で cod より小さいもの」を指す。本来、英語では魚の分類は日本語に比べてずっと少ないが、英国人にとって身近な食用魚である「タラ」については分類が存在することも、やはり必要性に応じて語彙が確立するというひとつの証拠を示している。

この観察から導き出されるのは、その言語を使う民族や集団が、あるものを重要だと思うところで、つまり前述の魚を例にすれば、大きさ、味、価値などを根拠に、そしてより一般的には物理的な形状や機能性などを根拠に区切って語彙を使い分けていて、そういった語彙の区分やカテゴリー化にはその民族のものごとの見方や価値観が反映していると解釈することができるということである。

こういった価値観の継承に言語が非常に重要な役割を果たすことは言うまでもない。ヒトは言語をもって複雑な思考や情報伝達、細やかな感情表現を行っている。そして、言語（厳密には人間がもつ言語能力や言語知識そのものではなく、言葉による表現）はその言語が存在する環境に影響を受けるとも考えることができるのではないだろうか。

日本では、「立てば芍薬……」「何れ菖蒲か杜若」、「大輪の花のような笑顔」など、ポジティブな特徴を自然のものにたとえてその美しさや素晴らしさを表現する。また「百合子」「桜子」「葵」「美咲」「美月」「大地」「渚」「柊二」「暁人」「蓮」など、自然に関連する文字を名前に入れる。特急電車の名称にも「しおかぜ」「うみさちやまさち」「かもめ」「うずしお」など自然に関連するものが多くある。手紙の時候の挨拶も特徴的である。「雨」には、小雨、霧雨、梅雨、長雨、春雨、秋雨、大雨、豪雨、時雨など多くの語彙があるし、天候についても、天気晴朗、快晴、青空、日本晴れ、五月晴れ、雨模様、雨天順延など多くの語句や表現が存在する。日々のニュースでは、レポーターが外の天候や気温をスタジオに報告するコーナーがあるし、天気予報では「明日はこの季節らしい気温になるでしょう」「初雪となるかもしれません」「春一番となるかもしれません」といった情報を伝えてくれる。つまり、日本人（日本語話者）は、季節をとても身近に感じながら生活していて、その結果として、日本語には季節や天気・天候について豊富な言語表現が存在すると考えることができる。

また、花見、月見、雪見、夏祭り、雪まつり、流し素麺、春の遠足、秋の運動会、衣替えなど多くの風習やイベントを季節と関連付けている点も興味深い。雪見という語は日本大百科全書（ニッポニカ）によると「雪景色を観賞すること。大雪は豊作の前兆といわれ、積雪地帯では雪害に苦しんだが、一般には喜ばれた。そのことの関連は明確ではないが、宮廷や幕府では雪見の宴などが開かれた。」と解説されている。[注3]雪見を英訳すると「**snow viewing**（雪を見ること）、**snow-scene viewing**（雪の景色を見ること）」となり、いわゆる風情という部分が含まれないことに気が付く。さらに、雪見酒（雪見の時に飲む酒）の英訳を考えると「**sake drunk while enjoying a snowy landscape**」という表現になり、

「enjoying」が風情を表す役割を担っているのだろうけれども、やや物足りなさは残る。一方、日本語には雪見酒、雪見船など雪見から派生して独立した語も存在していて、雪見は雪を見るという行為だけでなく風情ある楽しみという意味合いが含まれているということがわかる。

なお、「雪」で始まる熟語を調べてみると、goo辞書では一四九の熟語があがった。雪意（雪が降りそうな空模様）、雪花・雪華（雪の結晶、または雪が降るのを花にたとえたもの）、雪花菜（おから、うのはな）、雪渓（雪や氷が夏でも残っている高山の谷）、雪中花（スイセンの別名）、雪明かり（積もった雪の反射で周囲が薄明るく見えること）、雪化粧、雪うさぎ、雪合戦、雪だるまなど、その語そのものが自然を表すものであったり、生活に密接したものであったり、我々にとって身近なものばかりであることに気づく。雪のみならず、「雨」「雲」「空」「山」などにもそれぞれに多くの熟語が存在することは想像に難しくなく、このように、日本語の形態論的特徴の観察から、日本人の季節愛、自然愛、そして自然との調和や一体感がその基底に存在しているということが見えてくる。

三．統語的側面からみる日本人の精神性

三・一　受動態における日英語の共通点

統語論とは、文がどのような構造を持つか、つまり言葉の文法的特徴を研究する言語学の一分野である。言語学の研究では、ひとつの言語表現を論拠とした一般化は好ましくないとされるため、本節

と次節では複数の例文をあげながら考察を進めていくこととする。
まず本節では、日本語と英語の統語的側面、具体的には受動態について観察する。受動態の文では能動態の文とは異なる焦点[注4]が生じる。以下、言語学者高見健一の『機能的統語論』における文例[注5]と議論をもとに英語との比較を通して日本語の受動態の特徴を観察し、日本人の精神性にアプローチすることを試みる。

（4）　**I was approached by the stranger.**
　　私は見知らぬ人に接近された。

英語と日本語には多くの差異が存在し、その差異に目が向けられることが多い。しかし、ある言語のある文が、文として成立するか（文法的か）否かを原理や規則、制約を設定することによって説明する生成文法という研究の枠組みにおいては、（4）の英語と日本語の受動態の文には共通点がある。以下、例文を比較しながらその共通点を考えてみる。

（5）　＊**I was approached by the train.**（＊は非文、あるいは不適格と判断される文）
　　？私は電車に接近された。（？は文法的か否か判断が分かれるという文）

（4）では「the stranger・見知らぬ人」である部分が、（5）では「the train・電車」にかかわっている。そうすると（5）は文として不適格、あるいは適格と言い難い文と判断される。

受動態の原則のひとつとして、主語に対して「何かがなされた、何らかの影響があった」という解釈がなされるという点ある。「私」に見知らぬ人が近寄ったということは、「私」はその行為に関与しており、「私」に何かがなされた・影響があったという解釈が可能なので（4）は適格な文と判断される。一方、電車が接近したということから「私」に何かがなされたという解釈は自然ではないので（5）は不適格と判断される。次に、受動態の文中の主語についてその特徴を観察する。

（6）　America was discovered by Columbus in 1492.
　　　アメリカは、一四九二年コロンブスに発見された。

（7）　＊America was visited by Taro in 1942.
　　　＊アメリカは、一九四二年太郎に訪ねられた。

受動態のもう一つの原則として、述部による主語の特徴づけがなされるべきであるという点がある。（6）は、コロンブスが一四九二年に発見したというアメリカという国についての特徴を述べており、述部によって適切に主語の特徴づけがなされているという解釈が可能である。一方、（7）では、太郎が「訪ねる」という行為によってアメリカに何かがなされたという解釈は自然ではないし、太郎によって何かアメリカに特徴づけが行われているという解釈も成立しない。このように、「何かがなされた」という解釈を満たさず、「述部によって特徴づけがなされている」という原則も満たしていない場合、その受身文は不適格となる。これを高見健一は機能的制約として（8）のように提案している。

（8） 英語の受身文に対する機能的制約：英語の受身文は、その主語が、動詞の表す行為や状態にインヴォルヴしているか、述部によって特徴づけられている場合に適格となる。(注6)

そしてこの（8）は、（4）から（7）の例を通して見てきた通り、日本語の受動態にも共通する制約である。このように、生成文法のアプローチでは規則や制約を設定することにより、言語間にわたる文法的特徴や共通点を見出すことができる。

三・二　受動態における日英語の相違点

共通点があれば、もちろん言語間差異も存在する。次は、英語にはなく、日本語に特有といえる受動態に関する三つの特徴について例をあげて観察する。まず、被害や迷惑の含意である。日本語の受動文が被害のニュアンスを示す例をみてみる。

（9） 冷蔵庫のプリンは兄に食べられた。

このプリンが、いつ誰が食べてもよいものとして冷蔵庫に置かれていたという状況だとすると、(9)は不自然であり、通常は能動態を用いて「兄が冷蔵庫のプリンを食べた」と言うだろう。しかしこのプリンがある特定の人のもので、その人が楽しみにとっておいたという状況だったならば「食べてほしくなかったのに食べられてしまった」という被害のニュアンスが表出して、適格な文と解釈される。

(10) そのおもちゃはヒロシに壊された(壊されてしまった)。
(11) 小切手が秘書に盗まれた(盗まれてしまった)。
(12) その提案は家族に反対された(反対されてしまった)。

「壊す」「盗む」「反対する」といったマイナスの意味を含みうる動詞が受身文で使われると、被害・迷惑のニュアンスが伝わってくる。この特徴は、(10)から(12)に合わせて示すように、補助動詞の「(て)しまう・(て)しまった」を加えた場合より明確になることから判断できる。さらには、次に示す能動文との比較によっても見て取ることができる。

(13) ヒロシがそのおもちゃを壊した。
(14) 秘書が小切手を盗んだ。
(15) 家族はその提案に反対した。

これら能動態の文では、話し手が受けた被害や迷惑の意味は表面化せず、客観的な事実の描写となる。恩恵の意味を含む受身文でも同様のことが言える。

（16） 1. 彼女の実力と功績は部長に認められた。
2. 部長が彼女の実績と功績を認めた。

（17） 1. あの日の演奏は音楽批評家たちに高く評価された。
2. 音楽批評家たちがあの日の演奏を高く評価した。

能動態の文は客観的な事実の描写である一方、受身文ではそれぞれ恩恵の意味が明確に伝わることがわかる。

次に日本語にあって英語にはない受動態の形、間接受動について見てみよう。間接受動とは、対応する能動態の文が存在しない受動態の文である。以下に示す（18）から（20）のそれぞれ2に表す文がその例である。

（18） 1. そのおもちゃはヒロシに壊された。 （＝10）
2. 私はそのおもちゃをヒロシに壊された。

（19） 1. 小切手が秘書に盗まれた。 （＝11）
2. 社長は秘書に小切手を盗まれた。

(20) 1. その提案は家族に反対された。 (＝12)

2. 私はその提案を家族に反対された。

(18) から (20) の2は、それぞれ1の文と比較すると助詞「は」によって示されている要素、つまり登場する要素がひとつ多いことに気が付く。日本語の受身文では、受身文にすることで被害や恩恵の意味を表すことができると述べたが、このように登場する要素（文法的には項とよぶ）を、つまり被害や恩恵を受けた人物を追加的に標示することができる。(注7)

次に示す文も日本語特有の受動態である。

(21) 帰り道、雨に降られた。

(22) こどもに泣かれて、参ったよ。

(23) 祖父に死なれて、大学受験を諦めた。

「雨が降る」「泣く」「死ぬ」はすべて自動詞なので、英語の規則では受動態にすることはできない。しかし、日本語の受身文では「雨が降る」という出来事から濡れて大変な目にあった、「こどもが泣く」という出来事に右往左往させられた、「祖父が亡くなった」という出来事の結果、経済的な事情が変わって大学進学を断念せざるを得なかった、こういった意味を読み取ることができる。このように日本語の受身文では、ある出来事が話者にどういったマイナスの影響を与えたか、どういったマイナスの結果になったかという情報を含んでいる。

受動態の表現では「誰が何をした」ということよりも「主語に対して何かがなされた」ということに焦点があてられる。高見健一による機能的制約は日英語に共通するものの、日本語では受動態という表現形式をとることによって、その文の主語になる要素が受けた被害や恩恵を明確に示すことができるということ、そしてさらには間接受動という自動詞からなる受動態の文があるという違いを観察した。

この観察と比較から導き出されるのは、受動態という表現、つまり文法操作から日本語の言語表現に表出する日本人の認識の構造である。一般に行為者優位（行為者を示す）と言われる英語に対して、主題優位（主題を示す）と言われる日本語において、「先生が私の発表を高く評価してくれた」というのは一歩前に出た言い方というか、通常の場面ではやや気が引ける表現となりうる。ここでは「あの発表は先生に高く評価された」のように「私」を出さず、「あの発表」に焦点があたる表現が好まれるであろう。これは日本人の精神性やコミュニティの中での対人関係における認識の構造が文法（厳密には、文法構造の基幹的ではない部分の文法規則）を通して言語表現に映し出されている一例であるといえるのではないだろうか。

四．表現法の側面からみる日本人の精神性

言語とは複雑な要素の組み合わせが表出化したものであり、認知力の発達に伴って、自分をとりまく文化の理解も加わってくる。日本語と英語では語順など見た目にわかりやすい要素の他にも、前節で述べたような統語的差異、そしてそこから表出する意味など大きな違いがある。本節では、日本語の言語表現と日本語話者の持つ認識の構造の関係について考察する。

芳賀綏は、映画『モロッコ』にあるセリフ「I changed my mind.」に注目し、このセリフが「気が変わった」と訳されていることについて論じている。(注8) 英語では「I」(私)という動作主とchange(d)という【行為】が表されているが、日本語訳に動作主は示されず、気が変わったという【状態】が表されている。日本語話者なら「私は自分の気持ちを変えた」と訳すよりも、「気が変わった」という方が自然な訳であると感じるだろう。これは英語が「誰が何をするか」を明確に示す【動作主指向型】言語であるのに対して、日本語は「何がどうなるのか」を示す【出来事・状態把握型】言語であることに起因する。(注9)

(24) 富士山が見えます。
We can see Mt. Fuji.

【出来事・状態把握型】言語である日本語では「富士山が見える」という状態を「富士山」を主語に置いて表すことができる。一方、【動作主指向型】の英語では「富士山」を主語の位置におくことはできない。「see」（見る）という動作を行う動作主（より正確には経験者）が不可欠であり、かつ英文法の制約上、必ず主語を置く必要があることから「we」を主語に置き、助動詞「can」で可能の意味を付けたし、動詞「see」の目的語に「Mt. Fuji」という語順にする。この動作主（経験者）「we」を置くということは日本語話者にとってある種の発想の転換が必要で、単に「英語の文は主語から始まります」という解説だけでは納得しにくいポイントかもしれない。英語が苦手という学習者がその理由に単語がわからないという点をあげることが多いと感じるが、実は語彙力の不足ではなく、こういった言語間の違いが影響していることもある。

日本語における主語は「～が」で表されることが多い。（24）においては「富士山＋が」と主語の形で示されているが、実はこの「富士山」は行為者ではなく、動詞「見える」の被動作主（動作の受け手）と解釈されるべき要素である。

（24）富士山が見えます。
（被動作主）
We can see **Mt. Fuji.**
（被動作主）

（24）の英文を受動態にすると次の（25）になる。

（25）**Mt. Fuji** can be seen (by us).
（被動作主）

受動態でも被動作主が主語の位置にある。英語は、【動作主指向型】であるという特徴からもわかるように、一般に「行為者優位」な言語である。能動態の文では主語に行為者を置き「誰が何をする」の形をとるのに対して、行為者以外の要素を主語に置くという文法的操作には、焦点に対する何らかの話者の意図があると考えるべきであろう。受動態のほかに、主語に行為者（動作主）を示さない形には中間態がある。日本語でそれに対応するのは動詞の語尾に **-e-ru -rare-ru** をつけた可能態である。以下にその例を示す。

（26）この本はよく売れる。
This book sells well.
（被動作主）

（26）に示す **sell** は形態的に自動詞でありながら、被動作主が主語の位置に置かれている形で、これが中間態である。

（27） 1．その店では（彼らは）その本を売っている。

They sell **<u>the book</u>** at the shop.
（被動作主）

2．その店はその本を売っている。

The shop sells **<u>the book</u>**.
（被動作主）

（26）（27）の比較において重要な点は、売られる立場（被動作主）である「this book・the book」と動詞の関係である。動詞の「sell」は、能動態の文において（27―1・2）が示すように、他動詞として「人が・店が物を売る」という形をとる。しかし、（26）では、自動詞として「物が売れる」という形をとっており、ここに行為者（動作主）は示されない。【動作主指向型】言語である英語において、動作主（行為者）を示さない受動態と中間態は能動態と異なる焦点が生じていると言えるのではないだろうか。さらに例を観察する。

（28） 1．**<u>Smoking</u>** is not allowed in this building.（受動態）

2．We don't allow **<u>smoking</u>** in this building.（能動態）

3．この建物内は禁煙です。

（29）1．**These shirts** sell for 30 dollars each.（中間態）

2．We sell **these shirts** for 30 dollars each.（能動態）

3．これらのシャツはそれぞれ30ドルで売られています。

（28―1）は受動態の文であるが、（28―2）の能動態と比較すると少しニュアンスが異なることがわかる。受動態は行為者（動作主）を示す必要がない場合に用いられることが多いが、同時に行為者（動作主）ではない要素を主語の位置に置くという操作によってその要素を際立たせていると捉えることができる。実際、前節で観察したように、述部によって主語が特徴づけられている時のみ不適格とならないことからもそのことがわかる。

（29―1）は中間態の文であるが、ここでもやはり（29―2）の能動態の文とはニュアンスが異なっている。日本語における行為者（動作主）の示し方は英語のそれとは異なるが、中間態においても焦点をあてたい要素を主語に置いて際立たせているという点、そして述部によって主語の特徴づけを行っていることに受動態との共通点を見出すことができる。

この観察から、受動態と中間態の文では、その行為者を示す必要がない、行為者以外の要素を焦点にしたいなどといった、話者の意図があると考えるべきであろう。受動態は、文の中でその行為者（動作主）ではなく別の要素に焦点をあてて表現するための手段（文法的操作）であり、中間態では動詞によってそれが行われうると考えることができる。つまり、話者によって主語に焦点があてられており、焦点があたるもののみが主語になれるということが導き出される。

日本語の「見る」は「〜を」にあたる目的語を必要とする他動詞で、それと対の関係にある「見える」は自動詞である。自動詞でありながらも、意味的には「主語にあるものが見られる」という受動的な解釈がなされ、ここまで観察してきたことからも推察できるように、英語の中間態の用法と共通する点があると考えることができる。「聞く」という他動詞に対して「聞こえる」という自動詞があるが、それも同様である。このタイプの自動詞はあまり多くはないが、現代語の助動詞「れる」「られる」はこれに近い意味を表すことができる。

(30) 1. 子供時代が思い出される。（思い出すという行為の対象）
2. 意気込みが感じられる。
3. 故郷が偲ばれる。
4. 先のことが案じられる。
5. 秋の気配が感じられる。

(30)にあるすべての例文において、行為者以外の要素（動詞によって表される行為の対象）が、助詞の「が」を伴って文の主語になっている。そして【出来事・状態把握型】言語である日本語では、「誰が何をするのか」よりも「何がどういう状態なのか」ということが焦点になるので、焦点があたるべく要素（被動作主あるいは動詞によって表される行為の対象）が、その文の主語になるということは、ある意味において当然の帰結といえるのではないだろうか。さらに検証を試みる。

(31)
1. お風呂がわきました。(注10)
2. お茶が入りました。(注10)
3. ご飯が炊けたよ。
4. かずくんの順番がきたよ。
5. おもちゃがこわれちゃった。
6. ママ、テレビが変になってるよ。
7. そのデータには誤りがあると思われます。
8. 先週、大きな仕事が入ったんだ。
9. 六月に結婚することになりました。
10. 会議が無事に終わりました。

(31)の例から、「自ずからなる」という叙述の展開を好む日本人の傾向を見出すことができる。また、「私がお茶を入れました」と言うより「お茶が入りました」と言う方が自然であるし、「私たちは六月に結婚します」と言うより「私たち、六月に結婚することになりました」と言う方が違和感がない。「私はそのデータに誤りがあると思います」というより、「そのデータには誤りがあると思われます」という表現の方が角が立たないことを私たちは知っている。「誰がなにをするのか」よりも、この「何がどういう状態なのか」、「何がどうなるか」という叙述の展開は【出来事・状態把握型】言語の特徴であって、実際、日本語にその例を観察できるということを示している。

この観察の結果を本論の主旨に合わせて言い換えるならば、前節の受動態と同様、行為者ではなくその行為の対象物に焦点があたる表現が好まれる言語の運用には日本人の文化的価値観や行動のベースにある「もののみかた」の影響が存在し、そこに日本人の認識の構造が反映しているということに帰結する。

五．日本語コミュニケーションに見る日本人の精神性

本節では、日英語の対照を通して日本語でのコミュニケーションにおける日本人の基本姿勢、そしてそこから見えてくる精神性について考察を行う。言語によるコミュニケーションでは、発話、文の形式、そしてそこから産出される意味という三つの点を考える必要がある。情報伝達は平叙文の形式を用いた発話で、質問は疑問文の形式を用いた発話で、命令をする場合は命令文の形式を用いた発話でというような対応をもって意思疎通を図っている。しかし、ある発話が、その文の形式が典型的に示す意味とは別の意図を示す場合がある。これは間接発話行為(注11)とよばれるもので、以下に例をみてみる。

（32）　Can you pass me the salt?
塩をとっていただけますか。

（33）　It's very cold today.
今日はずいぶん寒いですね。

（32）は質問をしているというより、疑問文の形をとって「依頼」を行っている。（33）は「寒いという事実の伝達・確認」を行うことのほかに、「寒いから暖房をつけてほしい、窓を閉めてほしい」など話者の意図を示しうる表現である。こういった発話ではある種の含意が生じ、聞き手は話し手の意図を理解しようと推論を働かせる必要がある。次の（34）も含意の推論と理解が求められる。

（34）　人物1：この後、お茶でもどうかしら。
人物2：今日は息子が早く帰って来るんです。

「この後、お茶でもどうかしら（お茶を飲みましょう）」という勧誘に対して、「息子の帰宅が早い」という返答は一見すると無関係に思われるが、十分に関連性がある。誘われた方は、息子が早く帰って来るので早く帰宅して迎えなければならないといった状況を示すことで誘いを断っている。誘った方もこれを推察して、断られたことを理解する。つまり、コミュニケーションは常に表意で成立するのではなく、それぞれの場面において表意と含意を理解し、含意に対しては必要な推論を行うことが求められる。そして正しい含意の推論をもってこそ円滑な意思疎通が成立すると言うことができる。

続いて、「断り」の場面におけるやりとり見てみよう。

（35）Person 1：How about something to drink?
Person 2：No, I'm OK. Thank you.

（36）人物1：何かお飲み物でもいかがですか。
人物2：大丈夫です。恐れ入ります。

（35）に見られるように、英語圏では一般に、問いに対してYes / Noを明示する傾向が強い。まず飲み物が欲しいかどうかの問に対する返答「No」を示し、次に相手の厚意に対して「Thank you.」と謝意を付け加える。一方、日本語でのやりとり（36）を見ると、人物2の発言には、申し出に対する「はい・いいえ」の返答がない。人物1（聞き手）は人物2の「大丈夫です」という表現から、「（飲み物をいただかなくて）大丈夫＝要らない」という含意を汲み取る必要がある。「大丈夫です」や「結構です」といった「Yes」にも「No」にも解釈できる表現をもって「No」を伝えている点は非常に興味深い。これは日本語の文法的特徴、あるいは意味的特徴ではなく、日本の文化的・民族的価値観が言語表現に影響している例であると捉えるべきであろう。視点を変えて考えると、（35）に示すようなYes / Noを明示するスタイルに慣れた人にとっては、（36）のやりとりから相手の含意を推論するのは負荷が大きい可能性が高い。

「日本人は曖昧だ」と言われることがあるが、具体的には日本人の何が「曖昧」なのだろうか。（35）（36）の比較と考察から示されるように、日本人は問いに対する結論（返答）を出していないわけではない。しかし、結論の伝達方法として「Yes」なのか「No」なのかを明言しないうえ、「Yes」にも「No」にも解釈できる語彙や表現を用いるやり方は、そのスタイルに慣れない人たち、少なくとも英語圏の人たちにとっては含意の推論が困難で、それが「曖昧だ」とされる原因のひとつなのではないかと考えられる。含意を正しく推論するためにはそのコミュニティについての理解も併せて求められる。このことは、コミュニケーションの場面での言語はそれ単独で機能するものではなく、その背景にある社会や価値観とつながりをもって運用されていることを示唆している。

次に、英語の代名詞の使用に関して観察してみたい。患者に対する医師の問いかけを例にあげる。

（37）その後いかがですか。

How are we feeling today?

相手（二人称）に対する質問なので、一般的には「you（この例においては単数）」が用いられるのだが、ここでは一人称複数の「we」が用いられている点が興味深い。自分と相手を「私たち」と言うことで心的距離の近さ、つまり寄り添う心が表されている。「we」は話者自身を含み、「you」は話者を含まない。このような場面で英語話者は自分を含むか否かという線引きをその発話のたびに行っていて、それが代名詞の選択によって表出化していると考えることができる。一方、日本語では人称代名詞を省略する傾向があるので、このような使い分けは意図的な場合を除いてあまり多くはない。よって日本人にとっては、この人称代名詞の使い分けから話者の心遣いを感じ取ることは難しいだろうと想像できる。しかし、このことは日本人に線引きの発想や心遣いがないということではない。以下、レストランで忘れ物をした際のやりとりを見てみよう。

（38）客　：お手数をおかけして申し訳ございませんでした。
　　店員：いえ、こちらこそ気が付かずに大変申し訳ございませんでした。

（39）客　：Thank you.
　　店員：No problem. / You're welcome.

この（38）に示す会話を理解するためには、すでに観察した「含意の推論」とはまた別の視点――いわゆる対人関係における基本姿勢への理解――が必要になる。この「お互いに謝り合う」というやりとりは、どちらが悪い、どこが悪かったという点を明確にしない心遣いから生じるように思われる。しかしこれが英語圏であったなら、（39）のように終わるだろう。

芳賀綏が『日本人らしさの構造――言語文化論講義』の中で指摘するように、AかBか、という二者択一の展開ではどうしてもその二者の間に存在する優劣や善悪、そして矛盾する関係を認めなくてはならなくなる。しかし、日本人のやりとりにおいては「黒であるなら白ではない」、「こちらに非がないとなればそちらに非があるということになる」といった展開は望まれず、「たしかにAかもしれないが、同時にBとも言えないわけではない」というような、ものごとの境界を曖昧にする特徴がある。喧嘩両成敗などもこれに含まれるかもしれない。これは日本語でのやりとりに頻繁にみられるが、これは日本語の言語的特徴というより、日本人の発想が言語表現に表れている例と考えるべきである。芳賀綏はこれを「一神教的なドグマの世界にはおよそ通じない思考法(注12)」と表しているが、やはりこれは日本人独特の発想、認識の構造なのかもしれない。

この日本人独特の発想、認識構造の原点は何であろうか。実松克義は日本に古くから存在する「和」についての論考において、「「和」――日本的調和の思想の起源と本質」の中で、「和」を次のように定義している。

(40)「和」とは日本の文化と社会を形成してきた、矛盾するものを平和的に融合させる協働原理である。(注13)

「和」は目に見えないものだが、日本社会では常に行動様式やものごとの正誤を判断するための中心的な基準として存在している。言葉を介したコミュニケーションにおいてもこれは同様に機能している。「和」のもとでは、常に相手の立場に立って状況を判断し、考え、言葉を選んで発言する。時にはその発言を途中で止めて相手の反応を伺ったり、逆に相手の発言を促したりしながら合意形成を図る。相手を責めたり、言い争いに発展したりするようなやりとりは決して望まない。スポーツにおいても同じように「和」の概念が存在するようである。「野球で大切なのは個々の選手が自分の技術をできるだけ磨いておくことです。試合中にチームが直面するあらゆる場面で自分に求められる役割を果たすことができるよう個人の技量を上げておくことが毎日の課題です」と言った人がいた。「自分が強くなるために」とか「勝つために」ではなく、「チームのために」という姿勢はまさに「和」の精神の表れと言える。

日本に住むあるイギリス人の発言だが、「日本の生活には暗黙のルールがあってみんなそれに従っている。外国人にはそれがわからなくて戸惑うので明文化してほしいと思うのだが、ひとたびその暗黙のルールがわかってくると生活しやすくなるし、心地よくなる」とあった。明文化してほしいという暗黙の了解はまさに「和」の概念から発生した行動様式や心遣いであろう。

ものごとの境界を曖昧にする姿勢や二者択一しない思考パターンがあるからと言って、日本人に善悪や正義がないわけではない。普段は相手を責めたり強い自己主張をしたりしないが、ひとたび不正や不祥事が発覚すると善悪をはっきりさせる必要性を感じ、責任をとる、けじめをつけることを形にして示すことを求める傾向にある。ここに見出す善悪や正義は、絶対的真理に基づく正義ではなく、おそらく共同体のルールに反する、集団の「和」を乱すような行為を許さないという意味での善悪、正義なのではないだろうか。

日本人は古くから教義を有さない自然信仰・神道的信仰をもちながら、仏教ともその教義に縛られない距離を保って過ごしてきた。多神教は概して寛容であるとされており、実際、私たち日本人は初詣、クリスマス、お盆休みといった本来は異なる宗教に属する宗教行事とされるものを年中イベントとして捉えることにあまり抵抗がない。これは日本人の境界線の発想が、宗教に対する姿勢にも表出していると考えることができるのではないだろうか。宗教学者の島薗進が「強い創唱宗教に直面すると何か戸惑ってしまい、自分は創唱宗教にはなじめないと考える日本人は多い」と指摘するように(注14)、何か一つを絶対的な存在として神聖視する姿勢がないというのが多くの日本人の宗教観なのかもしれない。「神仏の御加護を……」、「神様、仏様、どうか……」といった表現を耳にしたことがあるが、本来は別の宗教に属する存在に対しても、日本人の宗教観と、ものごとの境界線を曖昧にするという認識の構造が言語の運用に表れていて、これはその一例と言うことができる。

本節では、コミュニケーションにおける含意の推論と境界線の発想に対する事例を観察した。発話には表意と含意があって、こと含意については推論が求められるということ、そしてその含意の推論が適切に行われるためには、背景となる文化的要素についての理解も求められるという点が指摘できる。また、境界線の発想について、英米文化における人称代名詞の選択と、二者択一の展開を好まない日本人の傾向を観察した。この観察から、それぞれの文化における「ものの見方」で重要だと認識される事柄が言語運用にも影響しているという結論が導き出される。

六．おわりに

言語には二つの側面がある。一つは、どんな知識があれば言語を理解することが可能になるのかという「言語能力」である。もう一つは、言語能力をもって産出された言語表現（発話）という「言語運用」である。本論では、主にこの後者の「言語運用」を中心に、日本語と英語を形態的側面、統語的側面、表現法的側面から観察して分析を行い、そこから見えてくる日本語の特徴から、日本人らしさ、日本人が保持する文化的価値観、認識の構造、日本人の精神性を考察することを試みた。

その結果、次の四つの点があげられる。第一に、形態論的側面の観察から、語彙の分化・発達は言語ごとに異なっていて、そこにはその言語を使用する社会や民族の価値観が大きく反映されているということである。日本語の語彙には日本人の自然信仰や季節愛が反映されているが、これは国土交通省が実施した日本人の伝統的な感性（美意識）に関する国民意識調査[注15]の「自然を畏怖する一方で、自然と共生し、自然をめでる」という項目において、二一・二%が「とてもそう思う」、五一・〇%が「ややそう思う」という結果が得られたということとも一致する。第二に、統語的側面の観察から、日本語は主題優位な言語であること、そして日本語の表現には日本人の精神性やコミュニティ内での対人関係における認識の構造が映し出されていることを指摘した。第三に、表現法的側面の観察から、日本語は「何がどういう状態なのか」、「何がどうなるか」という叙述の展開を好む【出来事・状態把握型】言語の特徴を示しているということが見えてきた。ここにも日本人の精神性や行動のベースにある「ものの見かた」の影響が存在し、そこに日本人の認識の構造が反映しているという結論が導き出された。そして第四に、日本人のコミュニケーションの基本姿勢には、二者択一にしない展開やものごとの境界線を曖昧にする傾向があって、そこには日本文化の「和」の概念——コミュニティの中が丸く収まるよう努める配慮——が基底に存在し、それが言語の運用に表出しているのではないかということが見えてきた。

言語には民族的、文化的要素とは切り離して考えなくてはならない自律的な側面があるので[注16]、日本語に見られるあらゆる要素に日本人らしさがあらわれていると考えることはできない。しかし、日本語と英語を対照的に観察した結果、言語は無機質な音や記号の連鎖ではなく、その運用には背景にある文化的影響も合わせもつということは明らかである。

言語学において、最小単位である音、それが連なって生成される語彙、その語彙が一定の規則に従って配置された文、文から産出される意味など、それぞれの研究が非常に重要であることは言うまでもない。しかし、特に生成文法のアプローチは顕著であるかもしれないが、こういった「点的な」研究からは見えてこないことも多い。今後はその研究対象を談話（本論では発話として扱った部分）にも拡張してより深め、「線的な」あるいは「面的な」視野で対照や分析を進めていくことが課題である。

注

1　サピア・ウォーフ仮説、言語的相対論と同義である。
2　『講談社の動く図鑑MOVE　魚　新訂版』（二〇一七年）四八、四九、五七、八一、一五六、一五七頁
3　コトバンク「日本大百科全書（ニッポニカ）雪見の解説」https://kotobank.jp/word/%E9%9B%AA%E8%A6%8B-145018
4　高見健一は『機能的統語論』（一九九七年）において、日本語の受身文の視点関係について詳細を述べている。
5　（4）・（5）の英文は高見健一（一九九七年）四八頁、（6）・（7）の和文は高見健一（一九九七年）五八頁。

6　高見健一（一九九七年）五五、五六頁

7　日本語の間接受動が産出する意味に近いものを英語で言い表す場合は使役構文がある。よく知られた例文として「私は財布を盗まれた」I had my purse stolen. があるが、間接受動とニュアンスが少し異なるうえ、おそらく能動態の Someone stole my purse. の方が自然である。

8　芳賀綏（二〇〇四年）二〇一頁

9　芳賀綏（二〇〇四年）二〇六頁　芳賀は〈動作主指向型〉、〈出来事把握型〉と表記。本論では【状態】を加えて【出来事・状態把握型】とする。

10　芳賀綏（二〇〇四年）二〇二頁

11　福地肇（二〇〇二年）一七二頁の解説による。

12　芳賀綏（二〇〇四年）一〇〇頁

13　実松克義（二〇一八年）一七二頁

14　島薗進「日本人と宗教──「無宗教」と「宗教のようなもの」」（二〇一四年）https://www.nippn.com/ja/in-depth/a02901

15　国土交通省　二〇一九年　国土交通白書　第三節　二〇頁　https://www.mlit.go.jp/hakusyo/mlit/h30/hakusho/r01/pdf/np101300.pdf

16　芳賀綏は『日本人らしさの構造　言語文化論講義』（二〇〇四年）において、言語の二面性として言語の〈実在反映性〉（現実直結性）と言語というメカニズムにそなわる自立性を示している。

参考文献

［日本語］

池上嘉彦『「する」と「なる」の言語学――言語と文化のタイポロジーへの試論』大修館書店　一九八一年

大來尚順『訳せない日本語　日本人の言葉と心』星雲社　二〇二〇年

岡田伸夫「所有変化構文をめぐって（下）」A Little Grammar Goes a Long Way 英語研究教室　美誠社　https://www.biseisha.co.jp/lab/lg/32　（二〇二二年四月八日閲覧）

ガイ・ドイッチャー『言語が違えば、世界も違って見えるわけ』椋田直子訳　合同出版株式会社　二〇一二年

『講談社の動く図鑑MOVE 魚　新訂版』福井篤監修　講談社　二〇一七年

コトバンク「日本大百科全書（ニッポニカ）雪見の解説」https://kotobank.jp/word/%E9%9B%AA%E8%A6%8B-145018　（二〇二二年一月一四日閲覧）

実松克義「「和」――日本的調和の思想の起源と本質」『立教大学社会学部　応用社会学研究』（No. 六〇）一七一―一九〇頁　二〇一八年

島薗進「日本人と宗教――「無宗教」と「宗教のようなもの」」（二〇一四年）https://www.nippn.com/ja/in-depth/a02901　（二〇二一年五月二日閲覧）

高見健一『機能的統語論』くろしお出版　一九九七年

『徹底比較　日本語文法と英文法』畠山雄二編　くろしお出版　二〇一六年

二枝美津子　『格と態の認知言語学――構文と動詞の意味』　世界思想社　二〇〇七年
芳賀綏　『日本人らしさの構造――言語文化論講義』　大修館書店　二〇〇四年
芳賀綏　『日本人らしさの発見――しなやかな〈凹型文化〉を世界に発信する』　大修館書店　二〇一三年
福地肇「発話を考える――語用論」『言語研究入門――生成文法を学ぶ人のために』大津由紀雄編集委員代表　研究社　第一二章　一六六－一七八頁　二〇〇二年
三上章　『象は鼻が長い』　くろしお出版　一九六〇年
『雪で始まる熟語』　goo 辞書　http://dictionary.goo.ne.jp/srch/in/ 雪 /m0p2u/　（二〇二二年四月一日閲覧）
『令和元年版　国土交通白書　第一部第一章第三節』　国土交通省　https://www.mlit.go.jp/hakusyo/mlit/h30/hakusho/r01/pdf/np101300.pdf　（二〇二二年四月二二日閲覧）

［英語］

Bolinger, Dwight. 1975. On the Passive in English. In Adam Makkai and Valerie Becker Makkai(eds.), *The First LACUS Forum 1974*, pp.57-80. Columbia, South Carolina, USA: Hornbeam Press, Incorporated.
Sanematsu, Katsuyoshi. 1995. Speech Communication Problems of Japanese Students Studying in America. 『立教大学研究報告〈人文科学〉』第五四号　立教大学一般教育部　pp.81-99.

第一〇章　心と体

ラミチャネみなこ

ボディーセラピストとして人に触れていると、人の心と体はとても深く繋がっている、と感じることがあります。心の思いを、体が切々と語ってくれることもあります。体の痛みが、心の叫びだと感じることもあります。それはおこがましくも、人を尊く愛しい存在だと思う瞬間です。

ところで私たちは、どれほど人体について理解しているでしょうか。もちろん、学校で一通りのことは学びます。ですが、医療などを専門としない限り、人体の構造について、またその働きについて考えることなど、ほとんどないのではないでしょうか。人体は、知れば知るほど奥深く、その有能さを見せつけてきます。私たちが意識せずとも、体内ではいたる所で絶妙な連携システムが働いており、日夜休むことなく生命活動を続けてくれています。

一方、人の心についてはどうでしょう。誰しも心に未熟さや、弱さ、脆さを、少なからず持ち合わせていると感じているのではないでしょうか。時に葛藤し、時に落ち込みながらも年を重ね、ほんの少しでも心は成長しているのだろうかと、私たちは自問自答を繰り返します。

このように心があくせくしている間にも、体は淡々と働き続けてくれているわけで、考えてみればこのギャップこそが、ヒトであることの面白みなのかもしれません。とにかく、この体があるからこそ、この世界で様々な経験ができるのです。この素晴らしき人体に絶大なる信頼と敬意を払いつつ、文章を書き進めたいと思います。

体のしくみを知る

はじめに少し、人体の構成について簡単に振り返ってみたいと思います。ここでは人体を「皮膚」「筋肉」「骨」「神経」「内臓」の五つに分けて考えます。

「皮膚」は、人体の内と外の境界です。体の内部は、全身を包む大きな一枚の皮で、外の環境からしっかり守られています。皮膚はとても薄い断面なのですが、ミクロの層に分かれていて、その中を毛細血管や毛細リンパ管、そして感覚神経が通っています。

皮膚は、体を保護する他にも、皮脂や汗の分泌、栄養の吸収など、働きは多岐に渡ります。お風呂に入って体の中にお湯が染み込まないのは皮膚のおかげですし、痛みや熱さを感じることで危険を察知できるのも皮膚のおかげです。ちなみに、口の中の粘膜や胃の粘膜なども皮膚なのです。口から肛門までの消化器官の内側は、外側の皮膚と同じような細胞の構造と働きがあります。

「筋肉」は、骨を動かす筋肉（骨格筋）と、内臓を動かす筋肉（平滑筋、心筋）に大きく分けられます。私たちが自由に動かせるのは骨格筋だけです。平滑筋と心筋は自律神経によってコントロールされているので、自分で自由に動かすことはできません。

筋肉の運動は収縮によって起こります。筋肉を運動させると熱を発し、体を温めることができます。

筋肉は柔らかく弾力のあるのが理想ですが、体を使い過ぎた時や、長時間同じ姿勢が続くと、筋肉は緊張し硬くなります。筋肉の疲れは、しっかりほぐし、ゆるめてあげることが大切です。

「骨」には、約二〇〇個のパーツがあります。それらの骨は筋肉によって繋がれ、筋肉によって動かされています。肋骨など胴体の骨は、内臓を保護する役割があります。

骨の中には骨髄という組織があり、血液が作られています。骨の主成分はカルシウムであり、骨にはカルシウムを蓄える働きもあります。体内でカルシウムが不足し過ぎると、骨からカルシウムが溶け出して、骨がもろくなります。

「神経」は、体内の情報伝達組織です。脳に繋がる「中枢神経」と、体の隅々にまで行き渡る「末梢神経」の、大きく二つに分けられます。中枢神経は司令塔です。中枢神経は、末梢神経から様々な情報を受け取り、それらの情報を分析した上で、再び末梢神経に仕事内容を伝達します。この情報伝達システムは常にアップデートされ、様々な環境の変化にフレキシブルに対応しています。

心身の健康で話題になる自律神経は、末梢神経に分類されます。自律神経は、交感神経（緊張）と副交感神経（緩和）を交互に作用させ、体内の機能をコントロールしています。

「内臓」は、消化器系、循環器系、呼吸器系などに分けられますが、ここではそれぞれの臓器についての説明は省略します。ただ知っておくべき二つのことがあります。内臓はそれぞれ巧みに関連し合って存在しているということ、そして内臓の働きをコントロールするのは自律神経だということです。

続いて人体の働きについて、「ホメオスタシス（生体恒常性）」と「血液とリンパ」のしくみを簡単にお伝えしたいと思います。

「ホメオスタシス（生体恒常性）」とは、体の状態を常に一定に保とうという働きのことです。それは人の意思とは関係なく、「視床下部」を司令塔として、「自律神経」、「内分泌系」、「免疫系」の三つの組織が相互に情報交換し合い、働きが成し遂げられているものです。

「自律神経」は、呼吸、心拍、血圧、体温、発汗、排尿などの働きを調節します。

「内分泌系」は、伝達物質としてのホルモンを血中に分泌し、正常な代謝機能の維持、消化液の分泌調整など、肉体が健康に生きるための様々な機能を調節します。

「免疫系」は、細菌やウィルス、様々な病原体の侵入から体を守る働きをします。

これらの働きは、脳が常に人体の正しいフォーマットを理解しているということであり、そこからの差異を認識することから始まります。

「血液」は、骨の中心部にある骨髄内の造血幹細胞によって作られます。血液は一ヶ月に約一リットル造られ、四ヶ月後には体内の血液はすべて入れ替わると言われています。血液は、心臓のポンプ機能で血管から全身に巡りますが、ちなみに心臓の拍動は、右心房にある洞房結節《どうぼうけっせつ》からの電気信号により、心臓が収縮することで起こります。

「動脈」は栄養を届ける血流で、「静脈」は老廃物を回収する血流です。動脈を流れる血液は赤血球のヘモグロビンが酸素と結合して鮮やかな赤色をしています。静脈を流れる血液はヘモグロビンから酸素が離れ、また老廃物を含んでいるので暗い赤色です。

動脈を流れる栄養を含んだ血液は、毛細血管から滲み出て細胞に栄養を届けます。毛細血管から外に滲み出て役割を終えた血液は、赤い色素がなくなり「組織液」と呼ばれ、細胞の働きを助けます。余分な組織液はリンパ管に回収され、「リンパ液」と呼ばれるようになります。皮膚下で組織液がたまり過ぎてしまうと、「むくみ」の状態が生じます。リンパ管には心臓のようなポンプ機能はなく、筋肉の収縮により流れが起こります。

リンパシステムには、大きく分けて「排泄機能」と「免疫機能」の二つの役割があります。

「排泄機能」は、体内の老廃物をリンパ管で回収し、運搬して排泄させる働きです。ここでいう老廃物とは、死んだ細胞、不要なタンパク質や脂肪、有害な化学物質、細菌などのことを言います。

「免疫機能」は、細菌などの異物が全身に巡るのを食い止める働きです。リンパ節には白血球が集中していて、リンパ節で濾過された異物は、それら白血球により処分されます。

ちなみに、白血球は「リンパ球」と「顆粒球」で構成されていますが、リンパ球が優位であるのが「免疫力が高い」と言われる状態です。そのバランスをコントロールしているのは自律神経で、交感神経が優位になれば顆粒球が増え、副交感神経が優位になればリンパ球が増えます。いわば、リラックスしている方が免疫力は高まるということです。

さてここまでざっくりと人体の構造や働きについてお伝えしてきましたが、どうでしょう、人体は私たちの意思とは関係なく、生命を維持するために毎日とんでもない大仕事をしてくれているのです。私たちはまず、そのことをしっかり理解すべきではないでしょうか。

私たちは、体の働きにはまったく無自覚で生きています。逆に、ひとつの細胞が生まれ肉体の一部となり、やがてその細胞が死を迎え便となって排出されていることなど、自覚できようもありません。人体の働きはフレキシブルで学習能力も高く、細胞同士は互いに情報交換し合い、助け合いながら目的を果たしていきます。素晴らしい組織の連携、それはまるで別世界からの指令を受けているかのようです。考えれば考えるほど、人体は神秘で、畏敬に値するものだと私は思うのです。

体は動かすもの

そもそも私たちは、自分の体をどのように動かし、どのように扱えば良いのか、ということを具体的に学ぶことがありません。赤ちゃんがハイハイし、立ち上がり、歩き出すのも、だいたいなりゆき任せでしょうし、小学校に入ってからも、体の動かし方を詳しく学ぶことはありません。ですから、私たちは自分の体でありながらだいたいたいの感覚で使っているわけです。

たとえば、私たちはスマートフォンをだいたいの感覚で使っています。機械の構造など知らなくても、電話やメール、アプリなど、当たり前のように自由自在に操作します。しかし、いざ故障してしまうと、自分で直すことは到底できません。専門の修理センターの、専門知識を持った人に修理してもらうしかありません。もしかするとこの状況は、人体と医療の関係に似ているのではないでしょうか。

なんとなくの感覚で使っている自分の体、当たり前に存在し、当たり前に機能しているので、多少の無理はきくだろうと思っていることもあるでしょう。しかしそれはとんだ思い違いで、ある日急にどこかに不調が生じ、慌てて病院に駆け込むことになるわけです。

では実際に、私たちは健康で生きるために、自分の体とどう付き合えば良いのでしょうか。ひとつは、体をよく動かすことです。なぜよく動かすことが大事なのか、「きくち体操」を考案した菊池和子氏の著書『きくち体操　「意識」と「動き」で若く、美しく！』から引用します。

私たちの体にあるおよそ二〇六もの骨は、すべてバラバラで、絶妙に組み合わさっています。そのおかげで、さまざまな動きが自由にできるように作られています。骨は毎日生まれ変わっています。骨は、生まれてこの方休むことなく古い骨の細胞を壊し、新しい骨の細胞を作り出しているから、今日のあなたの骨があるのです。だからこそ折れた骨も元に戻るのです。

脳から足の指先まで、全身を巡る血液が、あなたの骨の中で毎日休みなく作られているのを、いったいどれだけの人が知っているのでしょう。

大切な骨を育てていくのは筋肉の力です。筋肉を動かす刺激で、骨は新しく生まれ変わることができるのです。骨と筋肉は実に密接に関わっています。骨は筋肉を動かす刺激がなければ育ちません。（一二三頁）

つまり私たちは、血液を生み出す「骨」を育てるためにも、筋肉をよく動かさねばならないというわけです。そして、その血液は酸素と栄養を運びながら体の隅々まで巡り、様々な細胞を育てていくのです。

さらに菊池氏は、「（体を）動かし（体を）育て続ければ誰でもいくつからでも健康になれる」（菊池体操ホームページ「菊池和子からのメッセージ」より引用）と言います。とても希望の持てる言葉だと思います。そしてここで改めて気づかされるのは、私たちは動くことにより生きている生命体【動物】なのだということです。

心と体の関係

さて、冒頭で心と体は繋がっていると申し上げました。ここで少し、心についての話を進めたいと思います。といっても、私は宗教家でも、教育者でもありません。ボディーワークを通して、心について考えたことを少しお伝えしようと思います。

私たちの心の中には、いくつもの「思いの種」が存在しています。その思いの種は、日常の中で目にするもの、耳にするものと繋がり、「思いの花」を咲かせていきます。できれば心の中には、美しい花をたくさん咲かせたいものです。

心に美しい花を咲かせるには、前向きな明るさも必要です。だがそのためにはまず、心の価値としての純粋さ、優しさ、謙虚さ、柔軟さなどといった根っこが必要だと思うのです。ただ明るく物事を考えても、中身は空虚でしかない。美しい花を咲かせるには、心の根っこを地道に育てていかねばならないのだと思うのです。

私たちの心の学びは、命の終わりの日まで続きます。何事も理想通りに進むものでもなく、様々な人や物事との関わりの中で、私たちは心の耐性を強めていきます。こういった耐性も、心の根っこの一部となるのだと思います。

そもそも、心とは何でしょうか。

心は目に見えないものですが、誰もがその存在を大きく深く受け止めています。

心に響く、心が傷つく、心を開く、など言いつつ、私たちは心をほぼ胸のあたりに捉えて表現します。

心臓とは心の臓器と書きます。胸の鼓動は荒ぶる感情で波打ちます。

「感情は二〇分しか続かない」と何かの文献で読んだことがあります。一日中、あるいは何日もその感情を抱えていたとしたら、それは感情ではなく、もはや思考なのだというのです。

感情は衝動的です。感情があることは大事なのですが、いつまでも引きずっていると執着になります。怒りや悲しさなど、ネガティブな感情を思い返してばかりいると、息も浅くなり、体に酸素が行き渡りにくくなります。感情を思い切って忘れることができるでしょうか。キッパリ忘れてしまうことも才能ではないかと思います。心は、感情に支配されるべきではありません。喜びも悲しみも怒りも恐れも、客観視することが必要です。それは心の健康のためでもあり、体の健康のためでもあります。

自律神経は、交感神経（緊張）と副交感神経（緩和）とのバランスで働きます。

心にも緊張と緩和は訪れます。慣れないこと、嫌なこと、抑圧された環境に心は緊張します。逆に、慣れていること、好きなこと、ぼーっとすることで心はゆるみます。これらの状況がバランスよく訪れるのが理想のようですが、この社会を生きるのに、どうやら私たちは、心を緊張させている時間の方がずいぶん多いような気がします。

私たちは、自分の本当の思いに向き合えているでしょうか。一見、平和なような世の中ですが、実際には、私たちはその中で熾烈な競争を強いられ、人から評価されながら生きています。学校生活も社会生活も、勝ち負けのある厳しい世界です。その中で、人より優位であることが当然良いとされ、しかし人には協調性を持って接するべきだと教えられます。これはよく考えると結構な矛盾ではないでしょうか。そのような矛盾の中で、平和に物事を進めなければならないとなると、本音が語りづらくなるでしょう。

本音が語れないとなると、無意識で口まわりや喉がこわばり、心にぎゅっと緊張が生まれ、時に全身の筋肉を収縮させることになります。こういった心身の緊張は、自律神経に影響します。これらをまだ自覚しているうちは良いのですが、心身の緊張が日常で当たり前になってしまうと厄介です。ぴっちり心に蓋をしてしまって、自分の本音に気づけない人も少なくないのです。そうなると、自律神経のバランスに乱れが起こり、様々な症状が現れてくるのです。

私たちは考え方ひとつで、いかようにも自分の心を作り替えることができます。私たちは心のクリエイターです。そして心を変えることで、体を健康にすることもできるのです。感情や思いに執着する必要はありません。思い込みほど自分を迷わすものはありません。心がシンプルであればあるほど、体は良い働きをしてくれるのだと思います。

伝統医学における健康とは

私は、個の本質は心にあり、体は今を生きるため、経験するために与えられた大切な乗り物であると考えています。何度も述べますが、私たちは、この大切な乗り物である自分の体の扱い方を、実はよく知りません。体をどのように動かし、どのように休ませ、どのように向き合い、どのように育てればいいのか、きちんとした共通のマニュアルがあるわけでもないですし、子どもの頃からきちんと教えられもしないからです。もしも、何らかのトラブルが起きたとしたら、医学にポンと身を委ねてしまう社会に生きている、本当にこれで良いのだろうかと思っています。
本来なら、正しい食生活、睡眠、運動の知識くらいは、子どもの頃から教えられるべきではないかと思いますし、心と体の繋がりについての議論もあって良いと思います。幸い最近では、ユーチューブなどの動画サイトで、体の健康についての情報が得られるようになりました。様々な情報が飛び交っているので、真偽は自分で判断しなければなりません。それでも家にいながらヨガやストレッチの方法を学べるのは、ずいぶん画期的なことだと思います。

インドの伝統医学のアーユルヴェーダでは、「心の乱れや不安定が、身体の生命エネルギーのバランスを崩す」と考えられてきました。人体をパーツに分けて診断することはなく、全身を綿密に観察したうえで診断し、治療が行われます。治療の内容としては、食生活の指導と生薬の処方、そして発汗、排出、浄化を促すオイルマッサージが行われます。
現代医学の治療といえば、外科的手術と化学薬品の処方です。アーユルヴェーダは、現代医学に比べると宗教的で古くさいイメージがありますが、実は、人の心身やライフスタイルに寄り添った、自然で優しい治療法なのではないかと思います。

日本の伝統医学の「漢方」では、気（生命エネルギー）、血（血液、血液が運ぶ栄養）、水（血液以外の体液）の三つのバランスが重要とされ、このバランスを崩すと、心と体に不調が出るとされています。治療は体内に溜まった毒素を排出することを目的とし、綿密な診断により漢方薬が処方されます。また、漢方では鍼、灸、指圧といった、体に直接働きかける治療があります。他の民間療法では、摩擦や圧迫などのマッサージや、温熱や冷却を行うこともあります。要するに、治療家が患者の体に直接働きかける治療です。

私たちは今、現代医学に多く助けられていますが、希望を言えば、このような伝統医学の知識や技術が、今の医療とうまく融合できれば良いのにと思います。実際、そのように治療を進める医師の方もいると思います。

ここで参考までに、東洋医学における「五行説」と「五臓」の関係についてお話しします。

「五行説」とは、今から約二、五〇〇年前の中国で、大自然のメカニズムを解明する哲学モデルとして誕生しました。「五行」とは木・火・土・金・水という、自然界を構成する五つの要素を表しています。古代のライフスタイルでは、この五つの要素が生活を維持する上で不可欠なものと考えられました。

「五行」をそれぞれエネルギー分類し、自然界の中でどのような作用をしているのか、また人の体とどう関わっているのかを解明し、医学理論へと発展させました。「五臓」とは人の内臓の中で、肝臓・心臓・脾臓・肺・腎臓のことです。

「五行」のエネルギーが、「五臓」の生理メカニズムにどのように結びついているのか、そして「五臓」が、体の機能や心の感情とどのように結びついているかが左記になります。

木↓　肝臓↓　貯蔵・調整機能↓　驚く・怒る↓　目
火↓　心臓↓　循環・精神機能↓　喜ぶ↓　舌
土↓　脾臓↓　消化吸収機能↓　思い悩む↓　唇
金↓　肺　↓　呼吸機能↓　悲しむ・憂う↓　鼻
水↓　腎臓↓　生殖・泌尿機能↓　恐れる↓　耳

この五行説で、人の複雑な生理機能をすべて解明できるわけではありませんが、強調されるのは、自然と人とのバランスや、体内の生理機能のバランスを重視していることです。どれが強過ぎることも、弱過ぎることもなく、調和を保つことで健康を維持するという考え方は、ホメオスタシスのメカニズムを示すモデルとしても理解されています。

誰しも体に癖がある

さてここで話題を変え、「体の癖」について話したいと思います。「体の癖」とは、無意識でしてしまう「体の良くない使い方」と考えてください。

私は、健康の基本は、骨が本来の正しい位置にあることだと考えています。特に背骨には大きな神経が通っているので、歪みがあると、神経の働きに影響が起こります。神経は体のコントローラーですから、神経がうまく作用しなくなると、内臓の働きや精神の働きに乱れが起きやすくなります。

そして骨の位置を決めるのは筋肉です。筋肉はいつも柔らかく、弾力があって、よく動くことが理想です。筋肉が緊張して硬くなることで、骨が動きにくくなり歪みも生じます。筋肉の硬さは、血流やリンパの流れなど、体内の水分の流れを滞らせます。体の中で唯一、自分の意志で動かせるのが筋肉（骨格筋）ですから、筋肉とうまく付き合い、きちんとメンテナンスする心掛けは、私たちにとってとても重要なことでしょう。

ここで体の癖を具体的にあげてみましょう。

体の癖といえばまず、現代人のほとんどが猫背だと言っても過言ではないのではないでしょうか。猫背とは、背中を丸くし、肩をすぼめ、首を前に突き出している姿勢で、よくパソコンやスマートフォンを見るときの姿勢です。常にこの姿勢を続けると、背骨や首に強い歪みが生じます。肺や胃も圧迫するので、息も浅くなり、胃の消化も悪くなります。

しかし逆に、背筋をピンと張る姿勢も良くありません。私たちは子どもの頃に、正しい姿勢として背筋をピンと張ることを教えられます。その名残で、緊張すると条件反射のように体をピンと張ってしまう人もいます。ところがこの姿勢を長時間続けると、腰や背中の筋肉をひどく硬くしてしまいます。本当の正しい姿勢とは、意識的にピンと張った姿勢ではなく、脱力でまっすぐあることです。立っていても、座っていても、寝ていても、脱力を意識することがとても大事です。

あと、直しづらいのが歩き方の癖です。内股歩きも、外股歩きも、足首に負担をかけ続けます。足首の負担は、脛や太ももへの負担に繋がり、ひいては腰の痛みに繋がります。足首が傾いていると、膝や股関節も傾きます。

例えば他にも、眉間に皺を寄せる癖、肩が上がる癖、足を組む癖などあげればキリがありませんが、体の癖には少なからず心理的な要素も含まれることは感じてもらえるでしょう。

それにしても、これらの癖は、やはり私たちの体への無頓着から起こってしまうわけです。正しい体の使い方、体のメンテナンスの仕方については、子どもの頃から適切に学んでも良いのではないでしょうか。

食いしばらないススメ

癖の中でも、今すぐやめるべきだと特に強く思うのが、食いしばりの癖です。

食いしばるとは、顎の筋肉に力を入れて、上の歯と下の歯をぎゅっと噛み合わせている状態です。特に緊張している時、集中している時、痛みに耐えている時などに強く食いしばりやすく、日常で継続的に食いしばっている人も少なくありません。食いしばりの癖のある人は非常に多く、その中で睡眠中に歯ぎしりをしてしまう人もいます。ところが、食いしばりも歯ぎしりも無意識なので、自分でわからない人がほとんどなのです。

では、食いしばるとどうして良くないのでしょう。食いしばりは、歯や歯茎を傷めるのはもちろんのこと、顎まわりから首の筋肉、側頭部に強い負担を掛け続けます。その結果として、慢性的な頭痛や首、肩コリの原因となることをまず心に留めていただきたいと思います。ひいては血行不良や顔のむくみ、自律神経の不調和による睡眠障害、顎関節症や四十肩・五十肩なども、長年歯を食いしばり続けたことが原因で起こります。

食いしばりは頑張っている証と勘違いされている方も多いのですが、実際には心身を疲弊させる、エネルギーの無駄な消費でしかありません。食いしばらなくとも頑張ることはできます。むしろ食いしばらない方が、本当に使いたい力に集中できます。食いしばりを理解し、その癖をやめることができれば、日常的な疲れの悪循環から解放され、体が楽になることに気づかれることでしょう。また、リラックスするのが苦手という方がおられますが、一度顎の力を抜いてみると良いかもしれません。ちなみに、食べ物を噛む力は約四〇キログラム、睡眠中の歯ぎしりは一〇〇キログラム以上の強い力だと言われています。

ところで、舌について知ることは、食いしばりの癖を改善するための、とても重要なポイントとなります。

まず舌の位置ですが、本来、舌は上顎にピッタリとくっつけておくものだということをご存知でしょうか。口を閉じている時、舌が上顎を押し上げるように密着しているのが正解で、その際、上の歯と下の歯をくっつけることはありません。

そして舌は自由に動かすことができる筋肉なのです。私たちはこの筋肉を巧みに動かすことで、食べ物を飲み込むことや、言葉を話すことができます。また、舌を上顎に押し上げるようにくっつけておくのは、上顎を広く深くドーム状に育てていく役割もあります。子どもの頃からそうあれば、歯並びも良く、咀嚼や嚥下もしっかりできるようになります。舌で上顎を支えることは、実は体のバランスを取るにも必要なことなのです。

舌は思いのほか、大切な役割を担っています。舌をぶらぶらと遊ばせているのはもったいないことです。舌は筋肉なので、動かさずにいると硬くなってきますし、硬くなって喉の奥に下がってしまうと、頬や顎がたるみますし、睡眠中にいびきや歯ぎしりが起こります。また、舌は筋肉ですから、ほぐすことや、鍛えることも大切です。ちなみに舌をトレーニングすると唾液が増え、パロチンという若返りのホルモンの分泌が向上すると言われています。是非とも舌の位置を正し、舌を鍛えつつ、食いしばりの癖を改善してください。

癖とはそもそも自覚のないものなのですが、癖を直すには何よりまず自覚することから始めなくてはなりません。自覚できれば、あとは自分自信で癖を直す意思と努力が必要です。自分の癖は、自分で直すほかないからです。

また、「体の癖」には「心の癖」が反映していることが多々あります。「心の癖」とは、いわばものの考え方です。食いしばりが強い人なら、とても我慢強いが、負けず嫌いで自分に厳しい一面もあるかもしれません。体の癖を直すには、そういった心の傾向を見つめ直すことも時には必要かもしれません。

魂について考える

ところで、私は魂の存在を信じています。

魂の重さは何グラムなのか、過去に計測が試みられたことがあるそうです。それは二一グラムだとも、いや重量には個人差があるのだとも言われています。しかし、一般的に認識されているわけでもなく、そもそも魂とは実体なのか、それとも目に見えない気体や霊体のようなものなのか、あるいはただの概念でしかないのか、その存在は、人それぞれに思い描く範疇の中にしかありません。

私は、魂は実体であり、魂の中には既に数々の人生のデータが蓄えられているのではないかと考えています。そしてその魂が新たな肉体に宿った瞬間、その肉体を通しての魂の経験が始まるのではないかと思っています。そのように考え始めたのは、私が子育てをしていた時期でした。小さな息子の性格を見るにつけ、それは遺伝的要素でもなく、また育った環境から得たものでもない、独特の感性があると感じたことがきっかけでした。それはまるで他の誰かの過去の人生から引き継いだ人格のようにも感じました。

魂は生まれ変わるのでしょうか、魂は永遠なのでしょうか。

宗教の世界では、魂の存在を認めている宗教（宗派）もありますが、大方はその存在を否定はしないものの、まったく異なる考えを持っているか、あるいは何も述べていません。いくつかの宗教では、人は死ぬと天国か地獄へ行きます。またいくつかの宗教では守護霊的存在になります。さらにまたいくつかの宗教においては大地に帰ります。つまり実体としての魂の存在や、魂の永続性については何も語られないのです。

しかし、現実には前世を記憶していると言う人や、夢で前世退行を経験したと語る人もいます。これらはただの空想に過ぎないのでしょうか。もしかすると、魂をアップデートさせるために、またこの世に生まれ様々な経験を重ねているのかもしれないと思うのは、妄想に過ぎないのでしょうか。

もし魂があるとするならば、子宮の中で育まれた肉体に魂が宿った瞬間、その魂を源流とした精神活動（心）が始まるのでしょう。そしてまた別に、肉体には両親をはじめ先祖から引き継いだ遺伝的情報が刻まれています。私たちの内部では、肉体の情報と魂の情報が複雑に絡み合い、人としての個性が生まれているのではないかと考えられます。

ここで改めて私がお伝えしたいのは、心と体は、もともと別物なのだということです。それゆえ、心は体を理解し、体は心を理解しなければならないわけなのです。ところが、先に述べてきたように、心は目の前の現象を優先しがちで、当たり前に機能してくれている体のしくみについてほとんど気にかけることはありません。そもそも私たちが生きるために最も大切なものだというのに、心も体もまだまだ謎だらけなのです。

ひとつの肉体と、ひとつの魂が合体して、ひとりの人としての存在が始まる、それはやはり奇跡的なことです。私たちはその奇跡の瞬間を常に大切に生きるべきでしょう。

心と体に優先順位はありませんが、今一度、体の神秘に向き合う時間を持つことで、見えてくる真実が必ずあるはずです。

参考文献

菊池和子『きくち体操「意識」と「動き」で若く、美しく！』いきいき株式会社出版局　二〇一三年

きくち体操ホームページ　https://kikuchi-taisou.com　（二〇二二年九月一六日閲覧）

田中康夫『東洋医学のきほん』後藤修司監修　日本実業出版社　二〇〇九年

第一一章

インド古典舞踊に学ぶ——個人の体験より

神谷暁子

はじめに

「心惹かれる」経験はあるだろうか。広辞苑によれば心惹かれるとは「ある人や物事に関心・好意を持ち、気持がそちらに向く。」とある。

私にはそれが「踊り」だった。元々身体を動かすことに熱意がある方ではなかった。しかし楽しそうに踊る人を見て自分もその輪に混ざりたい、という思いに気がついたのは、低予算で自由に旅をするバックパッカーをしていた時だった。自分の興味がどこから湧いてくるのかを知りたくなった私は旅の形を移動型から滞在型に変え、踊りの習得に取り組んだ。どうせ習うのなら珍しいものがいいと思いながら、インド古典舞踊のひとつオディッシーダンスと出会ったのは二〇一四年六月だった。首都ニューデリーは北緯二十八度で日本の奄美大島と同じ位置にあたる。六月のニューデリーは最高気温三十九度と一年でもっとも暑い時期なので旅行には不向きとされている。

踊りに心惹かれていた私は運良く日本人のオディッシーダンスの舞踊家（以下、先生と表記する）に出会い約一月半師事した。酷暑に加えインド特有の大雨や停電が、毎日の練習をより過酷なものにした。

ある日の練習中、先生が話してくれたエピソードがある。先生が舞踊の留学生としてインド人師匠の元で研鑽を積んでいた時、鏡がなかったというのだ。先生はインド人師匠から口頭で指導を受けるのみだったという。一般的にダンススタジオなどの練習場といえば、床から天井に届く程の鏡が壁一面に張られている。踊り姿や姿勢を客観的に確認するために鏡が準備されていることに疑問はないが、全身を映すほど大きな鏡が何百年も昔からあったわけではない。写真や動画もなく鏡がなければ一生自分の姿を見ることもない状態での踊りの習得は、心身にどんな影響があったのだろう。私がオディッシーダンスに本格的な興味を持ったのはここからだった。

後述するがオディッシーダンスはオリッサ州にあるヒンドゥー教寺院に起源を持ち、演目の中にはインドの神様も登場する。しかし私は「宗教」や「神様」に良くも悪くも抵抗感がなかった。毎日練習に取り組むなかでも宗教的な部分には特に引っかかりを持たなかった。

私は宗教やインドについての専門的な知識を持ち合わせていない。しかし舞踊を通して得た体験と看護師としての経験を合わせて、私なりにインド古典舞踊を掘り下げてみる。そして踊りとは切っても切り離せない宗教的な部分にも、心身面から踏み込むことを試みたい。

インドで感じた多様性

インドの国土は世界で七番目に広く日本の国土面積の八・七倍に相当する。行政区画は二十八の州と八つの連邦直轄領に分かれている（二〇二二年時点）。私が旅行で訪れた地域はデリー、ウッタル・プラデーシュ州、西ベンガル州、ラジャスターン州、パンジャーブ州、ウッタラーカンド州だった。海に面した地域では魚がよく食べられたが、内陸部においては首都デリーでもけっして魚介類は一般的な食材ではなかった。砂漠では水が貴重なので使用済みの食器を砂で洗った。食器は思いの外綺麗になった。

一年を通して比較的暑い地域では空調設備の設定が冷房しかなく、冬になると室内でも防寒具が欠かせない。都市部では水道が整備されつつあるが、地方では水の配達が必要な町もあった。インド北部しか訪れていないが地域によって生活は様々だった。しかしどの土地でも宗教と生活は密接に関わっていて、デリーの町中を歩けばヒンドゥー教、イスラーム教、シーク教の寺院のどれかが必ず視界に入った。

言葉も国土の広さと人口の多さに見合って多様性に富んでいる。公用語としてヒンディー語と英語が定められている他に、二十二の指定言語がある。多様性が一番簡単に見て分かるのがインド紙幣であり、十七言語が記載されている。一国の通貨であっても全国民が使えるようにするためにはこういった工夫が必要なのだ。しかしすべての人が公用語を理解している訳ではない。旅行中に知り合ったインド人一家の家長はヒンディー語も英語も話せなかったので、他の家族に通訳をしてもらったことがあった。

私が関わったインドはほんの一部だったが、それでも文化や言語の違いを実感するには十分だった。

インド古典舞踊と宗教

インド各地には伝統的な踊りが継承されており、これらを総称してインド古典舞踊という。「インド四大古典舞踊」や「インド八大古典舞踊」と呼ばれることもあり、その歴史は紀元前にまでさかのぼる。各々の踊りも現代インドの多様性に負けず劣らず個性的なものばかりだ。インド文化庁では主要な古典舞踊について紹介している。(注1)

バラタナティヤム（南インド）

マニプリダンス（インド北東部）

カタック（北インド）

オディッシーダンス（インド東部）

カタカリ（南インド）

モヒニアッタム（南インド）

クチプディ（南インド）

サットリヤダンス（インド北東部）

チョウ（インド東部）

これらは代表的なものだが各舞踊に流派や系統があるため、実際はかなり複雑になっている。

インド古典舞踊の特徴のひとつとして踊りの起源が寺院にあることが挙げられる。寺院における舞踊の位置づけはどうなのか。神への感謝なのか何かの祈願なのか。もしくは対外的な意味を持っていたのか。時代背景などによって非常に複雑であったことは想像に難くない。演劇学者である宮尾慈良はアジアの舞踊について「インドの舞踊やジャワ、バリの舞踊は、そのほとんどが神々が創造したと神話、伝説で語られて、今も神聖性を失わず、信仰的儀礼として演じられる。その演じる者の動作一つ一つが、みな聖なるものと切りはなすことはできない。そしてその身体的行動および楽奏が正しくおこなわれなければ、聖なるものとの交流はできないと信じられていたのである。[注2]」と述べている。また全てのインド古典舞踊は『ナーティヤ・シャーストラ』という五番目のヴェーダ（バラモン教とヒンドゥー教の聖典）を基礎に成り立っている。この五番目のヴェーダは演劇・舞踊・音楽の理論書であり、神々へのプージャ（礼拝）、手足・顔の演技、衣装や化粧の決まり、舞台演出の効果、楽器についてなど多岐にわたっている。

例えば衣装や化粧の項目では、足首の装飾には連なった鈴を用いるように書かれている。この連なった鈴（グングル：図1）は私が習ったオディッシーダンスに限らず、インド古典舞踊全般に広く共通する。

図1　グングル

また手を使っての表現（ハンド・ムドラー）も各舞踊で若干異なる部分はあるが、これも広く共通している。ハンド・ムドラーは片手で表すものと、両手で表すものがそれぞれ複数存在する。そのひとつひとつのジェスチャーに意味があり、神経を指先まで行き届かせることで真っ直ぐ伸びて美しくみえる。オディッシーダンスで使用するハンド・ムドラーのうち『ナーティヤ・シャーストラ』にも名前があるものを一部紹介する。

シュカトゥンダ（図2）：オウムのくちばし

カタカムカ（図3）：ブレスレットを開く

そして表情に関しては頭・首の動かし方、目線の向け方、眼球・まぶた・眉・鼻・頬・口の動かし方が細かく記されている。ハンド・ムドラー

図2　シュカトゥンダ

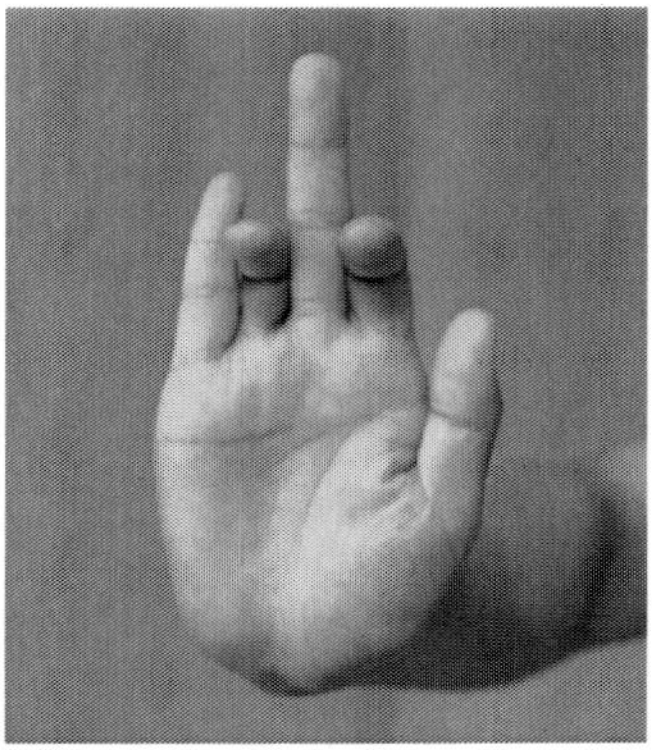

図3　カタカムカ

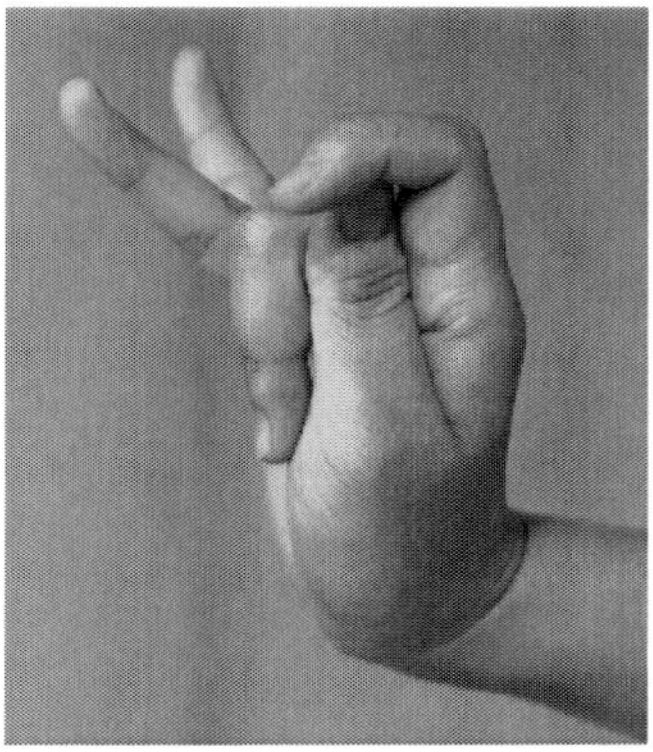

と同様に、その動きが意味するものが詳細に決められており、眉の動きだけでも七種類ある。例えば両眉を上げる動作は、驚き・喜び・激しい怒りを表現し、片一方の眉のみ上げる動作は怒り、情熱などを表すとされている。

ここまで動作が細かく決められているのは、九種類のラサのためとされている。ラサは『ナーティヤ・シャーストラ』の第六章にその記述があり、日本語では「情緒」や「味わい」と訳される。インド芸術において重要な概念とされている。九種類のラサの内訳は「恋情、憤激、勇武、憎悪、滑稽、悲愴、奇異、驚愕、平安」(注3)となっている。身体表現や舞台演出によって役の複雑な心理状態が表現されるのだが、これがラサではない点が興味深い。ラサは鑑賞側、つまり舞踊を見ている観客の中に喚起されるものを指す。その媒介として演者が存在するのだ。

『ナーティヤ・シャーストラ』では踊り手だけでなく、舞踊のための音楽や舞台装置、上演に適した時間なども事細かに決められている。演奏については用いられる楽器や歌い手の規則が、前述した身体表現のように細かく記されている。そしてこれも全てのインド古典舞踊に共通する点として、踊り手と歌い手は必ず役割が分けられている。踊り手は舞台上で言葉を発することはなく身体表現のみに集中する。インド古典舞踊に広く共通する点について宮尾は「インドのサンスクリット劇では、古くは演じるものは神であり、王で有り、王女であったことをおもうと、本来的に神聖なる人物は、人々の前で言葉を交わすことは許されなかったので、演者は合唱に合わせて身体をかりて舞踊として舞台上で神々の演技をしていたのである。(注4)」と述べている。

インド古典舞踊では言葉以前に、正確な身体表現や舞台空間の演出が重要だということがよくわかる。

オディッシーダンス

インド東側に位置するオリッサ州がオディッシーダンス発祥の地だ。舞踊の歴史をさかのぼるには彫刻、寺院に保存される年代記、絵画、舞踊の技術書が手がかりになる。

紀元前五世紀―紀元前二世紀頃には、洞窟の壁に彫られた彫刻に舞踊の影響がみられる。ラーニーグンパ洞窟には演者と奏者が表現された舞踊の歴史として重要な彫刻が残されている。ウダヤギリ洞窟の彫刻はユーチューブ上で見ることができるが、紀元前のものとは思えない程に洗練されている。

寺院が建設されるようになると壁や扉にも舞踊の様子が刻まれるようになる。七―八世紀に建造されたパースラメスワラ寺院は精巧な彫刻で彩られている。また十一世紀頃に建造されたジャガンナート寺院には舞踊のための特別な施設としてナット・マンディールが敷設されている。寺院に保存されている年代記マダルパンジには儀式や日常生活の一部としての舞踊が記録に残っている。またジャガンナート寺院自体もオリッサ州において歴史的に重要な建造物だ。ジャガンナート神はオリッサ地方の土着の神で後にヒンドゥー教に習合されて、クリシュナ神（ヴィシュヌ神の化身の一つ）と同一視されている。

十二世紀頃までは彫刻が主な資料だが徐々にテキストでも舞踊の記述が見られるようになる。現在のオディッシーダンスのベースになるものとしてヤドゥナト・シンハの『アビナヤ・ダルパナ・プラカーシャ』が挙げられる。前述した『ナーティヤ・シャーストラ』の内容だけでなくオリッサ州における舞踊の慣習を網羅した写本だ。舞踊の技術書の登場は踊りに対する人々の関心の高さが窺える。そして技術書には挿絵が加えられている点も興味を惹かれる。

近代のオディッシーダンスが成立する前、イギリス統治時代に舞踊が禁止され継承が一時断絶した。その後、一九四〇年頃に端を発してオディッシーダンスの再編が行われる。再編の過程は「グル・ケールチャランをはじめとする舞踊家が、この三、四十年の間に、祭礼で踊る少年ゴーティプアの女形や地方演劇ジャートラ、マハーリと呼ばれる寺院の巫子の舞いを基にコナラクやプリーの寺院彫刻の舞踊図のポーズを取り入れてオディッシーダンスを再創造した。(注5)」とされる。舞踊の断絶は免れたが披露する場を寺院からステージへ移し、純粋な宗教儀礼としての要素は薄くなっている。

現在のオディッシーダンスは、グル・ケルチャラン・モハパトラ、グル・パンカジ・チャラン・ダース、グル・デーバ・プラサード・ダースの複数の流派が存在する。この中で私が習ったのはグル・デーバ・プラサード・ダースのスタイルである。

インドの踊りというと曲線的でしなやかなイメージではないだろうか。グル・デーバ・プラサード・ダースのスタイルは床を踏み鳴らす強いステップと舞台の隅々まで駆け回る躍動感が特徴といえる。

基本姿勢は直角と直線で構成される「チョウカ」（図4）と、曲線で構成される「トリバンギ」（図5）の二種類がある。チョウカは両腕の高さと肘の開く角度を揃え、両足を一八〇度に開く。両足の間隔は自分の一足分程度。膝を外に向けて曲げ、腰を落とし、背筋を伸ばす。チョウカは前述したジャガンナート神を模したポーズだ。トリバンギは左右で一対となり、写真は左足が前になっている。両足を一八〇度に開き、足が平行になるように前後に配置する。前後の足の間隔は自分の足の三分の二程度。両膝を外に向けて曲げ、腰を落とす。前に配置した足と反対方向に殿部を押し出して、全身を

図4　チョウカ

図5　トリバンギ

使って曲線を構成する。両手は拳をつくり、前に配置した足の膝と反対の腰それぞれに当てる。
表現は手の演技「ハンド・ムドラー」と顔の演技「表情のアビナヤ」で構成される。ハンド・ムドラーは指先まで神経を行き届かせる。単体での使用ではなく踊りの中で複数使用するため、流れるような変形も求められる。表情のアビナヤも頭・首の動かし方、目線の向け方、眼球・まぶた・眉・鼻・頬・口の動かし方を複雑に組み合わせることで成り立つ。

演目はインドの神様に関係したものが多く、これもインド古典舞踊全般に共通している。オディッシーダンスで表現するポーズにもインドの神様を模した姿がある。例えばシヴァ（ヒンドゥー教最高神の一柱）、パールヴァティ（シヴァの妻：図6）、ガネーシャ（シヴァとパールヴァティの息子で頭が象：図7）、カーリー（シヴァの妻の一人で凶暴とされる）などだ。他にも音楽に合わせて踊りが構成されたパッラビ（参考文献［YouTube動画］参照）や、解脱を意味するモクシャなど踊りの種類も複数存在する。

図6　パールヴァティ

図7　ガネーシャ

またこれもオディッシーダンスに限ったものではないが、練習や舞台で踊る前後には決まった型のプージャ（礼拝）をする。特に人前で踊る際は生花の花びらを手のひらに一杯にした状態で舞台に上がり、舞台上に花びらを落とす。公演の前日には成功を祈願して寺院にお参りをする。私もインド滞在中に踊りを披露する機会を得た時は、デリーにあるジャガンナート寺院へお参りした。先生が運転するバイクの後ろに乗って寺院に向かったのは良い思い出だ。私自身は宗教的な興味関心から舞踊を始めた訳ではない。しかし公演の成功を祈願するために寺院を訪れることは、現地でなければ出来なかった経験だ。

次に具体的な踊りの習得について身体機能と合わせて述べる。

踊りの習得過程と課題

前述したように現代ではダンスの練習に鏡を使うことが当たり前になっている。自主練習をする時にフォームをチェックする場面や複数名でフォーメーションの間隔を客観的に確認する状況を考えれば、やはり鏡は欠かせない。では逆に鏡などの自分を客観視できるツールがあれば、全ての人が手本と同じ動作や一度見た動作を再現できるのだろうか？　仮にそうだとすれば指導者は必要ないはずだが、少なくとも私は先生がいなければオディッシーダンスをまったく理解できなかった。美しい姿勢の維持や、指先まで神経が行き届いたハンド・ムドラー、豊かな表情のアビナヤは一朝一夕に身につくものではない。何度も同じ指導を受け、手本を真似ることを繰り返した。思い通りに動かない身体に自分自身でも呆れ、当時から「筋肉が覚えていないからダメなんです」と言い訳をしていた。

自分でも覚えが悪い言い訳として、何故こんなことを言ったのか気になっていた。そしてオディッシーダンスを続けるうちにこの発言の出所が、看護師時代に脳神経外科・内科病棟で勤めた経験だと気がついた。病棟に入院する患者の主な疾患は脳梗塞・脳内出血・くも膜下出血の脳卒中で、発症した部位によって出現する障がいの種類や範囲、程度が全く異なる。身体麻痺などの障がいが残った場合はリハビリによって身体機能の再獲得を目指す。そして看護師としてリハビリ過程に携わった経験が、自分の身体を思い通りに動かせない現状を理解する上で生かせるのではないかと考えていたのだ。

舞踊の習得方法は人それぞれで、手順や注意点を文章化して自分の中に落とし込むことが得意な人もいるだろう。現代らしくスマートフォンで録画して見返す方法もある。私の場合は言葉で理解するよりも、手本を実際に真似て微調整を加えられる方が合っていた。具体的には私が真似た姿勢を見てもらい、修正が必要な箇所について背筋を伸ばす、腕の広がりを大きくする、手のひらを正面に向けるように手首の屈曲を九〇度にする、と逐一指導を受けた。

いずれの方法であっても反復練習抜きに上達することは不可能であり、この段階を「模倣と変化」と考えた。また詳細は後述するが、オディッシーダンスに携わる中で一度だけ体験した特別な感覚がある。その時の感覚を基に「繰り返しからの自動化」の段階を仮定した。

この二つの段階について、脳や身体内で何が起こったか考える。

示された型や動きを実践する時、当然手本を思い出しながら自分の身体を動かす。しかし脳内では身体を動かす前からすでに活動をはじめている。

模倣と変化

模倣について考える際に外せないのがミラーニューロンだ。一九九六年に発見された脳内の神経細胞で、ヒトの脳でも同様の活動が確認されている。これは目の前で他人が行った動作を見ただけで、自身の脳内においても運動を司る同じ部位が活性化するものだ。実際に身体を動かさなくても脳は身体を動かした時と同じ反応をするのだから興味深い。

ミラーニューロンについて脳科学者の塚田稔は「このニューロンは、外界からの情報を模倣することによって情報を受け取り、さらに、単なる模倣を超えて柔軟性と独自性を発揮するために、脳内に新たな情報モデルを創成する。自分にない情報を積極的に取り入れて、自己組織化していく機能こそ、コミュニケーションによる情報創成であり、自己人格形成に密接に関連する。(注6)」と述べている。つまり手本を見ている段階ですでに脳内では新しい情報を取り入れ、自身の再構築が始まっていたのではないかと考えられる。

舞踊習得は基本姿勢やハンド・ムドラー、表情のアビナヤなどの静止状態から始まり、次にステップと腕の動きを伴った動作へと移行する。先生が示す手本を真似て手足の伸びや角度を修正してもらうのだが、身体はなかなか思うように動いてくれない。私が注意を受ける内容はいつも決まっていて、猫背（背筋が伸びていない）と無表情（アビナヤが疎かになっている）だ。基礎がある程度固まってきたら音楽と合わせた演目やグループダンスに進むという段階がある。身体の使う範囲の広がりと共に模倣の難易度も上がることは想像に難くない。

またオディッシーダンスを本格的に学ぶ人達は、師と寝食を共にする。先生もインド人師匠の奥さんや他の弟子と多くの時間を共有していた。その期間は十年以上に及ぶこともある。踊りの時間だけでなく日常生活の所作も模倣する機会だったのではないだろうか。

私は寝食を共にする程の時間を先生と共有出来なかったが、今回の執筆中に発見したことがあった。掲載用の写真を何度か撮り直していると、チョウカの前腕を開く角度が広すぎることや姿勢が伸びていないことが分かったのだ。以前から綺麗な姿勢を取れていなかった訳ではないが、具体的に修正すべき部分は客観視出来ていなかった。これは鏡に映った姿を見ても分からなかった。しかし繰り返し撮影し直して姿勢の微調整をする中で、これまで先生に何度も指摘されたことが思い出された。私自身の中にもいつの間にか、模倣を繰り返したことで綺麗な姿勢や表現がどの様なものか、少しは身についていたのかもしれない。逆に何度も同じ指摘を受ける状態では、指摘の意味を理解していなかったのだろう。

繰り返しからの自動化

どれだけ卓越した技術や身体を獲得しても、受け手にその凄さが伝わらなければ宝の持ち腐れと言える。タイムや得点を競う競技であれば結果が数値化されるが、踊りや演技が決定的に異なるところは評価が受け手の感性に委ねられる割合が大きいところだと考える。

インド古典舞踊の特徴でもあるラサの享受について、寺内徹は「見るものと見られるものとの関係は、見ることにおいて分極化した相互補助の関係に有り、見られるものは見るものを触発し、見るものは見られるものの内に自己の何らかの意味を見出すのである。」(注7)と述べている。つまり見られるもの(演者)は見るもの(鑑賞側)を触発するだけで、伝えたい何かを強烈に主張する訳ではなく演じることに徹する必要がある。鑑賞側に潜在している何かに気づくための媒介として演者が存在するのだ。

しかし演者に徹する前に、演者の心には様々な雑念が内在している。私の場合は正しい姿勢が取れているか、演目の振り付けを間違えていないか、音とタイミングがずれていないかなど、とにかく心配事が多い。そして不安や心配が強くなった時に一番疎かになるのが表情のアビナヤだった。先生に何度も指摘を受ける項目として、この表情のアビナヤがなくなることはないだろう。演者の心に失敗を恐れる部分が少しでもあると鑑賞側にもその雑念が透けて見えてしまい、鑑賞側はラサを享受するどころではなくなってしまう。人間は社会的な生き物なので対人関係の中でも不安や恐怖、恥などのネガティブな情動は必ず発生する。情動とは「外界の情報に対してどのように対応すべきかを決めるメカニズム」(注8)であるため、意識で制御することは困難だ。ではインド古典舞踊に共通するラサはどうすれば鑑賞側に喚起されるのだろうか。情動に支配されない安定した演技のために何が必要かを考えた時、はじめて人前で踊りを披露した時の体験を思い出した。

それはインド滞在中、先生に師事した約一月半の締めくくりとして行った発表会でのこと。観客は数名の知り合いのみという小さな舞台で、先生のアパートの一室で行った。はじめて人前で踊る私に、先生から衣装の着付け・髪型・化粧を施してもらう。私がこの時披露した演目は「スタイ・タケダ」。踊りの内容は、彫刻が音楽に合わせて少しずつ動き出すところから始まる。動き始めた彫刻は化粧をはじめ、サリー（インドの伝統衣装）を着て、ネックレスを付けて、足首にグングル（鈴が付いた紐）を巻く。支度を調えた彫刻は、笛やシタール（インドの弦楽器）、太鼓やマンジーラ（インドの小型シンバル）で音楽を奏でる。初めて覚える演目としてこれほどぴったりのものがあるだろうか。

人前で発表する緊張はあったが不思議と不安はなかった。上手く踊れないのは当然で、振り付けを間違えても仕方がない。自分が良いパフォーマンスができるとは期待していなかった。それ以前に踊りを披露する重大さを分かっていなかったのだろう。

生花の花びらを両手一杯にして入場の音楽が始まる。観覧者の前でお辞儀をしながら両手を前に伸ばし、花びらを両手の間からこぼす様に五秒程かけて落とす。手のひらから花びらがなくなると「スタイ・タケダ」の音楽が始まる。はじめは振り付けを間違えないように思い出しながらだったので、動きがぎこちなかった。しかし音楽が進むにつれて身体が軽くなっていくのを感じた。次の動作を頭の中で確認する工程が消え、意識より先に身体が次の動作を行う感覚。途中で振り付けを間違えたが身体は止まらず、軌道修正して踊り続けた。間違えた恥ずかしさはなかった。異様な身体の軽さと冷静な高揚感を味わったのはこの一回きりだ。不安などの雑念がない、情動に支配されていない状態だった。

この時の状態を他に例えるなら、スポーツ選手などが高度の集中状態にある時に体験するゾーンが近いと考えた。ゾーンは緊張と興奮のバランスがとれた状態で、最高のパフォーマンスを出せるとされている。この心理状態になる方法はインターネットを調べるだけでも様々紹介されているが、確実な方法はわかっていない。

逆に今まで当たり前に行っていた動作がどうやっても上手くいかない状態としてイップスが知られている。これもスポーツ選手などが陥りやすく、イップスの前段階には当たり前に動ける状態があり、「自動化された動作は、効率化され、その動作の途中には意識を介入させる時間的な余裕もない（注9）」と説明されている。つまり「当たり前」とは意識に支配されていない、無意識に近い状態だと考えられる。

ゾーンとイップスの間に明確な相互関係を持たせることは早計だが、私が注目したのは「意識」の介在だった。私が体験したゾーンのようなものも、練習を繰り返したことによって意識を介入させず身体が自動的に動いていたのかもしれない。

しかし十年近く経った今だからこそ、あの時は自分の意識・無意識以上のさらに大きな力が働いていたのだと思う。目に見えない不思議な存在が、私の身体を何処かへ導こうとしていたのだ。自分の身体なのに、その時は明らかに普段の身体の使い方と違っていたことを自覚していた。いつの間にそんな身体の使い方を覚えたのか不思議な感覚だった。舞台で神様を演じている時に、自分ではない何かに意識と動きを委ねる状態は聖なるものとの交流に例えられる。具体的に言えば神様が身体を借りて降りてきた。舞踊の歴史の中でそういう考えが生まれても何ら不思議はない。そして舞台の上だけに留まらず、今も私が舞踊を続けていること。あの時の体験を思い返して書き綴っている、今日に繋がる全てが宗教体験なのではないかと感じている。

踊りや演技は手足の動きや美しい姿勢を保持する筋肉だけで成り立っているのではない。表情も筋肉の伸縮によって作られるので、自分の精神状態が現れやすい表情のアビナヤを意識の制御下から解き放つことは容易ではない。人間が他人の表情を読み取る能力は私たちが自覚している以上に高い。ほんの些細な変化でも違和感を与えるのには十分だ。しかし模倣を繰り返して演技に自意識が介する余地をなくすことが出来れば、鑑賞側にラサを喚起させることを可能にするのかもしれない。実際、他人の表情から感情を読み取る能力に文化の違いは大きく関係せず、自分が理解出来ない外国語で話しかけられても悪口を言われている時は何となく分かることが多い。

演目の中で語られる神様は感情表現豊かで変化も目まぐるしい。また演目の構成として、場面ごとに複数の役柄を切り替えて一人で表現することが多い。物語を理解することと合わせてよどみない身体表現を可能にするためには、演者が舞台装置のひとつとして機能することが望ましいと考えられる。それを可能にするためにも、頭で意識するより早く身体が動く（自動化された）状態をつくれるように、繰り返し練習を重ねることが必要なのだろう。

おわりに

初めて人前で踊った時に得た体験は、私が現在までオディッシーダンスを続けるきっかけになった。最初はビギナーズラックの様なものだと思っていた。しかし年数を重ね、あの時の体験が特別なものだったと強く感じる。あの体験をもう一度味わいたくて今も舞踊を続けている。宗教的な興味なく舞踊を始めた私は、あの「心躍る」体験に今も心惹かれ続けているのだ。鈴木道子は「身ぶり・動作そのものが過去の「記録」的意味をもっていることも多い(注10)」と述べている。私が味わった「心躍る」体験は長い舞踊の歴史の中で多くの人達が経験してきただろう。舞踊の継承が記録だとしても、踊り手であるひとりの人間の短い一生において特別な瞬間だったに違いない。特別な瞬間に出会えた高揚感が、神に身体を委ねる幸福感や一体感と同一に感じられたとしても何ら不思議はない。宗教的な体験や思いに結びつき、受け継がれてきたのだろう。そしていつの間にか私も、遠い昔の踊り手が感じた高揚感を追体験したのかと思うと不思議な気持ちだ。

宗教を理解しようと考えると壮大で困難なものに思えるが、衣食住を共にして感情を共有することがひとつの近道になると感じた。舞踊を習得する過程で技術を身につけることはもちろんだが、十年以上寝食を共にすれば日常生活の所作や感情も共有することになる。長い年月をかけて技術を習得するだけでなく、日常生活の所作や感情を模倣し、その行動の全てを自動化すること自体が宗教行為なのかもしれない。

宗教や文化によって喜怒哀楽を感じる場面に僅かな違いはあるだろうが、共感できる場面も多くあるだろう。オディッシーダンスに登場する神様もよく怒り、よく笑い、よく恋をする。舞踊を通じて多くの気づきを得ていたことに、今回の執筆を通して改めて振り返ることができた。

注

1 Government of India, Ministry of Culture, Dance.　https://indiaculture.nic.in/dance
2 宮尾慈良（一九八四年）四二二頁
3 「ラサ理論　FILMSAAGAR」　https://filmsaagar.com/index.php/2021/06/21/rasa-theory/
4 宮尾慈良（一九九四年）二一〇頁
5 河野亮仙（一九九〇年）一三二頁
6 塚田稔（二〇一五年）四四―四五頁
7 寺内徹（一九七八年）五一頁
8 櫻井武（二〇一八年）一〇一頁
9 石原心（二〇一七年）六〇頁
10 鈴木道子（一九九〇年）二四六頁

参考文献

［**YouTube 動画**］

Saveri Pallavi: Kaori Naka, Ritsuko Kubota, Minami Iizuka, Akiko Kamiya, Ai Murakami, Hiromi Ikawa. https://www.youtube.com/watch?v=mQ1jY1YAsYA&t=443s　（二〇二二年七月二三日閲覧）

〔日本語〕
石原心『イップス――スポーツ選手を悩ます謎の症状に挑む』大修館書店 二〇一七年
河野亮仙「舞踊と武術――アジアの身体文化」藤井知昭監修 野村雅一・鈴木道子責任編集『民族音楽叢書9 身ぶりと音楽』一三二頁 東京書籍 一九九〇年
国際スポーツ医科学研究所 監修『新版 図解 スポーツコンディショニングの基礎理論』西東社 二〇一四年
小西正捷『インド民俗芸能誌』法政大学出版局 二〇〇二年
櫻井武『「こころ」はいかにして生まれるのか 最新脳科学で解き明かす「情動」』講談社 二〇一八年
鈴木道子「舞踊と武術――アジアの身体文化」藤井知昭監修 野村雅一・鈴木道子責任編集『民族音楽叢書9 身ぶりと音楽』一三二頁 東京書籍 一九九〇年
塚田稔『芸術脳の科学 脳の可塑性と創造性のダイナミズム』講談社 二〇一五年
藤本明彦 監修『「競技会」で魅せる 社交ダンス 実力発揮のポイント50』メイツ出版 二〇一八年
マーティン・J・ドハティ『[ヴィジュアル版]インド神話物語百科』井上廣美訳 原書房 二〇二一年
宮尾慈良「民俗芸能の分化と交流」大林太良(著者代表)『日本民族文化体系 第七巻 演者と観客――生活の中の遊び』四二二頁 小学館 一九八四年
宮尾慈良『アジア 演劇人類学の世界』三一書房 一九九四年
宮尾慈良『これだけは知っておきたい 世界の民族舞踊』新書館 一九九八年
宮尾慈良『アジア演劇の原風景』三一書房 一九九八年
山下博司、岡光信子『新版 インドを知る事典』東京堂出版 二〇一六年

「ラサ理論——FILMSAAGAR」 https://filmsaagar.com/index.php/2021/06/21/rasa-theory/（二〇二二年七月二三日閲覧）

［外国語］

Government of India, Ministry of Culture, Dance. https://indiaculture.nic.in/dance（二〇二二年七月二三日閲覧）

The Mirror of Gesture: Being the Abhinaya Darpana of Nandikesvara. 1917. Translated into English by Ananda Coomaraswamy and Gopala Kristnayya Duggirala. Cambridge Harvard University Press. London: Humphrey Milford.

Natyashastra. Ascribed to Bharata-muni. 1951. Translated into English by Manomohan Ghosh. Calcutta: The Royal Asiatic Society of Bengal. https://www.wisdomlib.org/hinduism/book/the-natyashastra（二〇二二年七月二三日閲覧）

Odissi Dance History. https://imp.center/i/odissi-dance-history-567/（二〇二二年七月二三日閲覧）

TARA Odissi Sadhana. https://www.odissi.asia/index.php?%E3%82%AA%E3%83%AA%E3%83%83%E3%82%B7%E3%83%BC%E3%81%AB%E3%81%A4%E3%81%84%E3%81%A6（二〇二二年七月二三日閲覧）

第一二章　異世界転生アニメにみられる日本人の死生観

小村明子

一．はじめに

筆者はこの数年大学で、主に留学生を対象にして日本文化を教えている。授業では、日本の宗教文化や伝統芸能のみならず、アニメについても取り上げている。というのも、近年アニメが日本文化の一つとしてみなされているからである。

日本のアニメが日本文化の一つとしてみなされる状況は一部のファン層によるものではない。日本政府によってもアニメは日本のポップカルチャーとして位置付けられている。(注1) さらに、日本のアニメを通して日本語あるいは日本文化に興味を持った結果日本に留学した学生も多い。そのため授業でアニメを取り上げると、課題に取り組むためのモチベーションを持たせることができる。日本文化を教える上でアニメは、今や授業で扱われるべきテーマとなっている。ゆえに、筆者はアニメを深く知る必要性を感じ、授業用コンテンツとして新旧問わずアニメを視るようになった。

様々なアニメを視聴している中でわかったことがある。これまで日本のアニメはファンタジーものやヒーローもの、恋愛、コメディー、スポーツ、学園ものなどが主流であった。ところが、近年異世界転生をテーマにしたアニメ作品が多数放映されている。これまでにも主人公やその仲間たちが異世界に転生するアニメはいくつか作られてはいた。だが、今ほどこうした異世界転生もののアニメが流行っていることはなかった。しかも同ジャンルの作品の多くは、異世界に転生し人生をやり直して成功する趣旨である。なぜ多くの異世界転生ものの作品が生まれて流行しているのだろうか。それを知るために、筆者自身もまた異世界転生アニメを視聴してみた。だがその中で、主人公あるいは主人公と仲間たちが異世界に転生させられる経緯にいくつかのパターンがあることがわかった。また、そのパターンを分析すると、現代日本のサブカルチャーにおける死生観ともいえる考え、すなわち、現在のサブカルチャーを共有する人びとが抱く死と再生のあり方を垣間見ることができる。さらにいえば、その死生観はサブカルチャーだけにとどまらないかもしれない。というのも、それが現代日本の満たされぬ精神的状況を象徴しているようにも思えるからである。いくつかの異世界転生ものアニメ作品の冒頭部分では、「こんな人生ではなかったのに」という現世での感情と、転生後の世界での「これまでの人生をやり直して自分の思うように生きる」という主人公たちの願望が描かれている。こうした主人公たちの感情や願望は、現実における現代日本人のそれとして読み取ることができる。そこで、本論では異世界転生アニメを取り上げて、その内容を分析し、なぜこの種のアニメがその数を増やしたのか、また作品の内容から現代の日本人が求めているものが何であるのかを考察していく。

二．異世界転生を内容にしたアニメ作品について

分析および考察に先立ち、まずは異世界アニメがどれほど作られているのかを調べてみた。表1（本論文末掲載）は、一九九〇年代から二〇二二年春シーズン（四月～六月）放映分までの異世界転生もののアニメ作品である。これは、現実の世界から異世界に転生するか、あるいは異世界から現実の世界に転生することから物語が始まる作品を表にしている。なお、表に記したアニメは、「アニメ」およ

び「異世界転生」という言葉でインターネット検索してヒットした作品であり、かつ筆者が実際に視聴したものである。また、戦いなどで敵の技によって異世界に飛ばされるもの（後で何らかの方法で元の世界に戻ってくる）や、非現実の世界からまた別の異世界に転生して物語が始まる作品については除外している。(注2) さらに筆者は、いつ頃から多くの異世界転生アニメが放映されるようになったのかを知るために、日本のアニメの需要が海外で高まり始めた一九九〇年代からその数を調べた。(注3) 筆者が調査した限りにおいて、二〇二二年春シーズン（四月から六月まで）放映分を含めて総計五九の異世界転生もののアニメ作品が放映されている。

この表1に基づき、異世界転生アニメの増加について以下に説明する。まず、二〇〇〇年代初頭以前、異世界に転生することで物語が始まるアニメ作品について、それほどの数はみられなかった。ところが、二〇一〇年代から少しずつその数を増やすようになっていった。なぜ二〇一〇年代から異世界転生のアニメが増えたのか。その理由を知るために、同種のアニメがいつどのような形で発表されたのかを調べてみた。するとその多くが、二〇一〇年頃から出始めたインターネットのサイト「小説家になろう」で小説（主に「ライトノベル」といわれる小説の一分野）として掲載されてその後アニメ化されたことがわかった。なお、この「ライトノベル」という分野は若者対象の軽い文体で表現された娯楽性の高い小説である。(注4) また「ラノベ」と略されている。ライトノベルは一九八〇年代後半から既に世間に出始めていた。(注5) もちろん当時はインターネットの普及前であるから、文庫サイズの書籍媒体によるものであった。後に、インターネットの普及によって小説の自由投稿・閲覧が行われるようになった。とりわけ先述のインターネットサイトで気軽に小説を投稿することができるようになった。

もちろん、投稿された小説の評価が高ければ高い程、小説の閲覧数が多くなる。また閲覧数が多くなればなる程SNSでの反響も多くなり、インターネットでの知名度が上がる。加えて、ライトノベルにおける賞を獲得することによって、作品の多くがマンガ化・アニメ化される過程をたどる。なお現在では多くの作品がライトノベルを原作としてマンガ化・アニメ化がされていることから、ライトノベルは日本のサブカルチャーの代表格であるといって良いだろう。

先述したように、異世界転生アニメの作品はライトノベルを原作としているものが主流である。では表1の五九作品において、どのような形で異世界への転生が描かれているのであろうか。筆者は異世界転生アニメ作品の第一話（作品によっては第二話以降）を視聴し、主人公あるいは主人公とその仲間たちが現世[注6]から異世界に転生していく手段を確認していった。また確認できた作品を転生内容から次の五つに大別した（図1参照のこと）。アニメの中で異世界に転生する要因は、「一．異世界にいる人物による召喚」と「二．死後に異世界に転生する」ものに分かれる。さらには、異世界に転生した時、あるいは転生する直前に行っていた状況によっても分けることができる。その多くが「三．ゲームをしていた後（あるいはゲーム中）に、異世界（ゲームの世界）に転生する」という趣旨のものである。また、誰が異世界（あるいは現世）に召喚されるのかでも分けることができる。すなわち、異世界を救うために「四．実在した歴史上の人物が召喚される」ことである。

図1は各アニメ作品における主人公たちの転生内容に応じて、以下の通りに分類したものを示している。

一．主人公あるいは主人公とその仲間たちが異世界に召喚されたもの。

二．主人公が現世で死んだ後に、異世界に生まれ変わって人生をやり直すもの。

三．ゲームをしていた後（あるいはゲーム中）に、いつの間にか異世界（ゲームの世界）に転生したもの。

四．実在の歴史上の偉人たちが異世界に召喚されるか、あるいは何らかの理由で転生したもの。

五．その他

図１　1990年代から2022年春シーズン放映分までの異世界アニメ作品

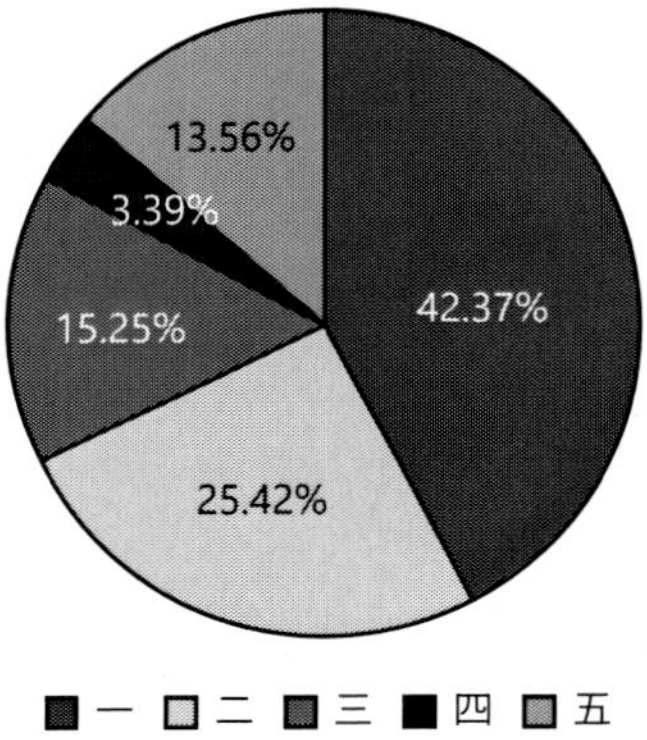

まず一についてである。一は主人公、あるいは主人公とその仲間たちが突然異世界に転生させられたという内容から始まっている。転生者の多くは元の世界に戻る方法を探るが、それができないことを悟った時には、不本意ながらも異世界での新たな生活を始めることを選択していく。異世界での新たな生活様式は、召喚前の日常生活が深く影響を与えている。例えば、転生前はワーカーホリックとして生きていたため、転生後にはスローライフを送ることを決意したもの[注7]、あるいは転生前はごく平凡な冴えない人物であったが転生後に戦いに巻き込まれる中で才能を開花させて名声を得るもの[注8]、などに細分化することができる。なお一については、主人

公たちは異世界の人間によって召喚されている。また、異世界では特別な存在であり、特殊な力を得て異世界で生きる物語構成となっている。

次に二についてである。主人公は死後に異世界の人物あるいはモンスターなどに生まれ変わるのだが、転生前の記憶をそのまま保持している。物語が展開していく上で、転生後も前世の記憶を保持することは重要な要素であり、それが二の特徴であるといえる。三については、主人公たちが仮想空間の世界を楽しむゲームからログアウトできなくなり、そのままゲームの世界で生きていくもの(注9)や、ゲーム開発中あるいはゲーム中に寝落ちし目覚めたらゲームの世界におり、そのままその世界で生活していくもの(注10)、などの特徴を見ることができる。最後に四についてであるが、実在の歴史上の人物が異能者として異世界の人物に召喚されることによって、召喚者たちを救う、あるいは異世界を変えていくという物語構成となっている。また、四については作品数が非常に少ないことがいえる。

作品数の少ない四を除き、一から三の分類において共通していえることは、どこにでもいる平凡な人物が主人公として描かれていることである。中でも、昔いじめられたことがきっかけとなり長い間自宅に引きこもっている者やゲームの世界だけが人生の拠り所である者など、社会における自己の存在意義が見出せずに悩む者が描かれている作品も多くある。また、このような者たちは異世界に転生した後に特殊な能力を身につけて成功していくか、あるいは前世での生き様を教訓として、異世界では主人公が思い描く以上の生き生きとした輝きのある生活や成功した生き方をするように描写されている。すなわち、主人公ら転生者たちは異世界において人生の成功者として存在する価値が見出されるわけである。いいかえれば、転生前の主人公の存在価値は、周囲はおろか主人公自身の内面からも否定されたものである。しかしながら、前世の記憶を保持しながら転生することによってより良い人生を送る機会を得たことから、成功者としてまた誉高き人物として活躍し異世界の人びとから存在を認められることになる。だがなぜこの描かれ方が多いのか。異世界に転生して成功する物語構成のアニメ作品が人気を得る背景には、現代社会で自分の思い描いていた人生を送ることや成功することが難しいことを指し示しているようにも見える。そこで次に、転生前の生き様について、さらにいくつかのアニメ作品を詳しく見ていくことにする。

三．事例

異世界転生アニメ作品における異世界転生後の主人公の生き方の特徴は、転生前の生き方と一八〇度違うことにある。例えば『聖女の魔力は万能です』では、残業続きの忙しいＯＬが異世界を救う聖女として召喚されるという設定である。同作品の主人公はいきなり異世界に転生する。だが、間違えて主人公を召喚してしまったと異世界の召喚者から告げられ、しかも元の世界に戻る方法がないために、主人公は異世界でスローライフを送ることを決意する。

多忙な日々を送っていた中で異世界に召喚されてこれまでとは違うスローライフを送り人生を思い描いたように豊かに過ごすというこの描かれ方[注11]は、異世界転生もののアニメには通常の描かれ方である。だが特に興味深いのは、主人公が死後に異世界に転生するアニメ作品である。死後異世界に転生するのは、往々にして、昔受けたいじめなどで長い間引きこもっている人物か、仕事に明け暮れる日々の中で主人公自身の生き方あるいは周囲の人間の存在を否定的に考えているような卑屈な人物であったりする。例えば、自宅に長い間引きこもっていて人生をあきらめていた時、家族にも見放されて家を追い出された挙句、事故に遭遇して主人公が死んでしまう作品（『無職転生〜異世界行ったら本気だす〜』）や、他人をかばった末に悔いを残したまま死んでしまったもの（『転生したらスライムだった件』）などいくつか存在する。本論では事例として、まずは右記二作品について取り上げる。

三―一　事例一

まずは、『無職転生〜異世界行ったら本気だす〜』についてである。同アニメ作品で前世の主人公は学校で受けたいじめをきっかけとして引きこもってしまった、これまで女性と付き合ったこともない三四歳の男性という設定である。主人公が働かずにいつまでも引きこもっていることを疎ましく思っていた親族たちは、主人公の親の死に伴い、彼を家から追い出してしまう。そのまま街をふらついている中で、トラックに引かれそうになった高校生たちを助けようとして主人公は事故に巻き込まれて死亡する。死ぬ直前に「せめて童貞くらい卒業したかった」と心残りをいってその直後に、前世の記憶をもった赤ん坊として剣と魔法の異世界に転生する。転生後は前世での生き様を改めるように、努力して魔法を体得していく。

三―二　事例二

次に、『転生したらスライムだった件』である。「自分の歳＝彼女いない歴」であり、大手ゼネコンに勤める三七歳の平凡なサラリーマンの男性が後輩の男性の代わりに通り魔に刺されて死亡する。刺された直後から様々な能力を付加する声を聞き、そのまま異世界に異能力を持ったスライムとして転生する。死ぬ直前に、後輩にパソコンのハードディスクを風呂の水に沈めることを頼むが、それと同時に「まさか童貞のまま死ぬなんて。生まれ変わったらガンガン攻めよう。喰いまくって。」と思いながら死んでいくのである。

右記二作品の場合、三〇代の男性が女性との交際経験が全くないまま死んでいくことに未練を残している。三〇代の男性が主人公の場合、このような死の描かれ方が多いのであろうか。他のアニメ作品についても調べたところ、死の描写については様々にあることがわかった。例えば、仕事に忙殺される日常生活を送る中で、様々な要因で死に至って異世界に転生する作品がいくつかある。以下、死と転生の描写について事例を取り上げる。

三―三　事例三

『神達に拾われた男』の主人公は三九歳の屈強な男性である。その主人公が寝ている間に四回くしゃみをして床に頭を打ちつけて死亡した。主人公が気がつくと違う世界にいた。目の前には三人の神々がおり、主人公にその死因を説明する。だが、主人公は自分の死の理由について納得がいかない。人間はいつか死ぬがそんな死に方をするとは主人公は夢にも思わなかったのである。そのために、三人の神を目の前にして死に方にけちをつける。なお、転生前の主人公は仕事に忙殺され、さらに年下の上司から怒られる毎日を過ごしていた。
また別の事例として、以下のようなものもある。

三―四　事例四

『幼女戦記』は、魔法技術が存在する戦乱の世界において、前世の記憶を持ちながら金髪碧眼の幼女として転生した主人公が最前線で戦う羽目になる物語である。前世において主人公は、徹底した合理主義のエリートサラリーマンであった。それゆえに主人公は他人から恨みを買っており、ある日駅のホームで何者かに背中を押されて命を落とす。転生した後も、戦争という常に死と隣り合わせの状況の中で、前世の記憶から合理主義的な考えのもとで戦いを切り抜けて昇進していく。

一方で、女性が死後異世界に転生する場合は、男性とは少し違った様相となる。

三―五　事例五

『本好きの下剋上～司書になるためには手段を選んでいられません～』では、本が大好きな女子大生が主人公である。彼女は図書館に就職が決まっていた。ところがある日、本に埋もれて亡くなってしまう。死ぬ間際に神様に「生まれ変わっても本がたくさん読めますように」と祈った。だが、目が覚めると本が希少なものとなる異世界に病弱な少女として転生していた。

三—六　事例六

『私、能力は平均値でって言ったよね！』では、前世において優秀な存在であった女子高生が主人公である。前世では優秀であったゆえに友人と呼べる存在が一人もいなかったことが主人公の悩みの種であった。ある日主人公は暴走したトラックに巻き込まれそうになった小学生を守るためにはねられてしまった。この事故をきっかけに剣と魔法の異世界へ転生することになった主人公は、孤独で思うように生きられなかった前世を振り返り、異世界では普通に友人をつくって、普通の生活を送ることを願った。そこで神に「能力は、その世界の平均値でお願いします」と願った。しかし神から授けられたのは、彼女の考える平均的な能力ではなく破壊的な能力であった。

三—七　事例七

『スライム倒して三〇〇年、知らないうちにレベルＭＡＸになってました』では、働き過ぎにより職場で倒れて過労死した平凡な二七歳のＯＬが主人公である。転生するにあたって女神に不老不死をお願いし、魔女として異世界に転生した。前世への反省から、主人公はスライムを倒してお金を稼いで、魔女らしく薬を作って麓の村の人びとの世話をするスローライフを開始する。そんな暮らしを続けて三〇〇年後スライムを倒し続けた経験値で、主人公はいつの間にか世界最強となっていた。

事例五の場合、主人公は前世の記憶を保持しているが転生した世界は文字の読み書きができる人も多くはおらず、また主人公の好きな本も極端に少なく、さらに本がとても高価で本屋もない世界であった。主人公が求めるものが容易に得られない世界で、本に囲まれた生活を目指して転生先の世界でも努力を重ねて自分の夢を実現していくストーリー展開となっている。また事例六では、華々しい人生よりも平凡に生きることを願った女子高生の物語である。前世は優秀であったという特別な状況ゆえにうまく人間関係を築くことができない主人公が転生後に神に願ったことは平凡な人生を過ごすことであった。事例七でも同様に、前世での経験からスローライフを送っていたはずであったが、結局のところ異能力を身につけてしまったことから新たなストーリーが展開されていくこととなる。

興味深いところは、三〇代の男性が異世界に転生する場合と反省点が違うことである。転生者が三〇代の男性の場合、女性との交際歴が全くなかったことを嘆いて死んでいくケースがいくつか描かれているが、女性が転生する場合、筆者が視聴した限りにおいては、男性との交際歴ではなくむしろ人間関係の悩みや仕事で多忙な毎日を送っていたことに対する反省が多く描かれている。詳細な分析は後述するが、ジェンダーフリーが強くいわれている今日、さらに多くの異世界転生もののアニメ作品が制作されれば、男性との交際経験の欠如を嘆きながら転生する女性主人公が出てくるかもしれない。

四．分析と考察

では、これらのアニメ作品を通して何がいえるのだろうか。まずは、表1に基づいてアニメ作品における異世界転生の描かれ方について分析ならびに考察を行う。

主人公ならびに主人公の仲間たちは、異世界の者からの召喚、あるいは主人公の死後に神や創造主と呼ばれる存在と接触することによって異世界に転生している。また、様々な方法で異世界に転生した後も、主人公が前世の記憶あるいは前世で得た知識を保持したままである。ただし前世の記憶を保持していないと主人公は異世界においてもまた同様の人生を送る可能性がある。同様の経験をしないようにするために主人公は前世の記憶を保持し、再び轍を踏みそうになった時に前世で得た知識や経験を活かして難局を乗り切る。異世界転生もののアニメ作品は右記のストーリー設定が多いといえる。

また、ほぼ全ての異世界転生もののアニメ作品において、主人公たちは異能力者として異世界で成功し、社会的な名声を手にするように描かれる。敢えていえば、これは主人公たちの目線を通した実社会へのアンチテーゼ、すなわち実際の現代社会へのストレスや原作者自身の実体験あるいは現実社会に対する思いが表現されている。たとえそれが、原作者個人のやるせない不満を主人公の人生を通して作品にして表現しているとしたとしても、そのストーリーに興味を持ち共感するファンがいるからこそ、異世界転生もののアニメが流行しているのである。

異世界転生もののアニメ作品で興味深い特徴の一つに、主人公の前世における生き方がある。特に男性が主人公の場合、現世での異性に対する関係性において思うようにいかない、そのことがアニメ作品のいくつかに描かれている。さらに、男性主人公が異世界に転生することで極端ともいえるほど多くの女性から好意を持たれる描写のアニメ作品も散見される。(注12) 現代社会における異性との交際の難しさを超克するものとしてアニメ作品が描かれていると推測できよう。一方で女性が主人公の場合、先述したように、男性との交際歴ではなくむしろ人間関係や仕事、自分の好きな物事が課題となっており、かつ転生後の人生において同じことにならないように反省しているものが多い。

では、これは現代社会の人生観における男女の考え方の違いといえるのだろうか。そうともいえない。というのも、異世界アニメから離れて、恋愛ものやファンタジーもののアニメ作品、あるいはいわゆる「乙女ゲーム」と呼ばれる女性を対象にしたゲームまで範囲を広げると、主人公の女性を中心として男性のハーレムを作るかのように、周囲の男性たちが女性主人公を恋愛の対象とし、またその主人公を常に男性たちが守るように描かれたものが既に存在しているからである。しかしこれはあくまで別なジャンルにおける事実なので同列に議論することはできない。

少なくともここで取り上げた異世界転生アニメの描き方においては、ストーリーの設定に顕著な男女差があり、それはまた現代日本における両性の人生の現実を象徴していると考えられる。男性が主人公の場合の、異性との交際歴の欠如に悲観するという描かれ方はあまりになさけないといわざるを得ない。こうした描かれ方をする主人公たちは既に成人である上に、現実の社会では同年代の多くの男性が女性との交際経験もあり、また結婚して家族を作っている。その一方で、女性主人公たちはその死に際して、異性との交際よりも仕事や趣味の方を人生における重要な要素であると捉えている。本論文で取り上げた時点での異世界転生もののアニメ作品には、ジェンダーにおける違いがあるといえよう。すなわち、死という人生の終えんに直面した時にやり遂げられなかったことを後悔する点で、異性との交際よりも仕事や趣味の方が重要であると現実の女性たちが考えているのではないかと推測できるのである。

このように、主人公の性差による転生後の人生の描かれ方には違いが見られる。また、異世界転生もののアニメ作品全体を総じていうならば、主人公たちがいかなる方法で異世界に転生したとしても二度と現世に戻れないことから、異世界転生は現世における彼らの「死」を意味することになる。しかしながら、異世界転生後、すなわち来世の人生は成功と輝きに満ちたものである。たとえ困難に直面したとしても、現世の記憶を保持していることから同じ失敗を繰り返すことなく、また異世界における特殊な能力を身につけていることから、その困難も乗り越えていくことができる。この点に異世界転生もののアニメ作品の特異性を見出すことができる。さらにその点に着目すると、原作者や異世界転生もののアニメ作品を好んで観ている視聴者は、現代の日本社会における実際の生活に生きづらさを感じているのではないかと推察できる。いいかえれば、アニメ作品における主人公の前世となる現世の生き方と転生以降の生き方のギャップは、現代社会における死生観にもつながっていることがいえる。すなわち、主人公たちが前世（現代の日本社会）において、自分らしくない生き方に疑問を感じ、またどうしたら抜け出せるのか、その道を探ることに苦悩している。具体的に、仕事に忙殺されている主人公の「社畜」としての描かれ方、また、ただ時代に流されるように漫然と生きていることが正しいのか、考える余裕すらない多忙な状況の中でそれをどのように変化させるべきなのか、どのような形で終わらせて別の新たな一歩を踏み出すべきなのか決断に躊躇している描かれ方、あるいは、ゲームの世界に没頭し、引きこもり生活をする中でその生活から抜け出すこともできずにただ月日が流れていく人生の描かれ方、などを作品内に見る限りにおいて、現代社会の多くの人びとが持っている人生観がアニメ作品の中で投影されていると捉えることができるのである。実際の人生はゲームのリセットボタンを押してやり直せるものではない。ただ異世界転生もののアニメ作品を見る限りにおいては、死や召喚というリセットボタンが押されたかのように主人公たちが異世界に転生し、そこで主人公たちが思い描いた人生を送る物語が構成されている。つまり、現世の死を通して異世界に転生して満足のいく人生を見つける描かれ方において、現代日本のサブカルチャーにおける死生観を見出すことができるのである。

では、以上の分析および考察から異世界転生もののアニメについて何がいえるのだろうか。まず異世界転生のアニメ作品が二〇一〇年代以降その数を増加させ、さらに人気が高まっていることについては、原作となるライトノベルのあり方とそのストーリー性が若者への求心力となっている点にある。簡単にいえば、異世界を舞台としたアニメ作品が増え始めた時期の時代性を知ることができる。その要因は、先述したようにインターネットの普及である。それまでは原作となる小説は、マンガと同様に、出版社に持ち込むかあるいは出版社の企画する公式デビューのための登竜門となる賞を獲得することによって、公に刊行されていた。また出版社に相手にされずどうしても刊行したい場合、作者は作品を同人誌として自主制作・販売して公表していた。ところが、インターネットのサイトに自由投稿できるようになったことで作者の心のうちをライトノベルという形で容易に公表できるような環境になった。また読者が自由に閲覧することによって読者が気軽に作品を選んで読むことができ、SNSなどによるフィードバックができる要素が加わることでさらにこの分野での小説は人気を博すようになった。いいかえれば、ライトノベルの読者あるいはアニメ作品の視聴者が作品を通してこれまで生きていた人生を振り返り、それが決して満足のいくものではないという心のうちにある感情を共有した結果として、異世界転生をテーマにした作品が人気を博しているともいえよう。

二点目としていえることは、アニメ作品の中で描かれている転生の特異性である。特筆すべきは、前世の記憶を保持したまま死後に転生する描写である。死の描写は不慮の事故や病気、しかも未練を残して死ぬというものが多い。ただし、前世の記憶を保持することから、その未練は転生後の異世界で反省点として昇華されて、さらに前世で得た知識を活かして異世界での成功や名誉を獲得する。この描かれ方もまた、現世とは全く異なった世界に転生して前世とは正反対の人生を送ることができる点において人生観を表すものである。ゆえに、このような異世界転生の描かれ方、特に死における描かれ方は、ライトノベルやマンガ・アニメという、いわば日本文化独特の、またサブカルチャーにおける死生観として見ることができよう。

五．おわりに

異世界もののアニメ作品は現在も数多く作られており、インターネット動画ではいつでも観たい時に好きな作品を視聴することができる。筆者は本論を書くために実際に視聴してその作品本数を調べた。またそれによって、約五〇本もの作品が二〇一〇年代以降から放映されていることがわかった。それ以前との差を比べると歴然たるものがある。近年になって、なぜ異世界に転生して成功をおさめる内容のものに人気があるのかといえば、実社会での人生が厳しい現実を突きつけてくるからであって、それだけ生きづらい社会になっているといえよう。ただし、生きづらさは以前から存在していた。すなわち、時代ごとに昔から生きづらさは存在しており、ゆえに現実逃避もまた昔から存在していた。

では、異世界転生が題材として取り上げられ多くの作品が作られて人気を博している現代日本は、以前の社会と比べてより生きづらい社会となっているのだろうか。以下のことがいえよう。世界には、日々食べることに事欠く人びとや戦火の中で一日一日を必死に生きている人びとがいることはいわずと知れたことである。現代日本のような戦争のない平和な社会において、衣食住はさることながら、進学や就職に至るまで全てが苦もなく周囲から与えられた状況で育ってしまった結果、努力すべきところや踏ん張りどころを知らないまま大人になってしまった人が多いのではないだろうか。現代の日本社会は、個人の自由や権利が主張され認められている。もちろん、個人の自由や権利全てが社会に認められているわけではなく、社会ルールに則った形で享受されることが前提となっている。つまり、個人の自由や権利は、自己責任の下で行われることになる。このような自由や権利の前提において、課題を突きつけられ、あるいは困難に直面した時には、それを克服するための個人の資質が必要となる。また人との関係性も必要となる。とりわけ、心の支えとなる家族や友人、気軽に相談することができる人、多くの選択肢の中からより良い方向性を指南することができる人など、困難に直面した時に必要となる人間関係がある。しかし残念ながら現代社会には、努力することをやめてしまった人びとや自由や権利を主張するあまり社会から逸脱した生き方をする人びとがいる。そのような人びとはそのような生き方を選択する自由や権利があるからであり、現にそう選択した結果として今の自分がある。現代社会は家族や人間関係のしがらみ、あるいは社会ルールなど他者からの押し付けで生きていた過去の時代とは異なり、自らの生き方を様々に選択することができる。だが、自由や権利を選択することができ、その選択に対して自己責任を負わねばならないからこそ、生きづらい社会になっているといえるのではないだろうか。

だが同時にまた、その奥には現代日本が直面するより深い、より困難な問題が横たわっているように思える。すなわち経済と社会が停滞し、負の遺産を背負ったまま二極化しつつあるという事実である。バブル経済崩壊以降の期間において日本社会の貧富の格差は格段に増大し、生活レベルの更なる向上以前に、普通に生活ができないような人々が多く存在する、いわば階級社会に固定化しつつあるといえる。とりわけ、コロナ禍によって持てる者と持たざる者の差が顕著になった。すなわち、現代の日本社会においては、現実における自己実現が困難になっている。日本社会には自由を選択し、権利を行使することができるのだから、自己実現のために、さまざまな選択をすることもまた可能であるように思える。だが、格差というスタート地点において既に異なる状況が顕著であるために、努力をしたところで自己実現の機会さえもなかなか巡り会えない人びともいる。その上、たとえその機会に恵まれたとしても、取捨選択したことが人生にとって良かったことなのか不安に駆られる人もいる。結果として、何もできないまま機会を逃して今を生きる人たちもいるのである。なぜ機会を逃すのか。社会的な経験値が少なかったり、他人とのコミュニケーション不足がいえるだろう。具体的に、制約から逃げ出したくとも逃げ出す最善の方法がわからない、インターネットの普及によっていくら情報が満ち溢れている社会になったとはいえ、情報をどのように取捨選択して良いのか判断に迷うことが多い、ことがいえる。または、自分の人生を再びやり直す機会を与えてもらいたくても、どのように家族や他人に相談すべきなのか、あるいは成功するか不確定なためにその不安から行動するのに及び腰になってしまう。その人にとって最良の人生を設計する以前に、そのような人生を考える機会にさえもなかなか巡り会わないのである。自分の思うようにいかない、フラストレーションの多いそんな社会の反映として異世界転生もののアニメ作品に人気が出ているのではないだろうか。

異世界転生もののアニメ作品を視聴して分析する限りにおいては、現代社会において人びとがなりたい自分になれない、そうした自由や権利を有しているからこその、いいかえれば、自由や権利を選択することができることへの息苦しさを感じていると見ることもできるだろう。勿論、社会における視聴者自身の立ち位置あるいは人とのコミュニケーションが取りづらくなっているなどの生きづらさだけを投影しているわけではない。社会構造の変化など様々な要因が変化しているからこそ、その内容がアニメ作品に投影されていると考えることができるだろう。いいかえれば、社会構造が変化するとともに、また現実の社会から取り残されるように生きづらさが進めば進むほど、今後も異世界転生もののアニメが多く作られていくことになるといえよう。

注

1 外務省『わかる！国際情勢』ＶＯＬ．一三八、「ポップカルチャーで日本の魅力を発信！」https://www.mofa.go.jp/mofaj/press/pr/wakaru/topics/vol138/index.html（二〇二二年七月二三日閲覧）

2 なお、異世界の住人が現実の世界に転生する趣旨のアニメ作品については、「その他」の項目に分類している。また、現代からタイムスリップすることで現実世界が進化（あるいは崩壊）した後の世界を異世界とみなすアニメ作品については、時間の経過による世界状況の変化であるために除外している。

3 国土交通省総合政策局『平成十八年度　国土施策創発調査　日本のアニメを活用した国際観光交流等の拡大による地域活性化調査報告書』「第一章　日本のアニメ・マンガを取り巻く状況」https://www.mlit.go.jp/

kokudokeikaku/souhatu/h18seika/01anime/01_sousei_09honpen3.pdf（二〇二二年五月一日閲覧）および氷川竜介『明治大学リレーコラム』「＃一　日本のアニメはいつから世界で人気になったの？」https://www.meiji.net/topics/trend20191108（二〇二二年九月四日閲覧）

4　コトバンク「ライトノベル」https://kotobank.jp/word/ライトノベル-1613327（二〇二二年五月四日閲覧）。なお同サイトでは、ライトノベルという言葉には明確な定義はないと記されている。

5　コトバンク「ライトノベル」https://kotobank.jp/word/ライトノベル-1613327（二〇二二年五月四日閲覧）

6　ここでいう現世は、実際の日本社会のことである。

7　例えば、『聖女の魔力は万能です』など。

8　例えば、『盾の勇者の成り上がり』『月が導く異世界道中』『現実主義勇者の王国再建記』など。

9　例えば、『ソードアート・オンライン』や『オーバーロード』など。

10　例えば、『デスマーチからはじまる異世界狂想曲』や『骸骨騎士様、只今異世界へお出掛け中』など。

11　同アニメ作品以外にも、ブラック企業でこき使われて社畜だった三九歳の男性が前世の記憶を持ったまま八歳の少年に転生した『神達に拾われた男』、平凡なOLだったが働き過ぎが原因で過労死し、不老不死の魔女として異世界に転生して前世での反省からスローライフを始める『スライム倒して三〇〇年、知らないうちにレベルMAXになってました』などがある。

12　異世界に転生するアニメ作品のいくつかには主人公が異能力を付与されるだけにはとどまらない。例えば、『デスマーチからはじまる異世界狂想曲』、『異世界魔王と召喚少女の奴隷魔術』『進化の実～知らないうちに勝ち組人生～』など、男性主人公を取り囲んで女性のみをはべらすようなハーレム的な、現実世界ではあり得ない状況を描いているものが散見される。

引用・参考文献

エーリッヒ・フロム『自由からの逃走』日高六郎訳　東京創元社　一九八五年
外務省「ポップカルチャーで日本の魅力を発信！」『わかる！国際情勢』VOL．一三八　二〇一六年　https://www.mofa.go.jp/mofaj/press/pr/wakaru/topics/vol138/index.html（二〇二二年七月二三日閲覧）
国土交通省総合政策局「第一章日本のアニメ・マンガを取り巻く状況」『平成十八年度　国土施策創発調査　報告書　日本のアニメを活用した国際観光交流等の拡大による地域活性化調査』二〇〇七年　https://www.mlit.go.jp/kokudokeikaku/souhatu/h18seika/01anime/01_sousei_09honpen3.pdf（二〇二二年五月一日閲覧）
コトバンク「ライトノベル」https://kotobank.jp/word/ライトノベル-1613327（二〇二二年五月四日閲覧）
氷川竜介　二〇一九年一一月八日配信『明治大学リレーコラム』「#一　日本のアニメはいつから世界で人気になったの？」https://www.meiji.net/topics/trend20191108（二〇二二年九月四日閲覧）
プラトン『国家』（上）藤沢令夫訳　岩波書店　二〇一九年

表1

番号	アニメタイトル	アニメ放映年	区分	原作	内容
1	天空戦記シュラト	1989	1	1989年に放映。	天龍八部衆のうち地上にいる修羅王と夜叉王の2人の少年が天界に召喚されるが、夜叉王はヴィシュヌ神の腹心インドラと共に反乱を起こした。
2	魔法騎士レイアース	1994	1	1993～1995年に『なかよし』に連載された漫画が原作。	東京タワーで偶然出会った3人の少女たちが異世界に召喚された。異世界で魔法騎士(ナジックナイツ)となった3人は、囚われの姫の救出を依頼されて旅に出た。
3	ふしぎ遊戯	1995	5	1992年から1996年まで『フラワーコミック』に掲載されていた漫画が原作。	高校受験を控えた主人公2人は、偶然開いた「四神天地書」という古書物の中に吸い込まれて異世界に飛ばされる。主人公2人は、それぞれ朱雀の巫女および青龍の巫女に選ばれ、戦いに巻き込まれていく。
4	神秘の世界エルハザード	1995	5	1995年のOVAおよびアニメ。	主人公と生徒会長、生徒会長の妹、そして教師の4人が異世界に飛ばされる。主人公たちは偶然出会った王女とともに元の世界へ戻る方法を探るが、王国は昆虫型人類と戦争をしていた。主人公たちはその戦争に巻き込まれる。
5	天空のエスカフローネ	1996	1	1996年に放送。	女子高生の主人公はある日、突然異世界に飛ばされてしまう。異世界で主人公は王国の王子と出会い、異世界での戦いに巻き込まれていく。
6	十二国記	2002	1	1991年講談社および新潮社の小説から。	ごく普通の女子高生である主人公はある日、白髪の奇妙な青年と出会う。主人公はその青年と会った直後に突然妖魔に襲われて異世界に連れ去られていく。主人公は異世界の住人から「海客(かいきゃく)」と呼ばれて差別を受けて、さまざまな危機に遭遇していく。
7	今日から㋮王!	2004	5	2000年11月に角川ビーンズ文庫から刊行していたライトノベル「まるマシリーズ」が原作。	友人を不良から救った主人公はその後返り討ちにあってしまう。気づくと異世界にいた。そこで主人公は自分が特別な魂を持つこと、異世界の魔王として戦わなければならないことを聞かされる。
8	ゼロの使い魔	2006	1	2004年から2017年までMF(メディアファクトリー)文庫にて連載していたライトノベルが原作。	高校生の平賀才人は、魔法学院の落ちこぼれ少女のルイズによって突然ルイズのいる異世界へ召還される。才人はルイズの使い魔として契約を交わすことになり、ルイズとの奇妙な生活が始まった。
9	異世界の聖機師物語	2009	1	OVA	主人公は、巨大な人型兵器である聖機師のパイロットとして異世界に召喚される。
10	DOG DAYS ドッグデイズ	2011	1	アニメ・漫画・小説が2011年4月・4月(刊行)・2月とほぼ同時期にあったアニメ。	異種族が暮らす異世界では争いが絶えなかった。そこで、隣国からの侵略を防ぐために勇者となる日本人の少年が召喚された。
11	ソードアート・オンライン	2012	3	原作者のウェブサイトに掲載されていたライトノベル『ソードアート・オンライン』が原作。	仮想現実世界でプレイできるゲーム「ソードアート・オンライン」をプレイしていた主人公を含む1万人がログアウトできなくなってしまった。そしてゲームマスターから、ゲームをクリアしない限りログアウトできないこと、ゲーム内で死ねば現実世界でも死ぬという絶望的な条件を告げられてしまう。主人公は元の世界に戻るためにゲームクリアを目指してプレイを続けていく。
12	ログ・ホライズン	2013	3	2010年「小説家になろう」というサイトで投稿されていた小説が原作。	ある日「エルダー・テイル」というゲームに、ユーザーが3万人閉じ込められてしまうという事件が発生した。主人公もそのうちのひとりで、異世界のなかでどのように生きていくべきか、どうしたら元の世界に戻れるかを模索していく。
13	はたらく魔王さま!	2013	5	ライトノベルが原作。	世界征服まであと一歩というところで勇者に追い詰められた魔王は、異世界に通じるゲートを開いて、現代日本の東京に降り立った。魔王はファストフード店のバイトとして働くこととなった。
14	アウトブレイク・カンパニー	2013	5	2011年12月から講談社ラノベ文庫で刊行。	高校中退で自宅警備員であった筋金入りのオタクの主人公は、就職活動中の面接会場で突然気を失う。目が覚めると異世界にいた。その異世界で半ば強制的に決められた就職先は、オタク文化を広めるという仕事だった。

15	ノーゲーム・ノーライフ	2014	1	2012年から、MF（メディアファクトリー）文庫で連載。	天才ゲーマーの兄妹が、すべてがゲームによって決まる世界に召還される。その世界での人類は滅亡の危機に瀕しており、兄と妹が人類を救うためにゲームに挑んでいく。
16	オーバーロード	2015	3	2012年から『小説家になろう』で掲載の作品が原作。	仮想現実RPGゲームがサービスを終了することになり、主人公はゲーム内でサービス終了の瞬間を待っていた。しかしながら、その時間が来てもログアウトされず、主人公は自分がゲームで作ったキャラクターのままにゲームの世界に存在することとなってしまった。
17	GATE 自衛隊 彼の地にて、斯く戦えり	2015	5	2006年から2009年にかけて小説投稿サイト「Arcadia」に掲載されていた。	東京・銀座に異世界への門が突如現れた。その門の先にある世界の調査をするために自衛隊が派遣されることとなった。
18	Re：ゼロから始める異世界生活	2016	1	2012年に小説投稿サイト「小説家になろう」から人気を博した。	コンビニから帰る途中、突然異世界に召還された高校生ナツキスバルは、ハーフエルフのエミリアという少女に出会う。主人公はエミリアの物探しを手伝うことになる。だが、何者かに襲撃されて命を落としてしまう。主人公が再び目を覚ますと召還された時点に戻っていた。主人公は異世界で「死んだら過去へ戻る」という「死に戻り」の能力を得ていた。
19	この素晴らしい世界に祝福を！	2016	2	2012年12月から『小説家になろう』にて連載。	引きこもりの主人公はゲームの初回限定版を購入するために外出を決心する。だが、その帰り道に交通事故で死んでしまった。死後に出会った女神から異世界へ行くことを持ちかけられ、その際、好きなアイテムをひとつだけ持って転生できるといわれた。主人公は女神そのものを望んだ。そして彼女を巻き込んで異世界へと転生する。
20	灰と幻想のグリムガル	2016	1	2013年からオーバーラップ文庫にて刊行したライトノベルが原作。	目を覚ました主人公は、異世界にいることに気づく。その世界とは、人類と魔物が戦っているグリムガルであった。主人公は同じくグリムガルへやってきた他のメンバーとパーティーを組み、異世界で生活していくためにスキルアップしていく。
21	ドリフターズ	2016	4	2009年4月30日発売の6月号『ヤングキングアワーズ』という月刊漫画雑誌にて掲載された漫画から。	歴史上の人物たちが異世界に召喚されてバトルを繰り広げる物語。戦国武将の島津豊久は関ヶ原の戦いで瀕死の重傷を負って山中を彷徨う中、異世界へ送りこまれる。目を覚ました豊久の前には、異なる時代から流れ着いた織田信長と那須与一の姿があった。
22	幼女戦記	2017	2	2011年から小説投稿サイト「Arcadia」にて掲載。	駅のホームで線路につき落とされ命を落とした合理主義のエリートサラリーマンは、死後異世界に転生して金髪の幼女ターニャとして生きることになった。前世の記憶を持ったターニャは士官学校へ進み、軍人としての道を歩むことになった。だが帝国が戦争状態になったことにより、ターニャは前線に行くことになる。
23	異世界食堂	2017	5	2013年から『小説家になろう』に掲載。	日本のオフィス街にひっそりと佇む昔ながらの洋食屋「洋食のねこや」。そこは土曜日だけ異世界とつながる店で、週に一度だけ異世界から集う客人たちが食事をとっていた。
24	ナイツ＆マジック	2017	2	2013年から『小説家になろう』に連載されていた小説が原作。主婦の友社100周年記念作品としてTVアニメ化された。	ロボットプラモのオタクで天才プログラマーの主人公が、交通事故によって命を落とした。その後彼は前世の記憶を持ったまま幼い少年として異世界に転生する。異世界では魔法で動く巨大ロボットが戦場で使用されていた。主人公はそのパイロットになるべく幼少期から勉学に励む。前世の記憶からロボットに関する知識やプログラミングの才能を活かして、自分専用のロボットを作ることを目指すようになっていく。
25	Re:CREATORS	2017	1	株式会社TROYCAによるオリジナル作品。	主人公は自分の部屋でアニメ『精霊機想曲フォーゲルシュバリエ』をタブレットで視聴している最中に画面がバクリ始めて、アニメの世界に引き込まれてしまう。そこで、アニメキャラクターのセレジアと軍服を纏った少女が目の前に出現し、戦いに巻き込まれていく。一旦はアニメの世界に引き込まれたが、その後戦いの中でタブレットが壊れることで、主人公はセレジアとともに日本に戻ってくる。
26	異世界はスマートフォンとともに。	2017	2	2013年に『小説家になろう』に掲載されたライトノベルが原作。	神様のちょっとした手違いによって死んでしまった15歳の主人公は、異世界で新たな人生を生きることになった。神様は罪滅ぼしのために何か願いはと主人公に尋ねる。主人公は、生まれ変わった世界でもスマートフォンを使用できるようにしてもらった。転生先の異世界は剣と魔法の世界であった。主人公は転生する際に神様によって身体能力など基礎能力は底上げされており、魔法も使えるようにしてもらった上で、異世界生活を始めることとなった。

27	転生したらスライムだった件	2018	2	2013年から「小説家になろう」に連載のライトノベルが原作。	サラリーマンの三上悟はある日、通り魔に刺されて死亡した。気がつくと彼は異世界にスライムとして転生していた。
28	異世界魔王と召喚少女の奴隷魔術	2018	3	講談社ラノベ文庫より2014年12月から連載。人気ライトノベルを原作。	主人公はある日ゲームと似た異世界に、MMORPG内で魔王と恐れられていたディアブロの姿のまま召喚獣として召喚されてしまう。
29	デスマーチからはじまる異世界狂想曲	2018	3	2013年から『小説家になろう』に連載していたライトノベルが原作。	彼女のいない30歳目前の主人公はオンラインゲームの制作会社に勤めるシステムエンジニアであった。毎日バグの処理などで仕事で家に帰ることができなかったが、仕事が一段落したところで仮眠をとった。だが、目覚めるとそこは、開発していたゲームの中であった。
30	CONCEPTION	2018	1	ゲーム『CONCEPTION 俺の子供を産んでくれ!』が原作。	主人公は魔法世界に召喚される。その世界はケガレによって侵されていた。12星座の巫女と主人公が絆を深めて子をなすことで世界を救うことができる。
31	盾の勇者の成り上がり	2019	1	2012年から『小説家になろう』に掲載のライトノベルが原作。	主人公は盾の勇者として異世界に召喚された。盾しか持てないというハンデに加え、召喚直後に陥れられ裏切られた主人公は人間不信に陥るが、二人の仲間を加えて勇者として成長していく。
32	異世界チート魔術師	2019	1	『小説家になろう』にて2012年から連載。	普通の高校生であった西村太一と吾妻凛は、登校中に暴走してきた自転車を避けた時に突然、魔法陣の光に取り込まれて異世界に転移してしまう。そこは剣と魔法の世界であり、魔物と戦っていくこととなった。
33	ありふれた職業で世界最強	2019	1	2013年から『小説家になろう』に連載している小説が原作。	いじめられっ子でオタクの高校生である主人公はクラスメイトとともに、魔神族を倒して人間族の滅亡を回避するために異世界へと召喚させられてしまう。異世界ではそれぞれスキルが与えられるが、主人公は錬成師というありふれたスキルでしかなかった。ところが、大迷宮での訓練の最中、複数のモンスターに遭遇して戦闘状態となり、主人公のみ奈落へと落ちてしまう。奈落に落ちてからは生き残るために主人公は一人でモンスターと戦う地獄のような苦しい日々が始まる。片手を失い、性格が変化、またモンスターを食することで容姿も豹変していく中で、さまざまなスキルを身につけていく。
34	本好きの下剋上 司書になるためには手段を選んでいられません	2019	2	2013年から『小説家になろう』に連載していたライトノベル。	図書館に就職が決まっており、本が大好きな女子大生の主人公はある日、本に埋もれて亡くなってしまう。死ぬ間際に神様に「生まれ変わっても本がたくさん読めますように」と祈った。目が覚めると病弱な少女マインとして異世界に転生していた。しかし転生した世界は、文字の読み書きのできる人が少ない、本がとても高価な世界だった。
35	賢者の孫	2019	2	2015年から連載している『小説家になろう』のライトノベルが原作。	夜遅くまで仕事をし続け、疲れながら赤信号の横断歩道を渡ってしまった結果事故死したサラリーマンは、異世界で赤ん坊として転生した。ただ、両親は魔物に殺され孤児となってしまった。賢者マーリンと導師メリダが彼を拾って育てていった。賢者と導師の間で英才教育を受けて育った主人公は、規格外の魔法と剣術を身につけるようになった。
36	魔王様、リトライ!	2019	3	2016年から『小説家になろう』に連載のライトノベルが原作。	15年前に主人公自身が開発したゲームのサーバー契約が切れた深夜0時に、主人公はそのゲームのラスボスである魔王として、異世界に突然転生してしまう。
37	旗揚!けものみち	2019	1	KADOKAWAの『月刊少年エース』に連載している漫画が原作。	最強覆面レスラーである主人公は試合の最中に突如異世界に召喚される。転生先の異世界で、姫から魔王と邪悪なる魔獣の退治を言い渡される。しかしながら、ケモノを愛する主人公はその依頼を拒否する。
38	私、能力は平均値でって言ったよね!	2019	2	2016年から『小説家になろう』に連載していたライトノベルが原作。	人よりちょっとだけできる子だったため、友達が一人もいなかった女子高生の主人公は、ある日暴走トラックに巻き込まれそうになった小学生を守るためにはねられてしまった。これまで孤独で思うように生きられなかったが、この事故をきっかけに剣と魔法の異世界へ転生することになった彼女は普通に友達をつくって、普通の生活を送りたいと思い、神様に「能力は、その世界の平均値でお願いします」とお願いをした。しかし、神から授けられたのは、彼女の考える平均的な能力ではなく、破壊的な能力であった。
39	超人高校生たちは異世界でも余裕で生き抜くようです!	2019	2	2015年から2020年まで連載していた『GA文庫』の小説が原作。	世界最高の能力を持つ七人の高校生たちが飛行機事故に巻き込まれる。彼らが目を覚ますとそこは獣人のいる剣と魔法の異世界にいた。突然の事態にも彼らは臆することもなく、世界最高の能力を武器に異世界で生き抜いていく。

40	乙女ゲームの破滅フラグしかない悪役令嬢に転生してしまった…	2020	2	2014年から2015年まで掲載していた「小説家になろう」掲載のライトノベルが原作。	公爵家の令嬢カタリナは頭を強打した際に前世の記憶を思い出した。前世はゲームオタクの17歳の女子高生で、深夜遅くまでゲームをしていたために学校に遅刻してしまい、急いで登校する途中で事故に遭って亡くなった。今いる世界が生前プレイした乙女ゲーム『FORTUNE・LOVER』の世界であり、自身がバッドエンドを迎える悪役令嬢であると気づいたカタリナは、自身を待つ破滅を回避するために努力する。
41	神達に拾われた男	2020	2	2014年から連載されている「小説家になろう」の小説が原作。	孤独死を遂げたサラリーマンであった主人公は、3人の神に加護を与えられてその魂を異世界へと転移させられた。ブラック企業で社畜だった頃の記憶を持ったまま8歳の少年となった主人公は、森の奥で大好きなスライムの研究に没頭しながら、自由気ままな生活を送る。
42	八男って、それはないでしょう!	2020	5	2013年から『小説家になろう』にて連載のオンライン小説が原作。	平凡な25歳の若手商社マンだった男がうたた寝から目を覚ますと、異世界の貧乏貴族の8男になっていることに気がつく。実家は困窮、さらに8男とあっては人生の希望も持てないと悟った主人公は、唯一持っていた魔法の資質を突破口にどうにか安定した未来を掴み取ろうと行動を開始する。
43	100万の命の上に俺は立っている	2020	1	講談社の『別冊少年マガジン』にて2016年から連載の漫画。	単独行動が好きな中学3年生の主人公は、ある日ゲームのような異世界に転送された。すでに転送されていたクラスメイトの二人とともに3人目のプレイヤーとなった主人公は、命を懸けたクエストに挑むこととなった。
44	くま クマ 熊 ベアー	2020	3	2014年から『小説家になろう』連載のライトノベルが原作。	株のトレーダーとして学校にも行かず悠々自適な生活をする主人公は、VRMMORPGのゲーマーとして日々を過ごしていた。ある日いつものようにログインしてみると、なにか普段と様子が異なり、ゲームの世界にいつの間にか転移していた。主人公は、クマの着ぐるみなど装備が全てクマであった。だが、クマの外見とは異なり、世界最強クラスの魔法とスキルを持っていた。
45	無職転生 異世界行ったら本気だす	2021	2	2012年から『小説家になろう』の小説が原作。	引きこもりで家族にも見放された男は、トラックに轢かれそうになった高校生の代わりに事故死して剣と魔法の世界に赤ん坊として転生する。前世の記憶をそのまま持つことで、新たな人生を今度こそきちんと生きようと決意する。
46	スライム倒して300年、知らないうちにレベルMAXになってました	2021	2	2016年から『小説家になろう』に連載していたライトノベル。	平凡な27歳のOLである主人公は働き過ぎで仕事中に倒れて過労死し、不老不死の魔女として異世界に転生した。前世での反省から、主人公はスライムを倒してお金を稼いで、魔女らしく薬を作って麓の村の世話をするというスローライフを開始する。そんな暮らしを続けて300年後にはスライムを倒し続けた経験値でいつの間にか世界最強となっていた。
47	蜘蛛ですが、なにか?	2021	1	2015年『小説家になろう』にて連載。	授業中の教室からクラスメイトの全員と先生が異世界に転生した。クラスメイトは、勇者や貴族であったり、竜などのモンスターとして転生する。主人公である「私」は蜘蛛のモンスターに転生してしまう。
48	聖女の魔力は万能です	2021	1	2016年から『小説家になろう』に連載。	ワーカホリック気味のOLだったセイは突然異世界に召喚される。同時に女子高生のアイラも召喚されていた。王子はなぜかアイラだけを聖女として扱い、セイは放置されてしまった。暇を持て余したセイは薬用植物研究所で研究員として働くうちに、聖女としての力を開花させていく。
49	迷宮ブラックカンパニー	2021	1	Webマンガサイトの『MAGCOMI』にて2016年12月より連載。	働きたくない気持ちが強すぎるが故に努力を重ねてセレブとなった主人公が、タワーマンションの最上階の生活を手に入れた矢先に異世界に転移してしまう。異世界での主人公の勤務先はダンジョンが職場となる超ブラック企業であった。転移先の異世界でも、働かずに稼ぐ生活を実現しようと奮闘する。
50	進化の実 知らないうちに勝ち組人生	2021	1	2014年から『小説家になろう』に連載。	太っていてクラスで冴えない男子高校生がクラスメイトとともに異世界に転生する。だが、転生先で「進化の実」を食べたことで体型や才能全てが進化していく。
51	月が導く異世界道中	2021	1	2012年から2016年まで『小説家になろう』にて掲載のライトノベルが原作。	平凡な高校生だった主人公は、勇者として異世界へ召喚された。だが異世界の女神に「顔が不細工」と罵られ勇者の称号を剥奪の上、最果ての荒野に飛ばされてしまう。
52	現実主義勇者の王国再建記	2021	1	2014年から『小説家になろう』で連載。	現実世界にいた主人公が、異世界に勇者として召喚されるが、その召喚した王国から王位を譲位され、国の再建を押し付けられる。

53	世界最高の暗殺者、異世界貴族に転生する	2021	2	2018年から『小説家になろう』に掲載。	世界最高の暗殺者と称された初老の男性が高齢を理由に引退することとなった。最後の暗殺を終えて日本へ帰国する途上、所属していた組織によって口封じのために飛行機事故に見せかけて暗殺されてしまう。しかし、男性は死後に出会った女神から異世界の勇者を殺してほしいとの依頼を受け、異世界に転生する。
54	骸骨騎士様、只今異世界へお出掛け中	2022	3	2014年から2018年まで『小説家になろう』に連載のライトノベルが原作。	ゲームをして寝落ちをした後で、目を覚ましたらゲームの世界におり、しかもゲームキャラクターである骸骨騎士の姿となっていた。
55	パリピ孔明	2022	4	講談社コミック『コミックDAYS』に2019年から2021年まで連載していた漫画が原作。	三国志の英雄である諸葛孔明が死んだのちに転生した先が、現代の日本の渋谷であった。孔明は、偶然彼を見つけた女性シンガーをスターとして導いていく。
56	乙女ゲー世界はモブに厳しい世界です	2022	3	2017年から『小説家になろう』に連載のライトノベルが原作。	妹に乙女ゲームを攻略してほしいと言われて、徹夜続きでゲームをクリアしたが、外出した時に疲れから階段から落ちてしまう。目覚めるとゲームの世界に転生していた。
57	処刑少女の生きる道(バージンロード)	2022	1	2019年からGA文庫にて刊行されている小説。	日本から召喚された「迷い人」を殺すという役割を課された異世界の少女が、処刑対象者である日本から召喚された一人の少女とともに旅をする。
58	異世界美少女受肉おじさんと	2022	1	『サイコミ』にて2019年から連載の漫画。	平凡なサラリーマン生活を送っていた幼馴染の橘日向と神宮寺司が、合コンの帰り道に、女神を名乗る謎の存在によって異世界に飛ばされてしまった。そこで橘は、金髪碧眼美少女の姿に変化してしまう。
59	リアデイルの大地にて	2022	2	『小説家になろう』にて2010年11月から2012年12月まで連載された小説が原作。	事故によって生命維持装置なしには生きられない身体となってしまった少女が、ある日病院の停電でその装置が停止したことによって命を落としてしまった。少女が目を覚ますとゲームの世界におり、自らはアバターのハイエルフ族「ケーナ」の姿となっていた。

第一三章

存在としての宗教

――シャーマニズムはいかにして日常となるか

実松克義

一．はじめに

本書の第一章で筆者は宗教的なものについて論じたが、その最後に「宗教的なものの本質とは実は宗教的なものを必要としないことである」と述べた。それが何を意味するのかをこの最終章において論じたい。

筆者の発言は自分自身の幼少体験に基づいている。幼少体験とは筆者が意味あるものとして思い出せる最古の記憶である。おそらくは小学校低学年をピークとした数年間の出来事である。筆者は他の子供に比べて精神的発達が遅かったようだ。しかしこれは幸いなことであった。自我がまだ目覚めず生きることが、すなわち子供としての黄金時代が長く続いたということである。この時代に筆者は生きている喜びを知った。何も余計なことを知らない子供として、文字通り朝から晩まで遊び回った。

昔のことでしかも都会から離れた田舎であったからすべての遊びは野外であった。蝉やトンボを捕まえて標本にし、かすみ網で鳥を捕り、小川を堰き止めて魚を捕まえ、土手にマムシ取りに出かけ、廃屋でチャンバラごっこをし、弓矢を造って距離を競い、模型飛行機を飛ばし、木登りをしてよく落ち、竹藪に秘密の住処を造る。また愚行も多い。不用意に犬に触って頬を裂かれ、ふざけ半分にゴム銃で人を撃ち、買ったばかりの新しいナイフの試し切りをして、畑の作物をすべて切り刻み、厳しく怒られたこともある。荒唐無稽な話になるのでこの辺で止めるが、この種の思い出は数限りない。後年、筆者はマーク・トウェインの『トム・ソーヤーの冒険』や『ハックルベリー・フィンの冒険』を読むことになるが、頁をめくるごとに膝を叩いて共鳴した。まさにその通り！　であった。

この原体験は筆者の心の最深部として人生の危機において形を変えて現れたように思われる。その意味はただ一つである。生命の本質は肯定的なものである。ただ生きることが、この世界に「在る」ことが最も重要であって、それ以外のものは二義的なものに過ぎない。この確信が筆者をここまで生き延びさせた内的な力である。

これに関しては異論を挟む人もいよう。そしてそれは誰もが持っている本能の衝動であると考える。人間は異なった幼少体験を持っている。不幸な幼年時代を過ごした人も多いに違いない。すべての人間は異なった幼少体験を持っている。そして人間は自分の体験に基づいてしか本心を述べることができない。また文化によっても異なるかもしれない。だがそれにもかかわらず筆者の原体験は宗教的なものの本質を考える上で重要な事実を示していると考える。何故なら、何度も繰り返すが、生物としての人間の存在理由はまず生きることにあり、すべての文化伝統はそのために構築されたと考えられるからだ。そして宗教的なものはその基盤を成す部分であった。「いや違うだろう」という声が聞こえる。「宗教は子供の遊びではない、もっと高尚なものなのだ」と。はたしてそうだろうか。筆者の意見では、宗教的なものの起源とは現代人が考える宗教とは似ても似つかないものであった。至高存在である「聖なるもの」も、また下級と見なされる「俗なるもの」もなかった。あったのはただ、その日その日を生き延びるための本能の衝動と経験的な知恵ではなかっただろうか。

二．存在の謎

人生には多くの謎があるが、その中でも最大の謎は、何故自分は自分であり、何故ここに生きているのかということである。存在の謎、世界に「在ること」、すべての人間的な思想と行動の源泉はここにある。人間の文化、倫理、法、また技術や科学もここに端を発する。宗教もまた然りである。しかし同時にまたこの謎を解こうとすることが論理的な矛盾であることもわかる。それは解くことができない謎である。何故ならそれは何かの結果であって原因ではないからだ。人間は自らの誕生を選ぶことはできない。どの時代に、どの国に、どういう環境で、どの両親を親として生まれるのかを選ぶことはできない。何か正体不明のものが白紙の生命として世界に誕生する。名前はない。しかしそれは時間とともに書き込まれて成熟し、やがて意識が目覚める。その結果が自分自身なのである。

にもかかわらず人間はその起源以来この謎を解こうとしてきた。そしてそれはまったく意味のないことではない。その結果人間は生物界で類例のない文化を創り上げてきたのだ。人間は自分自身を意識する生物である。この意識によって人間は自らの存在を超えたものを考えることができる。たとえば「死」である。科学的世界観によれば人間は生物種の一つであり、物質的な存在に過ぎない。したがって人間の肉体は死によって消滅し、自分という存在は無に帰する。普通の生物にとって生がすべてであり、死はその終わりであって意識されることはない。しかし人間は死を意識し、さらには死後の世界というものを考えてきた。また現世とは異なる異次元の世界、またそこに存在する超越的な存在をも考えてきた。そしてそれは人間文化の本質的な部分となった。宗教的なものとはまさにその領域のことである。

これは極めて重要なことかもしれない。筆者の家には小さな仏壇があり、毎朝その仏壇の水を替え、線香を上げる。いつ頃からの習慣だろうか、その際、怪しげなお経を唱え、死者の霊に語りかける。別に宗教的なことを話すわけでもなく、たいがいは日常的な報告である。思わず愚痴をこぼすこともある。それだけのことであるが、この行為によって何かが氷解し、心が安定する。筆者は母を二〇〇四年に、また父を二〇一五年になくした。生前は住んでいる場所が地理的に遠かったので、それほど近しい関係とは言えなかったが、不思議なものでいまでは身近な存在に感じられる。別の言い方をすれば、生と死がそれほど離れたものではなく、連続したものであると感じられる。遠くない未来に筆者もまた彼らと同じ世界に入るのである。

生と死が連続していると言えば、多くの人々は「それはただの幻想だ」と思うかもしれない。しかしこれは物事の表面しか見ていない理解である。ここで些細な議論には立ち入らないが、結論を言えば、人間に関わるあらゆる事象は幻想であるが、同時にまた幻想ではない。すべて現実性を持った出来事である。何故ならそれは人間という生物が創り上げた構造物であるからだ。人間はその中でしか意味ある存在として生きられない。この建造は言語以前に始まるが、言語によって明示化され、社会の中で文化として結晶する。さらにはまたそれは自然界の在り方に酷似している。自然界においては生と死は明らかに連続している。死は生の終わりであるが、それはまた新たな生を準備する。その無限の循環によって世界は成り立っている。その意味で人間の文化そして宗教は自然の模倣である。（すでに述べたように、宗教は人間最初の文化である。）

そしてそれを最もよく体現している宗教伝統がシャーマニズムと呼ばれるものである。

三．シャーマニズムとは何か

シャーマニズムは世界最古の宗教文化であり、その司祭であるシャーマンによって継承されている。シャーマニズムの一般的な定義は次のようなものである。

「トランス（trance）と呼ばれる特殊な心的状態において、神仏や霊的存在と直接的に接触・交渉をなし、卜占・予言・治病・祭儀などを行うシャーマンを中心とする宗教現象。」（『大辞林』（第四版））

「シャマンとは神や精霊からその力能をえ、神や精霊との直接交流によって託宣、予言、治病、祭儀などを行う呪術‐宗教的職能者であり、シャマニズムとはシャマンを中心とする世界観、儀礼、信者・依頼者集団などから成る一宗教形態である。」（『文化人類学事典』（縮刷版））

シャーマンの語源はマンシュー語・ツングース語の **šamán, Xaman**（シャマン）である。**ša**- は動詞「知る」の語根で、「知識ある者、知者」を意味する。それがまずロシア語（シャーマン、**шаман**）となり、その後一七世紀末にヨーロッパに紹介され、後年、民族学の用語として定着したものである。シャーマニズムの起源は極めて古い。世界各地にそれを暗示する古代の遺物、洞窟壁画、岩絵、地上絵、あるいは笛や太鼓などが見つかっている。シャーマニズムはおそらく現生人類の出現とともに（あるいはそれ以前に）発生し、太古の文化を構成していたと思われる。

シャーマニズムについての多くの研究が存在するが、その定義、理解はまちまちである。ここでは世界的に有名な二人の研究者の意見を取り上げる。ルーマニア生まれの宗教学者ミルチャ・エリアーデによるシャーマニズムの定義は次の通りである。

「シャーマニズムは厳密には、古代的エクスタシー技術――同時に神秘主義であり、呪術であり、広義の「宗教」――の一つである。(注1)」

一方、アメリカ人人類学者マイケル・ハーナーはこう述べている。

「シャーマニズムは、人類が知っている心と体の方法論的治癒システムの中で最も古く、広範な地域にわたり存在する。(注2)」

エリアーデは現代においてシャーマニズム研究の古典的存在である。周知のようにエリアーデは若い時、インドのカルカッタ大学に留学し、サンスクリットとヨガを学んでいる。シャーマニズムについての彼の理論は、その個人的体験を出発点として、シベリア、満州、あるいは東アジアのシャーマニズムの特色を基盤にしたものである。エリアーデの定義は独特なものであるが、一つだけ筆者の年少体験に通底するものがある。それは彼がそれをエクスタシーの技術であると言っていることである。エクスタシーとは忘我の状態、喜びの経験である。これは生命の根源状態、すなわち生きていることが喜びである状態、いまここに「在る」ことを無条件に肯定することである。つまりシャーマニズムとはそのような要素を含む伝統だという理解である。

一方、ハーナーの見解は南米、エクアドル・アマゾンのヒバロ族の伝統の調査に基づいている。ハーナーはまた単なる研究者では飽き足らず、学んだ知識を実践し、自らシャーマンとなって世に広めた。

ネオシャーマニズムの開祖と言われる所以である。ハーナーはシャーマニズムにおける心身の理解、またその治癒システムに着目し、それが人間の本質を理解する上で、西欧社会、近代社会に欠けている重要な知識であることを知った。つまりシャーマニズムとは心身の健康、均衡を実現する医術、セラピーなのである。

エリアーデもハーナーもシャーマニズムに内在する重要な要素を語っている。では筆者はシャーマニズムをどう思うのか。筆者は一九九〇年代初期から四半世紀にわたり中南米でシャーマニズムのフィールドワークを行なった。その時の経験からいくつか特筆に値することを述べてみたい。

四．すべては混沌から始まる

はじめに――前提として――シャーマニズムが存在する環境を説明しておかねばならない。この宗教伝統は近代化が進んだ技術情報社会には存在しない。なぜならその背景にあるのは一種の混沌であるからだ。筆者はそれを訪れた中南米の国々に見た。

筆者がはじめてグアテマラに行ったのは一九九三年の夏である。行く前にこの地域の異質な文化的特徴、治安の悪さなどを聞いていたので、知らない土地に案内人もなく迷い込むような不安だらけの旅行であった。しかしその感覚はたった一日で吹き飛んでしまった。忘れもしない、グアテマラシティの一八番街に行った時のことを。空港からタクシーに乗り、ソーナ・ウノの安ホテル（ホテル・スプリング）に投宿した。一八番街はその近くにある。まるで縁日でもあるかのように、ほこりだらけの通りにありとあらゆる種類の店が並び、食べ物から衣料品までありとあらゆるものが売られている。大勢の人が行き来し、ごった返している。何という混沌！　それを見た時、筆者の心は遠い昔にタイムスリップしていた。筆者の田舎は佐賀であるが、これは子供の時に見た光景と同じではないか。筆者は一目でこの場所が好きになり、それからグアテマラに行くたびにこの通りを訪れた。

グアテマラシティはまだ都会である。筆者のフィールドワークの目的地は南西部高地のキチェー地方である。ここには多くのマヤの町や村があり、いまでも古代マヤの文化が息づいている。そこに行くチキンバスと呼ばれる二等のバスは立錐の余地もなく混み合っていた。足が痺れて動かなくなったこともある。しかしはじめて見るマヤの光景はとても美しく、心を和ませる何かがあった。チチカステナンゴ、サンタクルス・デル・キチェー、トトニカパン、サンフランシスコ・エル・アルト、あるいはナワラーをはじめて訪れた時のことは忘れられない。筆者のお気に入りはメルカード（市場）であった。人、人、人。混沌、また混沌。やはりありとあらゆるものが売られている。既視体験とはこのことを言うのだろう。確かに風景や町の光景は違う。人々の顔も話す言葉も違う。しかしその雰囲気はどこか懐かしい。それは筆者の子供時代に繋がる回廊であったのだ。

ヘンリー・ミラーは「ブルックリン橋」の中で、大都市の持つ迷路の魅力について語っている。「見知らぬ都会にまぎれこむことは、私が知っている最大の喜びだ。そこに順応すると、すべては見えなくなる。私にとって、都会は犯罪の化身であり、狂気の化身である。私は寛いだ気分になる。(注3)」ミラーが書いているのは異邦人（ストレンジャー）であることの自由、迷うことの喜びである。彼はそれを西欧世界の大都市の中に見出した。筆者にはミラーの気持ちがよくわかる。ただ中南米においては、それは別に大都市に限られたものではない。何故なら世界そのものが混沌であるからだ。その意味で筆者のフィールドワークは行為自体が異世界への旅であった。見るもの聞くものすべてが驚きの連続で、毎日が新しい発見であった。同時にまた絶えざる緊張感があり、アメリカに戻るとホッとしたものである。しかししばらくすると逆に感じるようになった。中南米文化の理性による理解を拒む混沌、いい加減さ、人間的な温かさにいったん慣れてしまうと、アメリカ文化の無機質な冷たさを肌で感じ、自分自身が疎外されるように感じた。そして最後にはアメリカはただ通過する場所になってしまった。

五. メサ――アンデスの聖なる儀式

アンデス・シャーマニズム体験で筆者が最も感銘を受けたのはメサの儀式である。メサとはアンデスのシャーマンが神々や精霊に捧げる供物の総称である。いや、より正確には供物を制作する宗教的行為である。メサはただ奉納するだけのものではないからだ。メサの参加者それぞれが感謝と願いを込めて制作し、最後に神々と精霊の世界に送るのである。様々な種類のメサがあるが、最も重要なのは白メサと黒メサである。白メサは幸福、健康、平穏、豊作など肯定的な目的の祈願のために捧げる。対照的に黒メサは病気や怪我の治療、心の病の治癒、アルコール依存症の治癒、雨乞いなど否定的なものの除去が目的である。

筆者は数多くのメサの儀式に参加したが、その中から、カジャワヤの白メサの儀式を取り上げる。(注4)カジャワヤはティティカカ湖北東の山村チャラサニに住むシャーマンである。筆者は一九九八年七月にこの遠隔の地を訪れた。カジャワヤはボリビアでも特異な存在で、その起源は謎に包まれている。一説によれば、スペイン人征服者の侵入時に難を逃れて密かに山中に逃れたインカのシャーマンの末裔であるという。また遠くはティワナク古代文明との関係も語られている。カジャワヤは病気の治療の際に薬草を多用することで知られているが、同時にまた高い精神性を持つシャーマンでもある。彼らが活動するこの地には多くの神々、精霊、スピリットが存在する。

このチャラサニで筆者はある偉大なカジャワヤに出会った。名前をマヌエラ・ママーニと言う。ホテルの所有者フレディの友人が地元の有力者・知識人ヒネス・パスティンで、ヒネスは筆者の目的を知ると、マヌエラによるメサの儀式をアレンジしてくれた。メサの儀式はヒネスの家で夜に行われた。当時マヌエラはすでに八五歳の高齢であったが、実に矍鑠としていて四時間の山道を歩いてきた。参加者はマヌエラと助手のマリア、ヒネス、フレディそして筆者の五人であった。

マヌエラの指示によって、我々は時間をかけて二種類のメサを作った。目的は筆者の旅の安全と健康のためである。よいことのための白メサと浄めのためのコカの葉のメサである。白メサは中央に大きな綿を置き、その周りに一二個の綿を円形に配置する。そこにお菓子、砂糖、リャマの脂、香、カーネーションなどを載せてゆく。コカの葉のメサはコカの葉にお菓子、リャマの脂などを入れて作る。マヌエラの指示で筆者は出来上がったメサを包み胸に入れる。そしてマヌエラが香を焚き清めの儀式を行う。

その後、敷地内の聖地（カビルド）でメサを燃やし、神、大地母神パチャママ、山の神ルガールニオに捧げる。最後に白ワインのボトルを振ってメサに飛ばし、風の神アンカリに届ける。アンカリはカジャワヤの祖霊で、別名を「風の郵便配達人」とも言う。人々の願いを遠くに届けるのだ。マヌエラに続いて筆者もボトルを振る。マヌエラが言う。「もっと高く！」筆者は思いきりボトルを振った。

マヌエラ・ママーニは儀式の間ほとんど無言であった。だが彼女の振る舞いには聖なる雰囲気があり、筆者に畏敬の念を起こさせた。ヒネスによれば、マヌエラの一生は苦難の連続であった。若い時に不幸な結婚をし、飲んだくれの夫と別れた後、一人で六人の子供を育てた。だがその子供たちはすべて早死にしたという。筆者は彼女の中に現世を超えた存在、アンデスの精霊を見たような気がした。

筆者は何故かくもメサの儀式に感銘を受けたのか。おそらくは我々が理性的判断を躊躇する事柄があまりにも見事に実体化されていたためだろう。カジャワヤに限らず、アンデスのシャーマンはメサを使って治療や祈願の儀式を行なう。筆者はある時、ティティカカ湖、太陽の島のシャーマン、ファウスティーノ・ティコーナにこう聞いたことがある。「幸福に生きるにはどうすればよいでしょうか」。話していてふと思い付いた質問である。ところが彼の答えは明快そのものであった。「白メサを捧げなければなりません」(注5)。筆者は目から鱗が落ちる気がした。ここでは問題は徹底して実体化され、解決が図られるのだ。この方法は病気や怪我の治療においても同じである。彼らの世界観では人が病気になるとは悪霊が体内を蝕むことである。あるいはそれによって心身の調和が損なわれることである。したがってその悪霊を取り除く儀式を行なう。その際に黒メサを捧げる。黒メサが悪霊を体内から吸い取る働きをするのだ。

六. 死の意味

アンデスでの体験で知り得た最も重要なことの一つは死の意味についてである。常識的には死は生命の終わりを意味する。正確には個体にとっての生命の終焉を意味する。したがってその個体は死とともに消滅し、その後には何も存在しない。おそらくはこれが大半の日本人の考えであろう。もちろん例外はあり、中には死後の世界を信じている人もいよう。仏教に強い信仰心を持っている人であれば、死後、西方浄土に、あるいはキリスト教者であれば、天国に行くと信じる。しかし実際にそう考える人は少ないと思われる。これは現代を支配している科学的世界観、唯物論的パラダイムのためである。

しかしアンデス文化の死生観はこれとはまったく異なる。

アンデス文化にはティワナク文明を起源とする一二段の階段からなる十字架が存在する。ボリビアではティワナクの十字架、階段状の十字架等と呼ばれるが、ペルーではチャカーナと呼ばれる。チャカーナは多くの意味を持つシンボルであるが、その起源はカレンダーである。別名をインティ・チフチランパ(太陽の公転)と言う。筆者はこのチャカーナについてクスコのシャーマン(パコ)、ケンコ・ハラウィ・ケスペックから多くのことを学んだ。(注6)

十字架の四基本点は天文学的意味を持っていて、時計回りに、冬至点(六月二一日)、春分点(九月二一日)、夏至点(一二月二一日)、秋分点(三月二一日)である。この中で最も重要なのは六月二一日

～九月二一日の期間である。季節で言えば冬から春への移行期である。

何故この期間が重要なのか。そこで新しい生命が準備されるからである。ここで六月はポジティブな時点、対照的に九月はネガティブな時点である。すべての生命はポジティブからネガティブへの過程を経て誕生する。ケンコは例としてトウモロコシの農事を挙げた。六月にトウモロコシの収穫が行なわれ、その後準備期間を経て、九月に種まきが行なわれる。つまりこの死生観の第一の基盤は農業なのである。

またこの時期は順にハモッシュ・パチャ（六月）、ケイ・パチャ（七月）、オホ・パチャ（八月）、ウェイネイ・パチャ（九月）の四つに分けられる。パチャは時、時間を意味するが、ここでは生命を象徴している。ハモッシュ・パチャは天界、まだ生まれる前の状態、ケイ・パチャは現世、生まれた状態、オホ・パチャは冥界、死んだ直後の状態でスピリットはまだ地中にある、ウェイネイ・パチャも冥界、ただしスピリットは浮揚している状態を意味する。これを生命の第一様式と言う。これはどういう意味か。生命の準備期間において、すでに生命誕生後のプロセスが予備体験されているということである。

それでは生命誕生後はどうなるのか。誕生前と同様のプロセスが今度は一年を周期として繰り返される。ハモッシュ・パチャ（六月二一日）、ケイ・パチャ（九月二一日）、オホ・パチャ（一二月二一日）、ウェイネイ・パチャ（またはクマン・パチャ、三月二一日）である。これを生命の第二様式と言う。

筆者はケンコが語るアンデスの死生観を完全には理解できなかったが、それでも一つのことは確かめることができた。それは、自然的存在としての生命は死によって準備され、誕生するということだ。

それは成長して実を結ぶが、やがて死に、再び苗床としての死に戻るのである。

我々は普通、誕生が生命の出発点であり、死はその終着点であると考える。しかしアンデスの世界観においては死がすべての出発点である。ここでは死はほとんど自然と同義である。（これは多くのシャーマニズムの伝統に共通したものであろう。）もちろんだからといってアンデスの人々が死は喜びであるなどと考えているわけではない。一人の人間にとって死は恐怖であり、消滅であり、喪失であり、悲しみである。この事実は変わらない。だからこそ葬送の儀式は重要なのである。しかし無機質な死、無意味な死というものは存在しない。

七．ヴィジョンとは何か――アヤワスカ体験

多くのシャーマニズムの伝統においてヴィジョンは重要な役割を持つ。ヴィジョンは日本語では「未来の構想」という意味でよく使われるが、**Vision** の元々の意味は「視覚」「視力」で、要するに「見ること」である。シャーマンや宗教者が見るヴィジョンは啓示を含んだ特別な視覚体験を意味する。「幻視」と訳されることもある。

北米インディアン、オグララ・ラコタ族のシャーマン（メディシンマン）、ブラック・エルクは九歳の時、雲の上の精霊の世界に呼ばれ、六人の祖父たちに会う。その時彼が見たのは緑豊かな世界が困難に陥り、飢餓が起き、死と破壊が訪れ、生命の樹が消失する光景であった。ブラック・エルクは一生をこの黙示録的ヴィジョンを背負って生きる。メキシコ北部に住むウイチョル族のシャーマン、マ

ラカメは部族にとって特別な土地へ長い旅をし、幻覚植物ペヨーテの影響下にヴィジョンを得る。北米インディアン、メキシコ・インディアンのシャーマンにとってヴィジョンは大きな意味を持つ。これはヴィジョン・クエストと呼ばれる。

グアテマラ高地のマヤ・イシル族のシャーマン、シャス・コウは若い頃に故郷から離れた低地の農園でよい生活を送っていたが、ある時、夢の中で父と名乗る人物が現れてシャス・コウを霊山の頂に導き、「人生を無駄にするな、ここここそがお前の本当の土地なのだ」と告げる。帰郷を決心したシャス・コウがシャーマンに占ってもらうと「大地の神」が現れ、それが重大なヴィジョンであることを示した。やがてシャス・コウはマヤ・カレンダーの日の神を夢見るようになる。こうしてシャス・コウはシャーマンとなった。(注7) 筆者が実際に会ったモモステナンゴのシャーマン、ヴァルドー・ペレス・マロキンの場合は、夢の中に自分の師となる古代マヤの神官が現れる。二、〇〇〇年前のティカルの王であったという。神官は繰り返し現れ、ヴァルドーはその神官の教えに従って修行し、シャーマンとなった。(注8)

ところで筆者もまたフィールドワークにおいてヴィジョン（らしきもの）の体験をした。ペルー・アマゾンのアヤワスカ体験である。(注9)

ペルー・アマゾンのシャーマンは大別して二種類に分かれる――タバケーロとアヤワスケーロである。タバケーロは主にタバコを使用するシャーマンを指す。伝統医（メディィコ・トラディショナル）とも言う。アヤワスケーロは薬用植物アヤワスカを使うシャーマンを指す。アヤワスケーロもまたタバコを使うので、唯一の違いはアヤワスカを使うか使わないかだけである。一般にアヤワスケーロの評判はそれほどよくない。ブルヘリーア（黒呪術）を行う者がかなりいるからである。さいわい筆者が出会ったのは正統的なアヤワスケーロであった。

筆者は一九九八年八月にペルー・アマゾンの町、プエルト・マルドナードでエドゥィン・アンコというアヤワスケーロに会い、聞き取り調査を行った。エドゥィンのアヤワスカの処方は一一種の薬用植物の混合液であった。最も重要なのはアヤワスカとタバコである。しかし幻覚作用をもたらすのはチャクルーナ、トゥエィという別な植物である。筆者はインカのシャーマンが神託を得たというアヤワスカのヴィジョンを見たいと思った。そして翌九九年八月に再訪し、エドゥィンのアヤワスカの儀式に参加した。この儀式はホヤと言うジャングルの小村の小屋の中で行われた。筆者の他に五人のバスク人が参加した。はじめて飲むアヤワスカは暗褐色の液体で、渋い木材の香りがした。

筆者はこの儀式でアヤワスカの薬理作用の強烈さを知った。いくつかの異常感覚の体験を経て、筆者の脊柱の下部で得体の知れない恐怖が目覚め、それはらせん階段を上り始めた。それが脳に達した時に死ぬ、筆者はそう確信した。最初のアヤワスカ体験は恐怖以外の何物でもなかった。ヴィジョンは起きなかった。

その後いったんクスコに戻り、かなり迷った挙句、イタロー・グティエレス・コンチャというまだ若いアヤワスケーロの指導で再度アヤワスカの儀式に参加した。場所はクスコ近郊の聖地ワサオの家屋で、参加者はイタローと筆者の二人だけであった。アヤワスカを飲んでしばらくした時、イタローが突然不思議なことを言った。「あなたの横に一人の女性が見える。とても美しい女性だ」誰だろう？それとも単なる幻覚か？　筆者は答えようもなかった。

この体験で筆者ははじめてヴィジョンを見た。それは前にも後にも体験したことのないもので、とうてい言葉では表現できないが、人間の心の中に想像を超えた世界が隠されていることを知った。中でも二つのヴィジョンが記憶に焼き付いている。一つは遠い宇宙の銀河である。最初は暗い絵の中の光点に過ぎなかったが、見つめると近くなり、点滅を繰り返す星の集団となった。その荘厳さに息を飲んだ。もう一つは、最後に近い頃であったが、静寂に満ちた夕焼けの光景である。しかしそこには生の気配がなかった。筆者はその時それが自分の死の光景であることを悟った。

筆者が見たヴィジョンは何だったのか。薬用植物の影響による単なる幻覚だったのか。あるいはそこに何か啓示的なものがあったのか。イタローは説明しなかった。その記憶はいまでも心の中に焼き付いている。

八．創造者としての時間——マヤ二〇ナワール

現代マヤ文化は世界のシャーマニズムの中でも特別な存在である。何故ならこの伝統の発祥が古代マヤ文明にあるからである。古代マヤ人は優れた天文学者、自然科学者であった。彼らは太陽、月、金星、水星、火星、土星をはじめとする多くの天体の運行を観測し、そのデータを正確に記録した。また自然現象、人間、動植物の営みを観察して、そこに規則性があることを発見した。その結果、彼らは多種多様なカレンダーの制作に情熱を注いだようだ。その大半はすでに失われているが、よく知られているカレンダーとして長期計算法（約五、一二五年）、太陽暦（三六五日）、及び神聖暦（二六〇日）

の三つがある。この中で現代マヤ文化において最も重要なのが神聖暦（チョルキッヒ、Cholk'ij）である。マヤ神聖暦は二六〇日周期の宗教暦である。このカレンダーの起源には諸説あるが、それが農業暦として始まったのはおそらく間違いない。基幹を成すのは二〇日であり、それが一三回（サイクル）繰り返される。（二〇日×一三サイクル＝二六〇日）日はマヤ・キチェー語でキッヒ（K'ij）と言い、同時に太陽、光を意味する。二〇は人間の手足の指の合計（そのためマヤ人は二〇進法を使った）、太陽、双子の英雄フナプ（兄）等、一三は人体の主要な関節の数、月、双子の英雄イシュバランケ（妹）等を意味する。そして究極的には二〇は男性数（完全数）、一三は女性数であり、それを掛け合わせた二六〇日は女性の妊娠期間を象徴する。このカレンダーは生命の神秘を表すものである。

二〇日はまた二〇ナワール(注10)とも言う。ナワール（Nahual）とは日のスピリット、つまり時間の神である。グアテマラの伝統では最初のナワールはバッツであり、最後がツィである。これらのナワールはそれぞれ異なる意味、性格あるいは特徴を持つ。またエネルギーを持ち、最小が一で最大が一三である。これらの二〇人の時間の神が、エネルギー・レベルを変えながら、日を統括することによって世界は維持され発展する。（例えば一バッツ、二エー、三アッハ、四イッシュという風に）マヤ神聖暦は現代マヤ宗教文化において最も重要な聖典である。キリスト教の『聖書』、イスラームの『クルアーン』に相当する。マヤのシャーマン、アッハキッヒ（Aj K'ij「光の人」という意味）は二〇ナワールに祈りを捧げ、祈祷や治療あるいは予言を行なうのである。

二〇一六年九月一〇日、筆者はグアテマラ南西部の都市、ケツァルテナンゴの近郊の町カンティルの山中のマヤの聖地にいた。マヤの儀式に参加するためである。この聖地は名前をホロム・ノッホ（叡智の頭）と言い、町を見下ろす高台にあった。素晴らしい場所で、眼下に農耕地と町が見え、絶景の眺めであった。儀式に参加したのは現地の民間組織ＩＭＡＧＵＡＣのアッハキッヒ八人、現場に居合わせた二人のマヤの女性アッハキッヒ、そして私をはじめとするその他の参加者数名である。マヤの祭壇が造られ、やがてそれに火が付けられる。はじめにマヤの最高神、アハウ・テペウ（父なる天空）、チュチュ・ククマッツ（母なる大地）に祈りが捧げられる。その後、一〇人のシャーマンが入れ替わり立ち替わりマヤの日（時間）の神々である二〇ナワールに祈った。

祈りは、当日の神であるナワール・カウークから始まり、前日の神であるナワール・ティハッシュで終わる。そのたびに新しいローソクとクイリコ（豆炭のチップ）が投げ入れられ、新しい火が燃え上がる。筆者はこれまで多くのマヤの儀式に参加しているが、これほど大規模なものははじめてであった。アッハキッヒたちは即興でありとあらゆることを神々に祈った。筆者の旅の安全と健康からマヤのコミュニティ、グアテマラ、また世界の平穏と幸福まで。そしてその祈りの核心は「調和」(注11)ということであった。祈る人々の姿は真剣そのもので、儀式には聖なる雰囲気が漂っていた。筆者はそこにこの宗教文化の本質を見たような気がした。

風が吹いてきたのであろうか。やがて燃え盛る火がとぐろを巻き始めた。これまでにも儀式の中で幾度か火の竜巻を見ているが、今回の竜巻のうねりは一段と大きく、繰り返し繰り返しとぐろを巻いた。慣れっこになっているのでもはや驚くこともなかったが、それでも不思議さは残った。やはりここは特別な神聖な場所なのであろう。それはあたかもマヤの神々が天上から降臨し、人々の願いに聞き入っているかのようであった。どのくらい時間が経ったのであろう。延々と続く儀式を見ていると、筆者はいつの間にかマヤの世界にトリップし、これまでのマヤ体験を心の中で反芻していた。

九．何を意味するのか

筆者のシャーマニズム体験は何を意味するのか。

一言で言えば、それは我々の既成概念を超える宗教伝統が世界に存在することを意味している。それは極めて原初的な、むき出しの人間の生き方、人間性の根源に根ざした伝統である。さらに言えば、（観念の産物としてではない）自然の在り方に近い伝統である。シャーマニズムは、もしそれが宗教の範疇にあるとすれば、宗教らしくない宗教である。それは宗教的なものと宗教的でないものの両方を含む。これを宗教と宗教以前と言い換えてもよい。それは土着の習俗や慣習とも言えるし、地域の伝統あるいは文化とも言える。その地域に住んでいれば当たり前の生活慣習、土俗的で未整理の混沌とした世界である。だが同時にまたそれは言葉の真の意味で聖なる概念を内包し、そこにはすでに後年のより美しく整備された宗教の萌芽が見られる。しかしこの両者はここではあくまで分離することなく渾然一体となって存在している。

アンデスのメサはシャーマニズムにおける供物の意味を考えさせてくれる。メサは神々への感謝の印であるが、人間によって制作され、最後に燃やされてその世界へ送られる。この象徴的行為が表すものは示唆的である。それはまず実体化された人間と神々との交信の手段である。この実体化によって人間は神々の世界を目に見える現実として理解することができる。同時にまたメサは現世の複雑な問題の象徴でもあり、その儀式を通して、すなわち神々の力を借りて問題の解決あるいは刷新を行なう。したがって生者のための知恵でもある。

一方、アンデスの死生観は人間の生と死をより大きな視野の中で見せてくれる。生と死は自然的存在としての人間の繰り返される必然的な循環なのである。もし死がなければ生もまたあり得ない。なぜなら死は生を準備するからである。古代ティワナク文明ではこれを三つのパチャ（世界）で表した。(注12) アラシュ・パチャ（天界）、アカ・パチャ（現世）、マンカ・パチャ（冥界）である。アンデス文化においては、人間は精神と物質から成る。人間が死ぬ時両者は分離して、物質（肉体）はマンカ・パチャに、精神（魂）はアラシュ・パチャに行く。そして新しい生命が誕生する時、両者は再び結合するのだ。

アヤワスカのヴィジョンは人間の精神世界を知覚的に解放するものである。筆者が見たのはただ個人的な精神世界の内面であるが、アマゾンのシャーマンはこの解放された知覚を通して仕事を行なう。依頼人の病気の患部を透視して治療を行ない、水中を潜って数百キロの遠隔の地に自由に旅する。信じようと信じまいとアマゾンにおいて実際にそうしたシャーマンが存在し活動を行なっている。アヤワスカはほぼアマゾン全域のシャーマニズムで使用されている薬用植物（混合液）である。

マヤの祈りはマヤ時間思想の表明である。二〇ナワールは世界でも唯一無二の概念であるが、古代マヤ人が到達した存在哲学の到達点を表している。マヤ人は世界を維持発展させているのは時間であると考えた。したがって時間はエネルギーを持つ。二〇ナワールは極度に抽象的かつ体系的で、その意味では西欧の哲学思想に近いが、しかし実際にマヤのシャーマンはそれを使って治療や祈願あるいは託宣を行なっている。机上の空論ではない。二〇ナワールはまた強い倫理性を持つ。これはそれが古代マヤ人の歴史経験の教訓でもあるからである。

一〇．自然の中の人間

シャーマニズムが異口同音に語っていることは――単純化して言えば――人間とは本質的に自然的存在であるということではないだろうか。人間は特別な存在ではない。基本的に他の動物と同じような存在なのだ。西欧的伝統においては自然における人間存在は特別視される。ユダヤ教においては、神は自分の姿に似せて人間を創造した。キリスト教においては「始めに（すでに）ロゴス（ことば）はおられた、そしてロゴスは神と共におられた、そしてロゴスは神であった」(注13) ロゴスの正体はイエス・キリストである。ここにあるのは明らかな人間中心主義である。だがシャーマニズムの伝統においてはまるで違う。コロンビア・アマゾン、タツーヨ族においては、人間の起源は天空のアナコンダであり、地上においてはジャガーである。ボリビア・アマゾン、アラオナ族においては、人間の男女は鳥が飛び立った時に落ちた木の枝の葉から造られた。ここでは人間とは小さな、ささやかな存在なのだ。確かに世界の近代化、西欧化の結果、人間の価値は増大し、個人の自由と権利は不可侵なものとなった。いまでは常識となった人権意識により「人間の尊厳」が事あるたびに声高に叫ばれる。だが本当にそんなものが存在するのか。べつに人間などいなくても、世界は支障なく存続するのではないのか。いやむしろその方が世界ははるかに平和ではないのか。

またある意味でこれはシャーマニズム以前の問題かもしれない。筆者は最初に中南米の混沌とした社会背景を語った。その根本的な理由は貧困である。筆者はグアテマラシティで通りに瀕死の状態で横たわるストリートチルドレンを見た。またマヤの田舎町で昼間から酔い潰れ、道ばたにゴミのように横たわる若者を見た。その横を捨てられた食べ物をあさる野犬が通り過ぎてゆく。どう考えてもここには人間の尊厳などというものはない。あるのは人間も犬も大差ないという現実だけだ。貧困は確かによいことではない。それは多くの場合悲惨と犯罪しか生み出さない。しかしシャーマニズムがこのような過酷な環境の中で誕生し存続してきたことも事実である。そしてそこには物質的に豊かになりすぎた我々がとうの昔に捨て去ってしまった世界観がまだ生きているように思われる。それは――言ってみれば――非人間中心主義とでも言うべきものである。

非人間中心主義は動物中心主義、自然中心主義と同義ではない。シャーマニズムは人間が作りだした伝統である。したがってあくまで人間が構想した、人間のための文化伝統である。しかし初期の人間は自分たちが自然界の中で特別な存在であるとは思わなかった。物理的にあるいは生態学的に弱い存在であり、他の動物に依存しあるいは彼らと協働し、知恵を絞って生き抜くほかはなかった。こうした伝統は現在でも地域的に残されている。いまは消えつつあるアマゾンの先住民族の重要な知恵は自然を恐れることである。人間は自然の対立者であることはできなかったのだ。動物との共生関係はシャーマニズムの大きな部分である。中南米の民族神話において多くの動物の神が存在する。ジャガー、鳥、蛇は力、秩序、神秘等を象徴する動物である。植物もまた然り、主食であるトウモロコシ、マニオク（キャッサバ）、カカオ、またアヤワスカ、タバコ等、数多の薬用植物が神聖化された。非人間中心主義とは人間が野生の自然の中で生き延びる知恵である。

一一・西欧的な理解とその限界

シャーマニズムは近代の学問思想にも大きな影響を与えてきた。エリアーデとハーナーについてはすでに述べたが、他にも重要な研究者としてフランス人、リュシアン・レヴィ＝ブリュール、クロード・レヴィ＝ストロースがいる。もう一〇〇年以上も前に、レヴィ＝ブリュールは『未開社会の思惟』（一九一〇年）の中で、「未開人」の原始心性について考察し、能力的には西欧人と変わらないが、その在り方は前論理的であり、科学的思考とはまったく異なる構造であると結論した。[注14]しかしレヴィ＝ストロースは『野生の思考』（一九六二年）において、文明の毒に犯されていないアマゾンの先住民族文化を分析し、それが未開人のものであるどころか、むしろそこに西欧文化と共通する基本構造が存在するのを見た。[注15]シャーマニズムについての研究は最近ではブラジル人類学で盛んなようである。その中心的存在であるエドゥアルド・ヴィヴェイロス・デ・カストロは、アメリカ大陸インディアンの研究を通して、先住民族の世界観においては西欧的な自然（Nature）と文化（Culture）の区別が無意味であることを知った。そしてそれを理解する視点として、多文化主義（Multiculturalism）に代わる多自然主義（Multinaturalism）の概念を創出し、それに基づいた新たな人類学の必要性を提唱した。[注16]またエドゥアルド・コーンに至っては『森は考える』（二〇一四年）の中で、アマゾン先住民族の思考をアメリカ人数学者・哲学者、チャールズ・パースの記号論を援用して解読しようとしている。[注17][注18]

これらの研究者は非西欧的宗教世界の中に独自の世界観、またアイデンティティを認め、その創造性を積極的に評価しようとした。またさらに進んでそこに人間文化を超えた要素を見つけようとした。彼らの思想は矛盾撞着を含むが、同時にそれはまた理解できる方向性でもある。理性を異常発達させた近代人が陥っている問題が見え隠れするのだ。

レヴィ＝ブリュールの原始心性論は西欧的理性が異質な世界観を理解する場合の一つの型を示している。非西欧的思考に敬意を払い理解しようと努める。しかし自分自身の絶対性が揺らぐことはない。したがってそれ以上の進展は望めない。

シャーマニズムにおいて理性や科学的世界観を超えたものは確かに存在する。その一つの例がレヴィ＝ブリュールが卜占や呪術と呼んだものである。実際に筆者はそのようなものを何度となく見た。すでに述べたようにマヤの儀式において祭壇の火はとぐろを巻く。マヤのアッハキッヒ、アロンソ・グアチャック・イ・グアチャックは治療の儀式において体内から病気や怪我の原因を物質化して取り出すことができる。(注19) ペルー・アマゾンには黒呪術（ブルヘリーア）を行なうシャーマンがいる。筆者はこれらを説明することができない。だが明らかに文化の中で機能しており、実在を否定することはできない。

レヴィ＝ストロースの結論は妥当なものであるが、「野生の思考」という概念に関してはより深刻な問題が存在する。アマゾン地域はいまでこそ熱帯雨林に覆われているが、この地域にはかつて高度な古代文化が存在したことがわかっている。したがってその末裔である現在の諸部族の文化は多かれ少なかれその文化的遺産を受け継いでいると考えられる。人間は、地球上のどこに住んでいようと、長い歴史を背負う文化的動物である。純粋な野生の思考というのはあり得ないのだ。

デ・カストロの構想は「野生の思考」の極北に位置する。野心的な着想であるが、同時にまた大きな矛盾を内包している。人類学が人間によって作られた知識体系である以上、人間文化の既成概念を超えた多自然主義を扱う人類学がどのようにして可能になるかは漠然としている。パースの記号学は独創的な思索であるが、森羅万象を数学的モデルの構築あるいは哲学的考察によって理解しようとしたものである。原理原則の説明には有効かもしれないが、複雑な文化現象の解明には無理があると考える。

一二. シャーマニズムの彼方へ

ただこれらの人々が目指したものが何であるかは理解できる。西欧的な学問伝統はその方法論があまりに分析的であったために深い知識の迷宮に嵌まり込んでしまった。そこからの解放を目指したのである。

いわゆる人間における宗教的なものはその歴史において論理的整合性と抽象化を原動力とし、発展を重ねた。その結果、泥臭い人間的な伝統は神々と聖典を有する「宗教」となり現在に至っている。だがそれは信仰の対象ではあり得ても、人間存在の謎を解き明かすものではない。あまりにも理路整然としているのだ。あまりにも完璧すぎるのだ。あまりにも美しすぎるのだ。こうして出来上がった近代宗教は荘厳な精神の殿堂であるが、余人には近寄りがたく、神経症的な傾向を持つように思う。救済のための宗教が逆に精神的抑圧の結果を生み出しているのである。

シャーマニズムはこうした状況に関して何を語るのか。

宗教的なものの原型としてその現在の在り方を根本から批判している。幸福についてのアンデスのシャーマン、ファウスティーノ・ティコーナの発言はそのよい例である。幸福になるためには「白メサを捧げなければなりません。」この答えに対する筆者の驚きについてはすでに述べた。しかしここにはさらに隠された意味があるように思われる。

その鍵は「幸福」概念そのものにある。幸福についての文献を読んでみると、(注20) この人類永遠のテーマに関して一つ二つ重要な事実が判明する。一つはこの概念（というよりは類似の概念）が限りなく遠い昔から存在し、それもありとあらゆる文化に存在したこと、もう一つは現代人が幸福について驚くほど異なった考えを持っていることである。思うに幸福という概念は――時代と場所を問わず――人間の生活に不可欠の理想状態なのだ。人間は喜怒哀楽の感情に生きる生命体である。その根本が喜びにあるのは間違いない。その意味で幸福の持つ意味は有史以来同じであったに違いない。

だがそれでも古代ギリシャ時代の人間の幸福と現代人の幸福はまったく異なるだろう。生きている時代背景が違うからだ。古代人の幸福とは限られた条件下の素朴なものであったに違いない。対照的に現代人にとっての幸福とは個人の価値観に基づく自由な精神の自己表現である。幸福は古代人が求めた物質的な条件としてはすでに実現されていて、そんなものをいまさら幸福とは呼ばないからだ。おそらくはそれこそが現代人が幸福を多種多様な言葉で表現する理由である。現代文明社会において幸福は精神の領域に存在する。だがその実現は容易ではない。何故なら物質的充足が必ず精神的充足を生み出すとは限らないからだ。

世界幸福度ランキング(注21)というものがある。いつごろから始まったのかは知らないが、世界各国の幸福度を数値化して表そうというのである。毎年上位にランクされているのはヨーロッパの福祉国家である。これらの国々は安全であり、豊かであり、社会福祉が完備している。一方、筆者が直接知っている中南米の国々の評価は極度に低い。何よりも貧しく、危険であるからだ。だがこれは悪い冗談ではないだろうか。筆者の経験では真実はむしろその逆ではないかと思うのだ。物質的に貧しい国々に住んでいる人々の方がはるかに幸せな人生を送っているように思えるのだ。

アンデスのシャーマンにとって「幸福」とは「平穏無事に生きられる状態」ほどの意味であろう。つまりごくありふれた現実なのだ。だからこそその実現と継続のために白メサを捧げるのだ。白メサは人間が現世でつつましい生活を送るための神々への供物である。それがメサの真の目的であり、そこに付け加えることは何もない。

アマゾンを探検する古いドキュメンタリー番組(注22)を観た時にも同じことを感じた。コロンビア・アマゾン、マクーナ族の人々は羽の生えた蟻を土鍋で炒めて食べる。ご馳走であるという。ナレーターが「文明世界では楽しむために食べるが、アマゾンでは生きるために食べる」という意味のことを言っていた。その通りかもしれないが、一つ付け加えれば、それが彼らの日常生活であり、すなわち「幸福」な人生なのだ。

一三、日常とは奇跡である

シャーマニズム体験は通常の意味での常識を超えた非日常的なものである。だがそれは同時にまた極めて日常的な平凡かつ常識的なものである。そしてこの二つは物事の表裏として密かに繋がっている。言い換えれば、物事の真実は何食わぬ顔をした日常の中に潜んでいるのだ。日常とは均衡状態である。その均衡状態の中に世界の秘密を解く鍵が潜んでいる。それは普通意識されることはないが、均衡が破れる時、荒々しい内部構造が顔を見せるのだ。

身体的な日常を健康と言う。健康は生物としての身体器官が正常に機能している状態を指す。むろん意識されることはない。しかし正常に機能しなくなった時、痛みや吐き気、熱や寒気等が現れる。これが身体の非日常、つまり病気である。病気が快癒すると再び意識されなくなり、健康に戻る。

精神的な日常を平凡と言う。平穏、惰性、退屈と言い換えてもよい。何事も起きない状態である。だが時としてそれが壊れることがある。失敗、争い、事故、失恋、離婚、危機、破産、死、等である。平穏な日常は一瞬のうちに破壊され、不安、苦しみ、あるいは恐怖が支配する現実が到来する。精神の非日常を狂気と言う。それまで天国だった世界は地獄となる。我々はその時かつて見下していた日常の平凡さを羨む。しかし非日常は永久には続かない。やがて去り、世界は再び平凡な状態に戻る。

以上のことは何を意味するのか。日常とは奇跡であるということだ。何事も起きず、何の問題も無い状態が我々にとって最良の状態であるということだ。我々はこの世界に生命体として「在る」のであり、それ以上でもそれ以下でもない。またそこに「在る」ことは「在る」こと以外には何の余計な存在理由もない。ただ「在る」のだ。そしてそれが最善の生き方なのだ。あたかも何もしなくとも毎年美しく花開くトケイソウ（時計草）のように。我々は意識する生命体として、限られた時間この世界に存在し、やがて時が来れば死ぬ。しかしそれは消滅し無になるということではない。分解された存在のチリとして再び自然に還り、世界の無限の循環のサイクルに入るのである。

一四．おわりに

宗教的なものの起源は人間の自然状態からの目覚めであった。それは人間最初の文化であり過酷な自然環境の中で生存し存続するための知恵の誕生であった。この知恵はその後急速に複雑に発展を遂げたためともすればその原型が忘れられる傾向にある。すなわち現代においては宗教とは崇高な教理を持つ整然とした組織体（たとえばキリスト教や仏教のような創唱宗教）だと思われている。しかしより泥臭い原初的な宗教伝統もまだ残されているのである。そしてそこでは人間が何よりも自然的存在であることが強調されているのだ。

結論として、我々が議論してきた「宗教的なもの」とは自然状態からそれほど離れたものではない。それはむしろ人間が歴史的に構築した生命の迷宮を本来あるべき状態に戻そうとする根源的な力である。その意味で、シャーマニズムとは存在としての宗教である。

幼少体験に見る生きる喜びは無垢な喜びである。筆者はそれをいま幼子の笑いに、夢中で遊び回る子供の中に見る。また人間以外の動物にも見る。子犬や子猫の戯れを見たことがあるだろうか。それは我々が見ることのできる生きる喜びの最上の表現である。しかし現実は誕生した生命がそのような状態で続くのを許さない。すべての生命は誕生するやいなや消滅の危険にさらされる。世界は危険だらけであり、戦い、戦いに勝ったものだけが生き延びることができる。人間はこの戦いに勝つために集団を作り、文化を作り、言語を作った。経験から学んだ血と汗の結晶である。そこにはもはや無垢な喜びはない。しかしその原型は残る。それはあたかも太古の生命の樹の切り株のように生きとし生けるものの根幹を守っているのである。

二〇二二年五月二六日　らぴゅ太天空の猫になる

注

1　ミルチャ・エリアーデ（一九七四年）序言　ix頁
2　マイケル・ハーナー（一九八九年）八五頁
3　ヘンリー・ミラー（一九六八年）ブルックリン橋　二七八頁
4　実松克義（二〇〇五年）第六章　聖なる自然　一〇三―一一九頁
5　実松克義（二〇〇五年）第五章　神々が降りた島　九二頁
6　実松克義（二〇〇五年）第七章　白い顔をした神　一二〇―一三七頁

7 Colby, Benjamin N. and Colby, Lore M. (1981) Chapter 3, Shas Koʼw's Life History, pp.52-115参照。
8 実松克義（二〇〇〇年）第七章　夢の教え　一四五―一六一頁
9 実松克義（二〇〇五年）第一〇章　魂の縄　一七七―一九八頁
10 二〇ナワール（グアテマラ・マヤの伝統）

数	ナワール	基本的な意味
1	ㇵ゙ッツ	より糸、織物、始まり、統一、家族と村の意味
2	エー	道、運命、食べ物、歯、権威、旅
3	アッㇵ	トロモロコシ（の茎）、種蒔き、子供、家庭、家畜、豊かさ
4	イッシュ	山々、平野、大地、マヤの祭壇、ジャガー、力、エネルギー
5	ツィキン	鳥、よいこと、お金、生産、多産、幸運、自由
6	アㇵマック	祖父たち、死者たち、許し、力
7	ノッホ	知性、叡智、霊性、能力、理性、芸術
8	ティㇵッシュ	苦しみ、苦痛、病気、危険、両刃の刃、雷（稲妻）
9	カウーク	雨、守護霊、稲妻、権威の棒、聖なる火と声の二元性
10	アッㇵプ	太陽、フナフ、説教者、霊性、ビジョン、よいこと、悪いこと
11	イモッシュ	水、海、不穏、争い、狂気、生産
12	イック	空気、自然、世界、祭壇
13	アカㇵ゙ル	曙光、オーロラ、夜明け、暗さ、生命の刷新
1	カット	火、網、正義、抑圧、囚われ、存在の中心、生命の継続
2	カン	蛇、ググマッツ、大地、尊敬、真実、黄色い地平線
3	カメー	死者の日、死、喜び、再生、静寂、よい行い
4	キエッㇶ	鹿、力、労働、基本方位、聖なる棒
5	カニール	種蒔き、トウモロコシの種、食べ物、芽吹き、創造
6	トッホ	病気、苦痛、供物、罰、罰金、エネルギー、光
7	ツィイ	犬、遊び、友情、権威、貞節、不倫、出産

11　調和はマヤ・キチェー語でハマリル（Jamaril）と言う。均衡、バランスに近い意味である。
12　実松克義（二〇〇五年）一九九―二〇九頁
13　『ヨハネ福音書』上（一九八二年）九頁
14　レヴィ・ブリュル上（一九五三年）日本版序（五―七頁）で本文中の「原始心性」考察が要約されている。
15　クロード・レヴィ＝ストロース（一九七六年）レヴィ・ブリュル見解の否定は「第九章　歴史と弁証法」（とりわけ三〇二、三二三頁）を参照。
16　Viveiros de Castro, Eduardo (2012) 1. Cosmologies: perspectivism, pp.45-46.
17　チャールズ・サンダース・パース（一九八六年）全編参照。とりわけ次のような発想に注目。「思考は必ずしも脳に結合している必要はない。思考はみつばちや水晶の仕事そして純粋に物理的な世界の到る所に現れている。」（一九九頁）
18　エドゥアルド・コーン（二〇一六年）パース記号論への言及は特に「第一章　開かれた全体」を参照。
19　実松克義（二〇〇〇年）第九章　魔術師の村　一八三―二一〇頁参照。
20　たとえば、橋本博（二〇一二年）を参照。
21　「世界幸福度ランキング、フィンランドが5年連続で1位」（二〇二二年三月二一日）
22　『すばらしい世界旅行　アマゾン源流一二〇日』（一九七〇年頃）

参考文献

［日本語］

エドゥアルド・コーン『森は考える——人間的なるものを超えた人類学』奥野克己・近藤宏監訳　近藤祉秋・二文字屋脩共訳　亜紀書房　二〇一六年

クロード・レヴィ＝ストロース『野生の思考』大橋保夫訳　みすず書房　一九七六年

実松克義『マヤ文明　聖なる時間の書——現代マヤ・シャーマンとの対話』現代書林　二〇〇〇年

実松克義『アンデス・シャーマンとの対話——宗教人類学者が見たアンデスの宇宙観』現代書館　二〇〇五年

実松克義『マヤ文明　文化の根源としての時間思想と民族の歴史』現代書館　二〇一六年

「世界幸福度ランキング、フィンランドが5年連続で1位」CNN.co.jp. Odd News. 2022.03.21. https://www.cnn.co.jp/fringe/35185146.html（二〇二二年六月二六日閲覧）

『大辞林』（第四版）三省堂　二〇一九年

チャールズ・サンダース・パース『パース著作集二　記号学』内田種臣編訳　勁草書房　一九八六年

橋本博「幸福について（On Happiness）」『上武大学ビジネス情報学部紀要』第一一巻　第二号　一〇三―一三〇頁　二〇一二年

『文化人類学事典』（縮刷版）弘文堂　一九九四年

ヘンリー・ミラー「ブルックリン橋」宮本陽吉訳『宇宙的な眼』二七八―二九三頁　ヘンリー・ミラー全集七　新潮社　一九六八年

マイケル・ハーナー『シャーマンへの道――「力《パワー》」と「癒し《ヒーリング》」の入門書』吉福伸逸監修　高岡よし子訳　平河出版社　一九八九年
ミルチャ・エリアーデ『シャーマニズム――古代的エクスタシー技術』堀一郎訳　冬樹社　一九七四年
『ヨハネ福音書』（*Εὐαγγέλιον κατὰ Ἰωάννην*　上、下）岩隈直訳注　希和対訳脚注つき新約聖書　IV　山本書店　一九八二年
レヴィ・ブリュル『未開社会の思惟』（上、下）山田吉彦訳　岩波文庫　一九五三年

［英語］

Colby, Benjamin N. and Colby, Lore M. 1981. *The Day Keeper: The Life and Discourse of an Ixil Diviner*. Cambridge, Massachusetts and London, England: Harvard university Press.
Viveiros de Castro, Eduardo. 2012. *Cosmological Perspectivism in Amazonia and Elsewhere: Four lectures given in the Department of Social Anthropology, University of Cambridge, February-March 1998*. HAU Masterclass Series Vol.1. https://monoskop.org/images/e/e5/Viveiros_de_Castro_Eduardo_Cosmological_Perspectivism_in_Amazonia_and_Elsewhere.pdf（二〇二二年一一月一一日閲覧）

［映像］

『すばらしい世界旅行　アマゾン源流一二〇日』牛山純一（プロデューサー）日本映像記録センター　一九七〇年頃

執筆者紹介（執筆順）

実松克義（さねまつかつよし）
立教大学名誉教授。一九四八年、佐賀県生まれ。日本大学文理学部地理学科卒。カンサス大学大学院修士課程修了。日本電気国際研修所講師、アテネフランセ講師を経て、一九九〇年立教大学着任。専門は宗教人類学。中南米シャーマニズムの調査研究を行う。「現代研究会」代表。主著『アンデス・シャーマンとの対話』（二〇〇五年）、『マヤ文明　文化の根源としての時間思想と民族の歴史』（二〇一六年）。

平林二郎（ひらばやしじろう）
大正大学綜合佛教研究所研究員等。一九八〇年生まれ、栃木県出身。大正大学仏教学研究科仏教学専攻梵文学博士課程単位取得退学、博士（仏教学）。専門はインド仏教。初期大乗経典などのサンスクリット写本研究を行う。主著「Ajitasenavyākaraṇa の成立に関する試論」（『大正大学綜合佛教研究所年報』第三八号）、「Mahāvastu にみられる読誦経典」（『印度学仏教学研究』第六六巻二号）等。

茂木明石（もてきあかし）
上智大学アジア文化研究所客員所員。一九七四年、神奈川県生まれ。東海大学文学部文明学科アジア専攻西アジア課程卒業。上智大学大学院外国語学研究科地域研究専攻博士後期課程単位取得退学。二〇一一年四月～二〇一四年三月：上智大学外国語学部非常勤講師(担当科目：アラビア語)。専門は前近代中東歴史学。イスラーム時代エジプトの聖者崇敬・スーフィズムなどの研究を行う。

逆瀬川秀登（さかせがわひでと）
一九六四年、東京都生まれ。編集等のマスコミ業界勤務を経て、現在、医療事務に従事。渡独経験とキリスト教信者との交流を重ねる中でドイツ人のナチス時代の記憶と想いに触れ、ボンヘッファーについての研究を始める。

竹内和正（たけうちかずまさ）
一九四九年、埼玉県生まれ。東京大学経済学部卒。旭硝子勤務（産業政策企画室、経営企画室）東レ経営研究所勤務の後フリーに。「時、時間を重視した経済運営を願いたい」㈱東レ経営研究所『経営センサー』二〇一〇年三月号）、「学界外からみた経済学と日本経済の低迷」（東京大学経友会『経友』二〇一〇年六月）。

桑原真弓（くわはらまゆみ）
非常勤講師として中学校、高校、大学で英語を教える。通訳案内士。一九七二年、愛媛県生まれ。中四国地方育ち。よって、年季の入ったカープ女子。数年の空港地上職、十余年の専業主婦期間を経て現職。東京二〇二〇パラリンピック競技大会ボランティア。日本ビール検定二級。

細川啓子（ほそかわけいこ）
占い師。東京都出身。占術は西洋占星術とタロットカードで鑑定歴は約十年。都内事務所などで鑑定を行う。オンラインやメールに対応可能。

杉平敦（すぎひらあつし）
帝京大学非常勤講師等。一九八三年、福島県生まれ。東京都出身。著作に、「住居における『プライヴァシー』の意義」（『関東都市学会年報』一一号）、「アートにおけるフラットさ」（遠藤知巳編著『フラットカルチャー』せりか書房）「日常への執着――震災直後の東京から震災以後の日本へ」（『相関社会科学』二二号）、「官民協調の功罪――都市景観をめぐる論争の不活性化」（『関東都市学会年報』一八号）等。

平明子（たいらさやこ）
埼玉県出身。大学で英語を教える。在学中は英語学（統語論）を専攻。我が子の言語獲得・習得の観察を通して言語に見られる文化的影響に興味を持ち、現在は意味論、語用論を研究中。論文に「経験者項の統語的なふるまいについて」（『津田塾大学言語文化研究所所報』第二〇号、二〇〇五年）があり、また工学系の翻訳の経験もある。

ラミチャネみなこ（らみちゃねみなこ）
ボディーセラピスト。一九六七年、兵庫県生まれ。インテリアデザイン、グラフィックデザインの職を経て、四十代でエステティシャンに転身、大手エステサロンに勤務する。二〇一五年よりボディーセラピストとして独立。美容という枠の中だけではなく、人の心と体の健康をコンセプトに、独自のオイルマッサージやドライマッサージの施術、カウンセリングを行う。

神谷暁子（かみやあきこ）
二〇〇七年、看護師免許取得。脳神経外科・内科、循環器内科、心臓血管外科を経験。二〇一三年から一年間、バックパッカーとして一五カ国を訪れる。舞踊、登山、布文化などに興味を持ち、インド、ネパール、ウズベキスタンを何度も再訪。オディッシーダンス『Debadhara』所属。現在、看護師として地域福祉職に従事。

小村明子（こむらあきこ）
スロバキア共和国コメニウス大学文学部東アジア研究所専任教員・奈良教育大学国際交流留学センター特任講師・立教大学兼任講師。東京都生まれ。二〇一二年博士号取得。主著として、『日本とイスラームが出会うとき――その歴史と可能性』（二〇一五年）、『日本のイスラーム――歴史・宗教・文化を読み解く』（二〇一九年）等。

編者紹介

実松　克義（さねまつ　かつよし）

立教大学名誉教授。現代研究会代表。１９４８年、佐賀県生まれ。日本大学文理学部地理学科卒。カンサス大学大学院で人類学・英語教授法を学ぶ。教育学修士。日本電気国際研修所講師、アテネフランセ講師を経て、１９９０年立教大学着任。専門は宗教人類学及び英語教育学。中米マヤ地域、南米アンデス地域、アマゾン地域において先住民族宗教文化のフィールドワークを行う。またボリビア・アマゾンにおいて古代文明の発掘調査を行う。２０１３年定年退職。主な著作に『マヤ文明　聖なる時間の書　現代マヤ・シャーマンとの対話』（現代書林　２０００年）、『アンデス・シャーマンとの対話』（現代書館　２００５年）、『アマゾン文明の研究』（現代書館　２０１０年）、『マヤ文明　文化の根源としての時間思想と民族の歴史』（現代書館　２０１６年）がある。

現代宗教論　―歴史の曲がり角におけるスピリチュアリティ―

2023年2月20日　　初版第一刷発行

編者：実松克義（現代研究会代表）
現代研究会ホームページ
https://gendaikenkyukai.amebaownd.com
編集協力：吉田秀登
DTP：吉田景子
表紙デザイン：alcreation
印刷・製本：株式会社三恵社

発行者：木全俊輔（三恵社代表取締役）
発行所：株式会社三恵社
〒462-0056 愛知県名古屋市北区中丸町２－２４－１
TEL:(052) 915-5211
https://www.sankeisha.com

ISBN978-4-86693-670-3